Kriesinger

Photoshop mit JavaScript steuern

FRANZIS
PROFESSIONAL SERIES

Petra Kriesinger

Photoshop

mit JavaScript steuern

Mit 161 Abbildungen

FRANZIS

Bibliografische Information Der Deutschen Bibliothek
Die Deutsche Bibliothek verzeichnet diese Publikation in der Deutschen Nationalbibliografie; detaillierte Daten sind im Internet über **http://dnb.ddb.de** abrufbar.

Wichtiger Hinweis

Alle Angaben in diesem Buch wurden vom Autor mit größter Sorgfalt erarbeitet bzw. zusammengestellt und unter Einschaltung wirksamer Kontrollmaßnahmen reproduziert. Trotzdem sind Fehler nicht ganz auszuschließen. Der Verlag und der Autor sehen sich deshalb gezwungen, darauf hinzuweisen, dass sie weder eine Garantie noch die juristische Verantwortung oder irgendeine Haftung für Folgen, die auf fehlerhafte Angaben zurückgehen, übernehmen können. Für die Mitteilung etwaiger Fehler sind Verlag und Autor jederzeit dankbar.
Internetadressen oder Versionsnummern stellen den bei Redaktionsschluss verfügbaren Informationsstand dar. Verlag und Autor übernehmen keinerlei Verantwortung oder Haftung für Veränderungen, die sich aus nicht von ihnen zu vertretenden Umständen ergeben.
Evtl. beigefügte oder zum Download angebotene Dateien und Informationen dienen ausschließlich der nicht gewerblichen Nutzung. Eine gewerbliche Nutzung ist nur mit Zustimmung des Lizenzinhabers möglich.

Satz: EDV-Service Elke Niedermair
art & design: www.ideehoch2.de
Druck: Legoprint S.p.A., Lavis (Italia)
Printed in Italy

ISBN 3-7723-**7307-0**

Was Sie in diesem Buch erwartet

Sie sind ein erfahrener Photoshop-Anwender und daher mit dessen Arbeitsabläufen bestens vertraut? Für manche oder auch zahlreiche Aufgaben nutzen Sie bereits *Aktionen*? Jetzt möchten Sie sich mehr Freiräume für Ihre kreative, gestalterische Arbeit schaffen, sich ständig wiederholende Aufgaben dagegen delegieren? Lassen Sie sich mit Hilfe dieses Buchs auf den etwas anderen Weg ein, Arbeitsabläufe in Photoshop mit JavaScript zu steuern. Erweitern Sie dabei die Funktionalität und die Einsatzmöglichkeiten von Photoshop, oder automatisieren Sie Arbeitsabläufe, die sich stets wiederholen.

Sie können dieses Buch sinnvoll einsetzen, wenn Sie Photoshop ab der Version 7 unter Windows oder Mac OS X verwenden. Letztlich unterscheidet sich die Arbeit mit Skripten nur unwesentlich in den verschiedenen Versionen. Die im Buch vorgestellten Inhalte wurden mit allen Versionen von 7 bis CS 2 getestet.

Adobe setzt ganz offensichtlich auf das Potential von JavaScript, denn seit der Version 7 wurden die Möglichkeiten hier stark erweitert. Das Know-how dieses Buchs bringt also auch für die Zukunft einige Vorteile.

Die erste Begegnung mit JavaScript

Gerade viele künstlerisch-kreative Menschen verbinden den Gedanken an Programmierung mit der Mathematik und ähnliche von ihnen ungeliebte Dinge, denen sie sofort seit Ende der Schulzeit konsequent aus dem Weg gegangen sind. Vergessen Sie das Wort Programmierung, und stellen Sie sich einfach vor, dass Sie jetzt JavaScript als eine Sprache kennen lernen, mit der Sie Photoshop beibringen können, die Alltagsaufgaben für Sie auszuführen. Der Vorteil dieser Sprache liegt in Verbindung mit Photoshop darin, dass Sie sehr schnell nachvollziehbare und nützliche Ergebnisse erhalten.

Sie werden überrascht sein, wie leicht es mit JavaScript ist, Photoshop auf so etwas wie ein intelligentes Verhalten zu trainieren. Die Möglichkeiten sind sehr weitreichend und teilweise faszinierend. Ich bin überzeugt, dass jede Stunde, in der Sie sich mit dem Thema auseinander setzen, Ihnen ein Vielfaches in Form von Zeitersparnis oder besseren Ergebnissen zurückgibt. Und ganz unbemerkt lernen Sie auch noch ein paar Grundzüge der Programmierung kennen.

Das Buch teilt sich in verschiedene Themenbereiche auf: So beginnen Sie mit der Ausführung eines Skripts, erstellen im nächsten Kapitel ein neues Dokument und lernen einige wichtige Grundregeln der Sprache kennen. Dabei wird immer wieder der Bezug von JavaScript und Photoshop hergestellt. Gestartet wird in jedem Kapitel bei der Einführung eines Themas mit kurzen Beispielen.

Deren Umsetzung können Sie sofort in Photoshop verfolgen. Die Beispiele werden zum Ende eines Kapitels ausgebaut, dann nämlich zieht die Praxis ein.

Selbstverständlich erhalten Sie alle Skripte auf der Buch-CD, sodass Sie eigentlich nichts abtippen müssen. Trotzdem ist es für das Verständnis und die spätere Praxis sehr hilfreich, so ein Skript auch einmal selbst geschrieben zu haben. Sie starten anfangs wirklich mit wenigen Zeilen – und wenn Sie erst einmal sehen, wie umfangreich die Möglichkeiten sind, werden Sie das Skripten kaum missen wollen.

Umsteigen vom Internet

Haben Sie sich bereits mit JavaScript angefreundet, vielleicht ein mit JavaScript gesteuertes Menü für den Einsatz im Internet umgesetzt, zeigt Ihnen dieses Buch die Besonderheiten der Beziehung zwischen JavaScript und Photoshop. Sie werden feststellen, dass es ein Objektmodell mit Eigenschaften und Methoden auch für Photoshop gibt. Bedingt durch andere Aufgaben der Anwendung gilt es, sich mit den Unterschieden vertraut zu machen. Grundsätzliche Elemente von JavaScript wie Anweisungen und Schleifen funktionieren gleich.

Welche Version Sie auch immer einsetzen ...

Die Skripte entstanden unter Photoshop CS für Windows. Arbeiten Sie mit anderen Photoshop-Versionen, achten Sie auf die Symbole am Seitenrand.

Sie kennzeichnen die oft geringfügigen Unterschiede. Das gilt auch für die Ausführung der Skripte auf dem Mac. Sehen Sie in diesem Fall im Verzeichnis *Materialien, scriptMaterial* in der Datei *scriptUnterschiede.doc* nach, denn dort werden die Abweichungen beschrieben. Die Informationen aus dieser Datei werden im letzten Kapitel ergänzt.

Ein wesentlicher Unterschied soll aber nicht verschwiegen werden: Aufgrund der Erweiterungen zur Skriptnutzung in den Versionen CS und CS 2 können diese auch selbst erstellte Dialogfelder nutzen. Das funktioniert mit Photoshop 7 leider noch nicht. Nahezu alles andere können Sie aber komplett nutzen und damit Ihre Arbeit erleichtern.

Mehr Methoden und Eigenschaften

Die im Buch vorgestellten Eigenschaften und Methoden stellen für jedes Thema einen ausgewählten Ausschnitt dar. Ergänzungen finden Sie im Verzeichnis *Materialien, scriptMaterial, sammlungen* in verschiedenen Dateien. Das können übersetzte Methoden und Eigenschaften zu einem Thema sein oder gar in Funktionen umgewandelte Befehle, für die es keine Methoden in JavaScript gibt.

Der kurze Weg zur Hilfe

Funktioniert die Umsetzung eines Buchskripts nicht wie erwartet, schildern Sie das Problem in einer E-Mail (bitte zunächst ohne Dateianhang). Enthält die E-Mail einen Hinweis auf das von Ihnen verwendete Betriebssystem sowie die Angabe Ihrer Photoshop-Version, erleichtert das die Fehlersuche. Die E-Mail schicken Sie an die folgende Anschrift:

```
scriptloesungen@yahoo.de
```

Nach kurzer Zeit sollten Sie eine Lösung erhalten. Bitte haben Sie Verständnis dafür, dass nur auf konkrete Probleme mit einem Buchskript eingegangen werden kann.

Praktische Tipps erkennen Sie sofort

Wenn Sie auf Absätze zwischen zwei Winkeln stoßen, haben Sie praktische Tipps oder Hinweise vor sich.

Script oder Skript?

In Sachen Bezeichnung ist Photoshop etwas uneinheitlich: Im Menü wird Skript mit „k" geschrieben, sonst meist mit „c". Wie es bei CS2 aussieht, ließ sich anhand der englischsprachigen Vorabversion nicht prüfen. Uneinheitliche Schreibweisen sind daher leider unvermeidlich.

Was hier nicht erwähnt wird

Was Sie im ganzen Buch sicher nicht finden, sind Methoden zum Löschen von Dokumenten oder gar kompletten Verzeichnissen. Das geht prima mit den vorhandenen Befehlen aus JavaScript – ohne Frage. Doch es geht eben auch ohne jede Sicherheitsabfrage, ganz still und heimlich. Derartige Schritte sind nach meiner Überzeugung besser in der Dateiverwaltung aufgehoben. Hier klicken Sie die Objekte an und beantworten die folgende Abfrage, ob diese denn auch wirklich gelöscht werden sollen ganz wie es Ihnen gefällt. Wenn dann später wichtige Dokumente fehlen, nun ja, dann war dies schließlich Ihre freie Entscheidung ...

Petra Kriesinger

Inhaltsverzeichnis

1 Skripte und Aktionen 15
1.1 Das leisten Skripte 15
1.1.1 Das erste Skript ausführen 16
1.2 Skriptsprachen für Photoshop 17
1.3 Aktionen kontra Skripte 18
1.4 Speicherorte der Skripte 19
1.5 Vor dem Skripten 19
1.5.1 Vor der Übersetzung in ein Skript 20
1.5.2 Kommentare umsetzen 20
1.5.3 Was für Skripte wie auch Aktionen gilt 21

2 Objekte aus Photoshop 23
2.1 Beziehungen in Photoshop 23
2.2 Photoshop im JavaScript-Objektmodell 24
2.3 Arbeitsvorbereitung per Skript 26
2.3.1 Eigenschaften erhalten einen neuen Wert 27
2.3.2 Voreinstellungen zurücksetzen 30
2.4 JavaScript erstellt ein Dokument 30
2.4.1 Mit der Methode add() zum neuen Dokument 30
2.4.2 Die Methode add() mit Parametern einsetzen 31
2.5 Dokument und Indexnummer 33
2.5.1 Geöffnete Dokumente zählen 34
2.6 Das aktive Dokument 35
2.6.1 Den aktiven Status abfragen 35
2.6.2 Ein Dokument mit der Indexnummer aktivieren 35
2.6.3 Ein Dokument mit dem Dateinamen aktivieren 36
2.7 Meta-Daten zum neuen Dokument 37
2.7.1 Infos abfragen, setzen und erneut abfragen 37

3 Variablen und Inhalte 39
3.1 Variablen machen Skripte flexibel 39
3.1.1 Variablen erhalten Werte 39
3.1.2 Gültige Namen für Variablen 40
3.1.3 Variablen deklarieren 40
3.1.4 Semikolon setzen oder nicht? 42
3.2 Inhalte der Variablen 42
3.2.1 Zahlen 43
3.2.2 Zeichenketten für Textinhalte 44
3.3 Einen Rahmen ums Bild legen 46

4 Entscheidungen fällen . . . 49
4.1 Wenn die if-Anweisung prüft . . . 49
4.1.1 Einfach nur entscheiden . . . 49
4.1.2 Entscheidung ausweiten . . . 51
4.1.3 Anweisungen gehören zusammen . . . 52
4.1.4 Ist überhaupt ein Dokument geöffnet? . . . 53
4.1.5 Einstellungen je nach Betriebssystem . . . 54
4.2 Die switch-Anweisung als Alternative . . . 55

5 Dateien verwalten . . . 59
5.1 Dateiverwaltung . . . 59
5.1.1 Die Objekte File und Folder . . . 59
5.2 Dateipfade untersuchen . . . 61
5.2.1 Verzeichnissuche im Dialogfenster . . . 61
5.2.2 Ein Verzeichnis anlegen . . . 64
5.2.3 Der Verzeichnispfad im Skript . . . 65
5.2.4 Der Ordner des Anwenders . . . 65
5.2.5 Sonderzeichen in den Pfaden . . . 66
5.2.6 Absolute / Relative Pfade . . . 68
5.3 Ein Dokument suchen . . . 69
5.3.1 Dateisuche auf dem PC . . . 69
5.3.2 Dateisuche auf dem Mac . . . 71
5.4 Das Dokument öffnen . . . 72
5.4.1 Eine Datei ohne Dialogfenster öffnen . . . 72
5.4.2 Öffnen mit Optionen . . . 72
5.5 Das Dokument schließen . . . 73
5.6 Das Dokument speichern . . . 74
5.6.1 Was auch in Photoshop nicht funktioniert . . . 74
5.6.2 Speichern mit Optionen . . . 75
5.7 Verzeichnisinhalt untersuchen . . . 77
5.7.1 Was liegt im Verzeichnis? . . . 77
5.7.2 Anzahl der passenden Dateien ermitteln . . . 78
5.7.3 Dateinamen und -pfad getrennt ermitteln . . . 78
5.7.4 Unterscheidung zwischen Datei und Verzeichnis . . . 79

6 Wiederholte Aufgaben . . . 81
6.1 Optimal für die Schleife: Arrays . . . 82
6.1.1 Einkaufsliste schreiben: ein Array anlegen . . . 82
6.1.2 Arrayinhalte abzählen . . . 84
6.2 Die for-Schleife . . . 85
6.2.1 Die Struktur der for-Schleife . . . 85

7 Ebenen im Skript . . . 95
7.1 Objekte für die Ebenen . . . 96
7.1.1 ArtLayers: Ebenen verwalten . . . 96
7.1.2 ArtLayers und Indexnummern . . . 97
7.2 Die einzelne Ebene . . . 98

7.2.1 Wichtige Eigenschaften der Ebenen 99
7.2.2 Die Stapelreihenfolge organisieren 101
7.2.3 Filter-Menü umgesetzt in Methoden der Ebenen 102
7.2.4 Menübefehl Bild, Anpassen umgesetzt in Methoden 103
7.2.5 Methoden zum Bearbeiten-Menü 105
7.2.6 Das Photoshop-Koordinatensystem 106
7.2.7 Maßeinheiten aus den Voreinstellungen 107
7.2.8 Methode für die Ebenenstile 108
7.3 Ebenensets 109
7.4 Ebenen und Sets: Objekt Layers 110
7.5 Ebenen und Schleifen 110
7.5.1 Ebenennamen und Anzeige in der Schleife 111
7.5.2 Sichtbare Ebenen im Dialogfenster 111
7.5.3 Zwei Ebenen ergeben ein neue Datei 112
7.5.4 Der Trick mit den Füll- und Inhaltsebenen 114

8 Arbeiten mit Textebenen 115
8.1 Eine neue Textebene entsteht 115
8.1.1 Von Punkttext zu Mengentext und umgekehrt 116
8.1.2 Textebenen in einen Arbeitspfad oder eine Form umwandeln 116
8.2 Textebene mit JavaScript gestalten 116
8.2.1 Textposition und Schriftgröße 117
8.2.2 Der Text und das Farbobjekt 117
8.2.3 Schriften unter JavaScript 118
8.3 Die Texteingabe automatisieren 119
8.3.1 Gleiche Textinhalte austauschen 120
8.3.2 Datei-Informationen auf die Ebene geben 120
8.3.3 Texte abhängig von der Schriftgröße ändern 121
8.3.4 Textinhalte vergleichen und ändern 121
8.3.5 Einen Textschatten anlegen 122
8.3.6 Mehrere Textebenen mit Schatten versehen 123

9 Funktionen 127
9.1 Eigene Funktionen anlegen 127
9.1.1 Dokumenteinstellungen als Funktion 128
9.1.2 Bilder an Abmessungen anpassen 129
9.2 Skripte aufzeichnen mit dem ScriptListener 132
9.2.1 Den ScriptListener installieren (WIN2000 / XP) 133
9.2.2 Den ScriptListener installieren (Mac) 133
9.3 Funktionen und der ScriptListener 135
9.3.1 Funktionen und Parameter 136
9.3.2 Warum überhaupt den ScriptListener nutzen? 139
9.4 Der ScriptListener und die Filter 143
9.4.1 Regeln für den Einsatz der Filter im Skript 143
9.5 Funktionen auslagern und aufrufen 145
9.5.1 Externe Dateien mit include einbinden 145
9.5.2 Das alte Skript, Funktionen ausgelagert 146

10 Auswahl & Zwischenablage 149
10.1 Auswahl per Skript 149
10.1.1 Eine Auswahl anlegen 150
10.1.2 Kreisauswahl als Funktion 151
10.1.3 Methoden des Objekts Selection 151
10.1.4 Eine Auswahl über transparente Pixel laden 152
10.1.5 Dokumentbereiche auf Ebenen kopieren (slicen) 154
10.2 Kanäle, die besondere Auswahl 156
10.2.1 Diese Kanäle finden Sie in den Dokumenten 156
10.2.2 Kanäle verwalten 157
10.2.3 Kanaleigenschaften und Methoden 157
10.2.4 Auswahl speichern und laden 159
10.3 Zwischenablage in Skripten nutzen 163
10.3.1 Positionsangabe mit dem Auswahlbereich 164
10.3.2 Die Zwischenablage freischaufeln 167
10.4 Pfade 168
10.4.1 Pfadeigenschaften und Pfadmethoden 168

11 Ebenen mit Ebenenkomp organisieren 171
11.1 Ebenenkomp verwalten: LayerComps 171
11.2 LayerComp 172
11.3 Von der Ebenenkomp zur PDF-Präsentation 173

12 Textdateien lesen & schreiben 177
12.1 Textdateien einlesen 177
12.1.1 Den Dateiinhalt komplett einlesen 177
12.1.2 Den Inhalt der Textdatei auf Dateien verteilen 179
12.1.3 Excel-Daten auslesen und in Befehle umsetzen 180
12.2 Eine Textdatei erzeugen 183
12.2.1 Mehr Infos in die Textdatei eintragen 185

13 Flexiblere Aktionen 187
13.1 JavaScript führt Aktionen aus 187
13.1.1 Eine Aktion bedingt ausführen 187
13.1.2 Stapelverarbeitung per Skript 188
13.1.3 Aktionen und Skripte mischen 189
13.2 Die Aktion startet das Skript 191

14 Kommunikation per Dialogfenster 193
14.1 Vorgefertigte Dialogfenster 193
14.1.1 Ja oder Nein? Die Entscheidung fällen 194
14.1.2 Dem Dialogfenster Werte mitgeben 195
14.2 Dialogfenster im Eigenbau 197
14.2.1 Das erste Fenster als Grundlage 197
14.2.2 Fensteraufbau mit Schaltflächen 198
14.2.3 Bereiche und Optionsfelder 200
14.2.4 Auswerten der Optionsfelder 201

14.2.5 Eingabefelder auswerten 205

15 Bildgalerien aus JavaScript 209
15.1 Web-Fotogalerie in Photoshop CS 209
15.1.1 Die Web-Fotogalerie gestalten 209
15.1.2 Mehr Stile für die Web-Fotogalerie 210
15.2 HTML-Dateien erzeugen 211
15.2.1 Eine einfache Tabelle schreiben 212
15.2.2 Die Tabelle fortlaufend füllen 213
15.2.3 HTML-Tabelle mit Bildern füllen 214
15.2.4 Tabelle mit Texten und Bildern 216
15.2.5 Erweiterung der Web-Fotogalerie 218
15.2.6 Diashow mit Verweisen 219
15.3 XML als Schnittstelle 223
15.3.1 XML-Daten auslesen und verwerten 223

16 Fehlersuche 227
16.1 Fehlersuche Schritt für Schritt 227
16.1.1 Skripte überprüfen mit alert() 227
16.2 Hinweise, keine Fehlermeldungen 228
16.3 Try-catch-Anweisung 229
16.3.1 Testen Sie auf eine vorhandene Auswahl 230
16.3.2 Das Fehlerobjekt untersuchen 231
16.4 Der Debugger 233
16.4.1 Den Debugger starten 233
16.4.2 Die Elemente des Debuggers 234
16.4.3 Schaltflächen im Debugger 235
16.4.4 Der Debugger reagiert auf Fehler 237

17 Neu in Photoshop CS2 239
17.1 Eigenschaften und Methoden finden 239
17.2 Zum automatischen Start hinzufügen: Skript Events Manager 241
17.2.1 Beim Öffnen per Skript auf den Farbmodus prüfen 241
17.2.2 Skriptausführung für die komplette Suite 243
17.3 Prüfen & schreiben: der neue Debugger 244
17.3.1 Skripte im ExtendScript Toolkit 244
17.3.2 Syntax testen und ausbessern 245
17.3.3 Das Skript prüfen – debuggen 245
17.4 Mehr Freiheit für Dialogfenster! 248
17.4.1 Die Titelzeile der Methode confirm() gestalten 249
17.4.2 Neue Titelzeile für die Methode prompt() 249
17.5 Die neue Methoden und Objekte 250
17.5.1 Kontaktabzug als Methode in JavaScript 250
17.5.2 Der Befehl Für Web speichern in JavaScript 251
17.5.3 Stapelverarbeitung in JavaScript 252
17.5.4 Tiefenschärfe neu justieren: LensBlurOptions 253

18 Anhang . . . 255
18.1 Was anders ist, anders sein muss . . . 255
18.1.1 Photoshop CS auf Mac und Windows . . . 255
18.1.2 Photoshop CS - Photoshop 7 . . . 256
18.1.3 Photoshop CS - Photoshop CS2 . . . 256
18.2 Sie suchen die Daten per Dialogfenster? . . . 256
18.2.1 Manchmal notwendig: den Pfad setzen . . . 258
18.2.2 Dateipfad für den PC . . . 258
18.2.3 Dateipfade für den Mac . . . 259
18.3 Skriptunterstützung Photoshop 7 . . . 259
18.3.1 Installation unter Windows . . . 260
18.3.2 Software: Skriptunterstützung für Photoshop 7 . . . 262
18.4 Der ScriptListener in Photoshop 7 . . . 263
18.5 Skripte kürzer fassen . . . 263
18.6 Daten zu den Beispielen . . . 264

Index . . . 267

1 Skripte und Aktionen

Die Menge der digitalisierten Bilder steigt stetig. Wer sich Freiräume für die kreative Arbeit am einzelnen Dokument verschaffen möchte, wird häufig anfallende Arbeiten entweder an Praktikanten, an Aktionen oder eben an Skripte delegieren. Jede Stelle, an die delegiert wird, hat so ihre Vorteile.

1.1 Das leisten Skripte

Skripte sind Textdateien mit einer Sammlung von Anweisungen, ähnlich den Aktionen. Die Anweisungen in den Skripten führen in linearer Abfolge die gewünschten Befehle in Photoshop aus. Ein solches Skript wird vor seinem Einsatz geschrieben. Die aufgewendete Zeit sparen Sie sofort wieder ein, wenn das Skript wiederholt anfallende Aufgaben für Sie erledigt oder seltene, dafür aber umfangreiche Aufgaben löst. Mögliche Einsatzbeispiele für Skripte:

- Die notwendigen individuellen Angaben des jeweiligen Benutzers im Dialogfenster *Datei-Informationen* vornehmen. Das Dialogfenster mit seinen einzelnen Abteilungen wird dazu gar nicht erst geöffnet.
- Dokumenteinstellungen aus den Dialogfenstern *Neu* und die Einträge aus dem Dialogfenster *Voreinstellungen* für ein neues Dokument einstellen. So lässt sich mit einem Befehl immer die gewünschte Arbeitsumgebung festlegen. Das ist ideal, wenn Sie häufig an umfangreichen Projekten wie Katalogen oder Webseiten arbeiten, die ein durchgehendes Erscheinungsbild aufweisen sollen.
- Alle Dokumente eines oder mehrerer Verzeichnisse auf das Bildformat untersuchen und die Dokumente in eine einheitliche Formatlage bringen.
- Auf alle Dokumente eines Verzeichnisses einen Text wie den Dateinamen oder Angaben aus dem Dialogfenster *Datei-Informationen* an einer bestimmten Stelle einfügen. Vorhandene Texte lassen sich austauschen.
- Häufig vorkommende Objekte wie ein Logo in alle Dokumente an die gewünschte Stelle einfügen, um ein einheitliches Erscheinungsbild zu erzeugen.
- Dokumente auf bestimmte Eigenschaften wie die Dokumentgröße oder das Dateiformat hin überprüfen und die weitere Bearbeitung darauf abstimmen.
- Wiederkehrende Arbeitsschritte nach Bedarf auf beliebig viele unterschiedliche Dokumente anwenden.

1.1.1 Das erste Skript ausführen

Damit Sie gleich einen ersten Eindruck von der Leistungsfähigkeit der Skripte erhalten, finden Sie auf der CD zum Buch die Datei *start.js*.

▷ Kopieren Sie die Datei *start.js* von der Buch-CD in das Verzeichnis *Vorgaben · Skripte* auf den Rechner.

> Während der Ausführung eines Skripts darf der Textmodus nicht aktiviert sein, wählen Sie also ein anderes Werkzeug.

▷ Starten Sie Photoshop; ein geöffnetes Dokument ist nicht notwendig.

▷ Wählen Sie unter *Datei, Skripten* den Eintrag *start*. Im Ergebnis sollte

- ein Dialogfenster mit einer Begrüßung erscheinen und Sie auffordern, das Verzeichnis *Beispiele* im Verzeichnis von Photoshop zu suchen;
- ein neues Dialogfenster angezeigt werden, in dem Sie das Verzeichnis mit dem Namen *Beispiele* suchen und auswählen;
- Ihnen in einem weiteren Dialogfenster die Anzahl der Dateien / Verzeichnisse genannt werden. Der Mac findet und zählt alle Dateien, auch wenn sie vom System erzeugt und im Normalfall nicht angezeigt werden.
- das letzte Dialogfenster eine Liste von Dateien im Format PSD anzeigen.

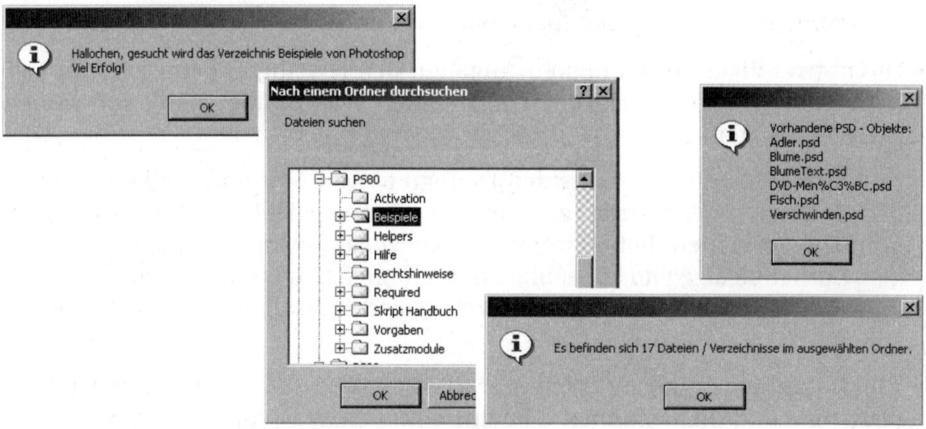

Abbildung 1.1: Dahinter steckt das Skript *start.js*

Hat sich der Eintrag *start* nicht in der Liste eingefunden, da Photoshop die Datei noch nicht erkannt hat, muss sie eben gesucht werden.

▷ Wählen Sie im Menü *Datei · Skripten* und hier den Eintrag *Durchsuchen.*

▷ Wechseln Sie im angezeigten Dialogfenster *Laden* zum möglichen Speicherort, suchen Sie dort nach der Datei, und markieren Sie sie.

▷ Klicken Sie abschließend auf die Schaltfläche *Laden:* Das Skript wird wie gerade beschrieben ausgeführt.

Photoshop merkt sich das zuletzt verwendete Verzeichnis und wechselt zur Suche nach der Skriptdatei immer erst dorthin.

▷ Sie sehen, das Skript hilft Ihnen mit einem Dialogfenster bei der Auswahl eines Verzeichnisses und wählt für Sie die PSD-Dokumente aus. Dazu können Sie in der Anwendung das Dialogfenster *Öffnen* aufrufen und mit dem Dateifilter aus der Liste *Dateityp* die Anzeige dieser Dokumente eingrenzen.

1.2 Skriptsprachen für Photoshop

Sie haben die Wahl zwischen drei Skriptsprachen: AppleScript (nur Mac), Visual Basic (nur PC) und JavaScript (Mac und PC). In diesem Buch wird mit JavaScript gearbeitet. Diese Skriptsprache ist durch ihren Einsatz im Internet weit verbreitet, daher finden sich hier auch bereits zahlreiche, leicht modifizierbare Beispiele. Mit JavaScript geschriebene Skripte lassen sich auch mit den beiden anderen Skriptsprachen über einen besonderen Befehl aufrufen.

Das ursprünglich für das Internet entwickelte JavaScript bietet bereits viele grundlegenden Sprachelemente. Für die Arbeit in Photoshop finden sich weitere eigenständige Vokabeln, die eben genau auf die Besonderheiten bei der Arbeit mit Photoshop abgestimmt sind.

JavaScript spricht nur englisch, was den Einsatz in einer deutschsprachigen Arbeitsumgebung nicht gerade vereinfacht. Viele der JavaScript-Vokabeln für Photoshop werden auf der CD zum Buch übersetzt.

Die Skripte erstellen Sie in einem einfachen Texteditor. Einzige Bedingung: Der Editor muss das JavaScript mit der Dateiendung *.JS als reine Textdatei speichern können. Die Skriptdateien sind unabhängig von Photoshop, auch wenn sie nur aus dieser Anwendung heraus aufgerufen und ausgeführt werden. Das Sichern der Skripte in eigenständigen Dateien bietet folgende Möglichkeiten:

- Sind die Skripte allgemein gehalten, bilden die einzelnen Skriptschnipsel die Bausteine für eine Skriptbibliothek. Aus diesen Bausteinen können Sie ohne viel Aufwand neue Skripte aufbauen.
- Skriptdateien lassen sich extern sichern. So sind Skripte nach einer Neuinstallation sofort wieder einsetzbar.
- Mit einem Schreibschutz versehen sind Skripte gegen versehentliche Änderungen geschützt.
- Unbefugten kann der Zugriff je nach Dateisystem eingeschränkt erlaubt oder völlig verweigert werden. Der Kollege oder der Praktikant, die zufällig Ihren Rechner benutzen, haben nur mit Ihrem Einverständnis die Möglichkeit, Ihre Skripte zu ändern.

1.3 Aktionen kontra Skripte

Wesentlich bekannter als Skripte sind die Aktionen. Dabei handelt es sich ebenfalls um eine Sammlung von Anweisungen, die in einem Set auf der Palette *Aktionen* zusammengefasst sind. Ein Vorteil der Aktionen gegenüber einem Skript: Die Befehle werden mit der Maus in der gewohnten Arbeitsumgebung ausgeführt.

Eine Aktion beschäftigt sich zunächst nur mit einer Datei. Erst wenn diese Aktion in eine Stapelverarbeitung eingebaut wird (die Stapelverarbeitung als Teil einer Aktion), lassen sich die Anweisungen automatisiert auf mehrere Dateien in einem Verzeichnis anwenden.

Die Stapelverarbeitung versucht, alle Dateien aus dem angegebenen Verzeichnis zu bearbeiten. Eine Unterscheidung hinsichtlich der Dateiformate erfolgt nicht. Das führt zu Fehlermeldungen, wenn sich zum Beispiel auch Textdateien im Verzeichnis befinden. Mit einem Skript kann das Programm angewiesen werden, nur bestimmte Dateien für die weitere Bearbeitung zu öffnen.

Hier liegt auch der wesentliche Vorteil der Skripte: Sie können auf Bedingungen reagieren, wenn es die Ausführung erfordert. In Kapitel 9 finden Sie ein Beispiel, bei dem abhängig von der Formatlage eines Dokuments entweder auf die Breite oder die Höhe von 100 Pixeln skaliert wird. Ein Bild im Hochformat wird auf 100 Pixel in der Höhe skaliert, die Breite automatisch angepasst. Das Bild im Querformat wird auf die Breite 100 Pixel skaliert, hier wird die Höhe automatisch angepasst. In Kapitel 14 wird die Abmessung (100, 200 oder 300 Pixel), auf welche hin skaliert wird, sogar per Dialogfenster eingestellt. Das kann keine Aktion.

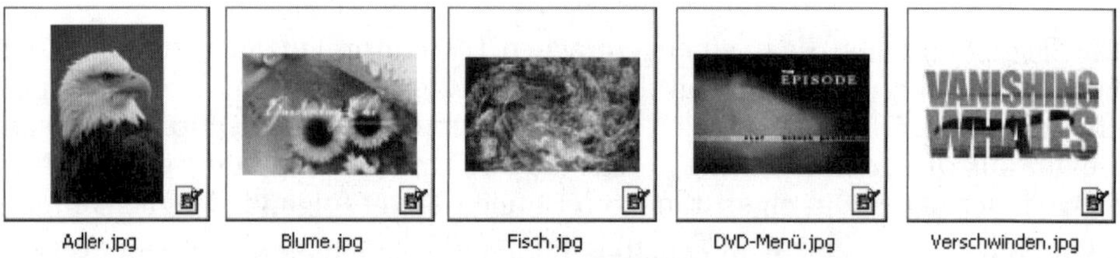

Abbildung 1.2: Per Skript skaliert, abhängig von der Formatlage

Die Aktion kann nicht ermitteln, in welcher Formatlage (Hoch- oder Querformat) das Dokument vorliegt. Eine differenzierte Umsetzung, angepasst an die Formatlage des Dokuments mit dem Befehl *Bildgröße*, ist demnach nicht ohne große Umwege möglich. Erst wenn Sie alle Dokumente sichten und nach Formatlage getrennt in Verzeichnissen ablegen und vielleicht sogar noch etliche Dokumente zuerst einmal drehen, können Sie mit zwei Aktionen das Ergebnis erzielen. Eine Änderung des Werts für die Skalierung erfordert auch gleich eine Änderung der Aktionen.

Für welche Methode man sich auch entscheidet, je besser Sie Aktionen oder Skripte vorbereiten, desto reibungsloser laufen beide ab.

1.4 Speicherorte der Skripte

Skripte dürfen an jedem beliebigen Speicherort liegen. Die unter dem Menü *Datei · Skripten* aufgelisteten Skriptdateien finden Sie im Programmverzeichnis von Photoshop, *Vorgaben · Skripte*. Hier abgelegte Dateien lassen sich wieder in Verzeichnissen organisieren und erscheinen ebenfalls in der Auflistung. An anderen Stellen abgelegte Skriptdateien werden etwas aufwändiger über das Menü *Datei · Skripten* und den Eintrag *Durchsuchen* aufgespürt und ausgeführt.

Photoshop liest den Inhalt aus dem Verzeichnis *Vorgaben* nur beim Start neu ein. Skripte werden nur automatisch erkannt, wenn sie bereits vor dem Start von Photoshop im richtigen Verzeichnis liegen.

1.5 Vor dem Skripten

Jeder Programmierer hat so seine eigenen Vorstellungen und Gewohnheiten, wie er an die Umsetzung einer Problemlösung in einem Skript herangeht. Für Anfänger lassen sich einige Grundregeln erkennen, mit denen das Skripten erfolgreich durchgeführt wird.

- Zunächst wird die Aufgabenstellung in ganz normaler Sprache abgefasst: Was soll das Skript insgesamt leisten, welches Ergebnis wird erwartet?
- Dabei hilft es gerade beim Skripten in Photoshop, den Vorgang insgesamt in der Anwendung auszuführen und die nötigen Arbeitsschritte zu dokumentieren. Einstellungen auf den entsprechenden Dialogfenstern werden ebenfalls notiert, da diese später im Skript benötigt werden.
- Die Sammlung der Arbeitsschritte wird in Kommentarzeilen umgesetzt. Mit ein wenig Erfahrung entsteht eine erste Struktur. Was Kommentarzeilen sind und wie sie eingesetzt werden erfahren Sie ein wenig später in diesem Kapitel.
- Erst jetzt wird mit den Vokabeln aus JavaScript gearbeitet, die Kommentarzeilen werden in JavaScript umgesetzt.
- Diese erste, möglichst auf ein Dokument anwendbare Lösung wird getestet. Funktioniert das Skript ohne Fehlermeldungen, werden notwendige Wiederholungen in JavaScript umgesetzt. Auch das wird getestet.

Vor jedem Test der geänderten Skripte müssen diese unbedingt jedes Mal gespeichert werden. Nur so können Sie sicher sein, auch wirklich mit der aktuellsten Version des Skripts zu arbeiten.

1.5.1 Vor der Übersetzung in ein Skript

Sehen wir uns ein Beispiel an, wie so eine textliche Umsetzung einer Aufgabe aussehen kann. Diese Aufgabe besteht darin, alle Bilder eines Ordners in ein vorgefertigtes Format von max. 100 x 100 Pixel einzupassen und in einem anderen Dateiformat in einem neuen Verzeichnis zu speichern. Das Skript zu dieser Vorarbeit finden Sie im Kapitel mit den Ebenen wieder.

```
Ein Verzeichnis per Dialogfenster aussuchen, dessen Bilder benutzt werden
Ein Bild öffnen und die Anweisungen je Dokument ausführen
      Prüfen ob PSD - Dokument
      Datei öffnen
      Formatlage aktuelles Bild ermitteln
      Abmessungen des neuen Dokuments einstellen
      Bild als JPEG in ein neues Verzeichnis speichern
      Bild schließen
      Nächstes Bild auswählen
```

Jetzt sind die wesentlichen Schritte zur Lösung der Aufgabe festgelegt. Die einzelnen Schritte können jetzt in der Anwendung einmal ausgeführt, noch fehlende Anweisungen nachgetragen werden. Die Zeilen werden wenn nötig ergänzt, zu Kommentarzeilen umgearbeitet und mit JavaScript zu einem ausführbaren Skript ergänzt.

1.5.2 Kommentare umsetzen

Kommentare im Skript sind eher Notizen, da sie bei der Ausführung der Skripte nicht beachtet werden. Durch die Kommentare werden Skripte oft erst für andere Anwender nachvollziehbar. Soll ein Skript nach Wochen angepasst werden, helfen Kommentare oft dabei, wesentliche Stellen im Skript wiederzuerkennen.

Erst Kommentare sorgen dafür, dass Sie und andere Anwender die für eine Bibliothek zusammengestellten Skriptschnipsel später schnell in ein neues Skript übernehmen können. Eine andere Aufgabe im Skript erhalten die Kommentare bei der Fehlersuche. So lassen sich einzelne Zeilen oder ganze Skriptabschnitte zu Kommentaren umwandeln, die vorübergehend nicht ausgeführt werden, und potenzielle Fehler eingrenzen.

Kommentare können für einzelne Zeilen im Skript oder für ganze Skriptabschnitte verfasst werden.

- Der doppelte Schrägstrich gefolgt von einem Leerzeichen kennzeichnet eine einzelne Kommentarzeile.

```
// Eine Variable deklarieren
```

- Ganze Textblöcke werden mit dem Schrägstrich gefolgt vom Sternchen gekennzeichnet. Beendet wird der Kommentarblock durch ein Sternchen gefolgt vom Schrägstrich.

```
/*.................... Inhalt ..................*/
```

Ein Skript sollte mit einem Kopf aus einem Kommentarblock beginnen. Darin enthalten sind der Verfasser des Skripts, das Datum und, ganz wichtig, die Beschreibung der Aufgabe des Skripts.

```
/******************************\
* autor: Petra Kriesinger      *
* datum: Dezember 2004         *
* aufgabe: PSD - Dateien suchen *
\******************************/
```

In diesem Buch wird häufig auf Kommentare verzichtet, da die Skripte erläutert werden. Ein deutlich kommentiertes Beispiel finden Sie in der Datei *start_kommentar.js*.

1.5.3 Was für Skripte wie auch Aktionen gilt

Auch wenn sie sehr unterschiedlich angelegt werden, haben Skripte mit Aktionen auf jeden Fall Folgendes gemeinsam:

- Je kürzer beide ausfallen, desto weniger anfällig sind sie für Fehler. Hat sich dennoch ein Fehler eingeschlichen, ist dieser in einer kurzen Sammlung von Anweisungen schneller zu finden.
- Das Vermeiden überflüssiger Anweisungen sorgt natürlich auch für eine schnellere Ausführung der Skripte und Aktionen.
- Beide Methoden benötigen eine sorgfältige Vorarbeit, wenn das auch wirklich reibungslos funktionieren soll.
- Der Aufwand rechnet sich immer, wenn die Aufgaben auf zahlreiche Dokumente und häufig durchgeführt werden.

2 Objekte aus Photoshop

Bei der Arbeit mit Photoshop begegnen Sie zahlreichen Konventionen, die Sie, ohne viel darüber nachzudenken, akzeptieren. Sie starten erst die Anwendung, bevor Sie ein Dokument öffnen oder neu angelegen. Die Palette *Ebenen* zeigt erst einen Inhalt, wenn ein Dokument im Programmfenster liegt. Dokumente und Ebenen sind Elemente von Photoshop. Was diese Elemente mit den Objekten in JavaScript zu schaffen haben, soll jetzt geklärt werden.

2.1 Beziehungen in Photoshop

Betrachten wir zunächst einige grundlegende Elemente aus Photoshop und setzen diese zueinander in Beziehung.

Photoshop als Anwendung (`Application`) stellt das Programmfenster mit der Arbeitsumgebung zur Verfügung. Noch bevor ein geöffnetes Dokument vorliegt, lassen sich zahlreiche Einstellungen zur Arbeitsumgebung und Leistungsfähigkeit der Anwendung vornehmen. Das erfolgt mit den Einstellungen im Dialogfenster *Voreinstellungen* (`Preferences`).

Die Begriffe in den Klammern nennen bereits den Objektnamen, den JavaScript für diese Objekte bereithält. Vergleichen Sie diese Begriffe mit der Abbildung zum Objektmodell.

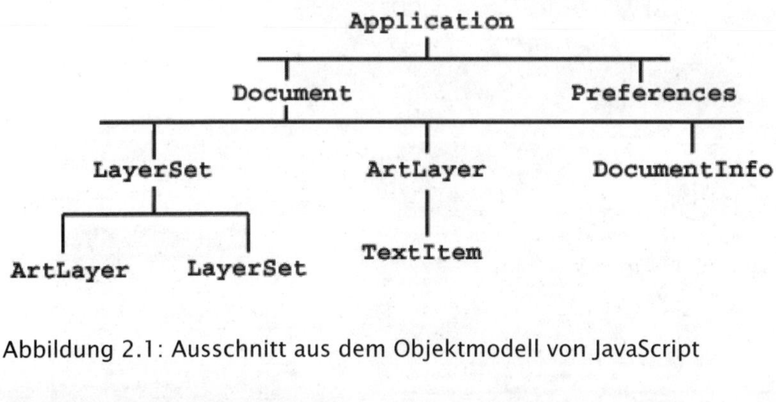

Abbildung 2.1: Ausschnitt aus dem Objektmodell von JavaScript

Für die eigentliche kreative Arbeit in Photoshop wird ein Dokument neu angelegt (`Document`) oder ein vorhandenes geöffnet. Dabei können mehrere Dokumente zur Zeit geöffnet, aber nur eines der Dokumente aktiv sein. Ein

Dokument enthält mindestens eine Ebene (`ArtLayer`) oder ein Set (`LayerSet`). Die Ebenen gehören zu genau einem Dokument. Auch hier gilt: Es kann nur eine aktive Ebene geben, deren Inhalt zur Zeit geändert werden kann.

Direkt zum aktuellen Dokument gehören die Einstellungen aus dem Dialogfenster *Datei-Informationen* (`DocumentInfo`). Diese gehören zum aktiven Dokument.

In einem Dokument kann genau ein Auswahlbereich (`Selection`) angelegt werden. Dieser Auswahlbereich gehört zu einem Dokument. Er ist von den Ebenen selbst unabhängig, Änderungen im Auswahlbereich gelten nur für die aktive Ebene.

2.2 Photoshop im JavaScript-Objektmodell

JavaScript setzt die gerade beschriebenen Abhängigkeiten innerhalb von Photoshop in seiner eigenen Sprache in einem Modell aus Objekten um. Die grundlegende Einheit ist das Objekt mit seinen Eigenschaften und Methoden. Eigenschaften und Methoden finden sich in anderer Form als Einstellung auf einem Dialogfenster oder als Menübefehl in Photoshop wieder. Ein Objekt kann weitere Objekte enthalten und so eine Hierarchie bilden. Aus der Hierarchie ergeben sich später die Beziehungen zwischen den Objekten.

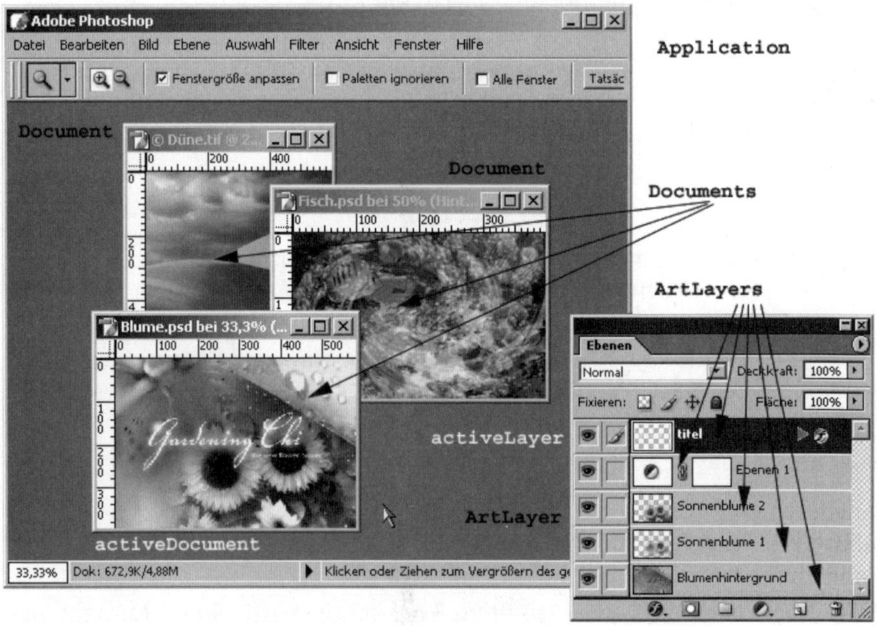

Abbildung 2.2: JavaScript-Objekte in der Anwendung Photoshop

Das oberste Objekt ist die Anwendung Photoshop selbst, da erst die geöffnete Anwendung die Arbeit ermöglicht. Beim Einsatz von JavaScript ist das Anwendungsobjekt immer aktiv: Für Photoshop entwickelte Skripte lassen sich nur aus Photoshop heraus ausführen. Für die Skripte bedeutet das, das Anwendungsobjekt kann, muss aber nicht angegeben werden (es wird als aktiv vorausgesetzt).

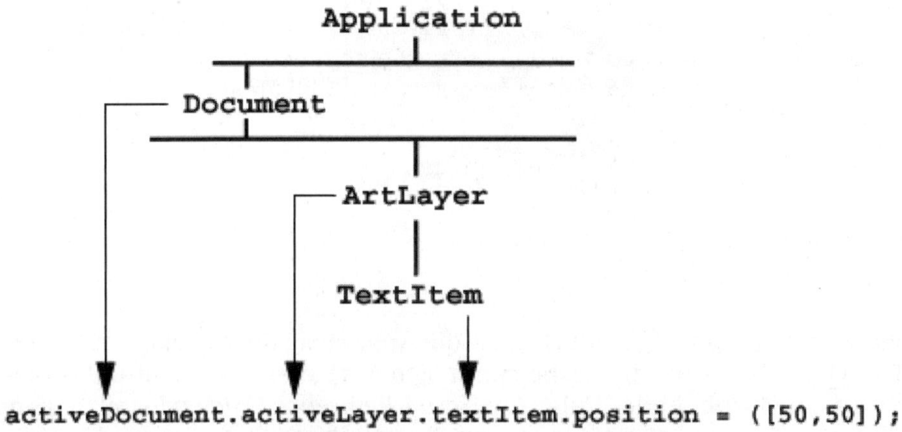

Abbildung 2.3: Hierarchie umgesetzt in eine Anweisung

Es folgen Objekte, die teils erst über das oberste Objekt der Hierarchie geändert werden können. Das entspricht der Arbeit in Photoshop, die zu Beginn des Kapitels aufgezeigt wurde. Direkt dem Anwendungsobjekt untergeordnet sind die Dokumente, die in der Anwendung erstellt oder geöffnet werden. Ebenen sind wiederum Elemente des Dokumentobjekts. So bilden die Elemente eine Hierarchie. Die Beziehungen innerhalb der Hierarchie sind wichtig, wenn die Befehle mit JavaScript an das passende Objekt gesendet werden sollen. Möchten Sie zum Beispiel den Inhalt einer Textebene ändern, führt Sie der Weg über das aktive Dokument, die aktive Ebene, bis schließlich die Textebene erreicht wird. Die Verbindungslinien zwischen den Objekten der Hierarchiestufen werden im Skript durch Punkte umgesetzt, die einzelne Objekte voneinander trennen.

Eine der ergiebigsten Fehlerquellen ist der nicht eingehaltene Weg durch die Objekthierarchie. Da soll zum Beispiel eine Textebene geändert werden, das Dokument als übergeordnetes Objekt wird aber nicht angegeben.

Organisiert und verwaltet wird in so genannten collections. Das sind Gruppen gleichartiger Objekte, die zum selben übergeordneten Objekt gehören. So bilden alle Ebenen und Sets des Dokuments auf der Palette *Ebenen* die collection `Layers`. Alle Sets zusammen gehören zur collection `LayerSets`, während alle Ebenen zur collection `ArtLayers` gehören.

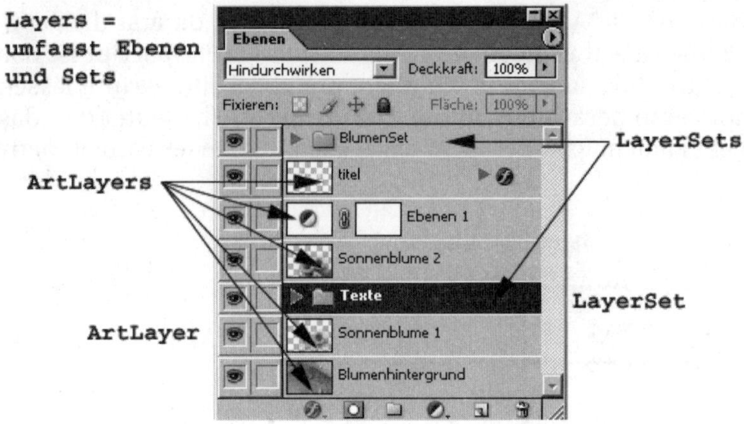

Abbildung 2.4: Objekte der Palette *Ebenen*

Ein wenig gewöhnungsbedürftig ist die Ansprache der Objekte im Skript. Das Objekt etwa für die Ebene nennt sich `ArtLayer`. Es taucht unter diesem Namen wohl in der Datei *JavaScript Reference Guide.pdf* mit seinen Eigenschaften und Methoden auf, im Skript selbst nicht. Hier wird immer mit `activeLayer` gearbeitet, die aktive Ebene angesprochen.

Mit dieser Hierarchie arbeiten Sie, wenn Sie Befehle aus Photoshop mit JavaScript umsetzen. Man spricht auch davon, dass eine Objektreferenz angelegt wird. Genau das wird ab jetzt den Schwerpunkt dieses Buches bilden.

2.3 Arbeitsvorbereitung per Skript

Einen Teil der Arbeitsumgebung speichern Sie in dem Menü *Fenster · Arbeitsbereich* unter einem Namen. Davon nicht betroffen sind Einstellungen aus dem Dialogfenster *Voreinstellungen*, die beim Beenden der Anwendung festgehalten werden. Wer hier nicht jedes Mal alle Bereiche des Dialogfensters nach den gewünschten Einstellungen durchforsten möchte, dem hilft das JavaScript-Objekt `Preferences`, die speziellen Anforderungen zusammenzustellen. Es ist direkt dem Anwendungsobjekt untergeordnet, die Einstellungen lassen sich in der Anwendung auch ohne ein geöffnetes Dokument vornehmen. Das Objekt verfügt über zahlreiche Eigenschaften, die mit anderen Werten belegt werden können.

Alle Elemente aus dem Sprachgebrauch von JavaScript müssen exakt so geschrieben werden, wie es die Sprache vorsieht. Jeder Schreibfehler führt automatisch zu unerfreulichen Fehlermeldungen.

2.3.1 Eigenschaften erhalten einen neuen Wert

Von JavaScript bereitgestellte Objekte haben Eigenschaften. Das sind mehr oder weniger beliebige Zahlenwerte (entspricht dem Eingabefeld oder dem Schieberegler in einem Dialogfenster). Der Wertebereich ergibt sich aus den Möglichkeiten innerhalb der Anwendung. Fest vorgegebene Werte der Eigenschaften sind die Konstanten, bei denen die Eigenschaften nur ganz bestimmte Werte annehmen können (das entspricht einer Auswahlliste). Typische Eigenschaften eines Dokuments sind seine Breite und Höhe, auch der Modus des Dokuments ist eine Eigenschaft.

Mit Ihrem ersten Skript werden Sie eine Eigenschaft eines Objekts ändern. Derartige Änderungen werden Sie häufig durchführen, da lohnt es sich also, einen genaueren Blick darauf zu werfen.

Den Farbwähler ändern

Ändern Sie das Erscheinungsbild des Farbwählers. Dieser ist auf PC und Mac in der Grundeinstellung auf den Farbwähler von Adobe eingestellt, kann aber durch den Farbwähler des Betriebssystems oder ein Fremdmodul ersetzt werden.

- Kontrollieren Sie, ob in den *Voreinstellungen* im Bereich *Allgemeine* der Farbwähler auf *Adobe* steht. Das soll die Ausgangssituation sein.
- Tippen Sie unter Windows die folgende Zeile in den Editor Ihrer Wahl ein. Tauschen Sie für den Mac den Wert der Eigenschaft gegen `ColorPicker.APPLE` aus. Achten Sie dabei unbedingt auf die Schreibweise:

```
preferences.colorPicker = ColorPicker.WINDOWS;
```

- Speichern Sie das Skript mit der einzelnen Zeile mit der Dateiendung JS ab, und rufen Sie das Skript in Photoshop auf.
- Klicken Sie nach der Skriptausführung auf das Farbfeld in der Werkzeugleiste. Der Farbwähler des Betriebssystems Windows erscheint.

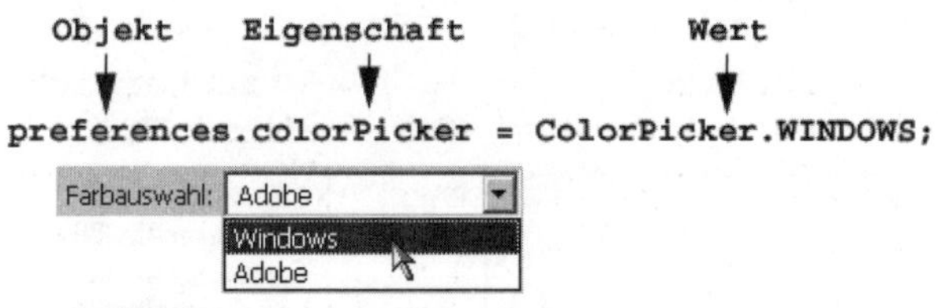

Abbildung 2.5: Den Farbwähler unter Windows einstellen

Die Skriptzeile startet mit der Angabe des Objekts (`preferences`), gefolgt vom Namen der Eigenschaft (`colorPicker`). Objekt und Eigenschaft werden durch einen Punkt getrennt. Es handelt sich in diesem Fall um eine Eigenschaft, die aus einem Konstantennamen und dem zugehörigen Wert besteht. Beides wird ebenfalls durch einen Punkt voneinander getrennt. Es folgt ein Gleichheitszeichen. In JavaScript spricht man davon, dass der Eigenschaft mit dem Gleichheitszeichen ein Wert zugewiesen wird. Nach diesem Zeichen wird der Wert der Eigenschaft angefügt (`ColorPicker.WINDOWS` oder für den Mac: `ColorPicker.APPLE`). Sauber beendet wird die Zeile mit der Anweisung durch das Setzen eines Semikolons.

Viele der Eigenschaften aus dem Dialogfenster *Voreinstellungen* entnehmen Sie einfach der Datei *voreinstellungen.js* auf der mitgelieferten CD. Was hier nicht zu finden ist, entnehmen Sie der Datei *JavaScript Reference Guide.pdf.*

So helfen Sie sich selbst

Die wichtigsten Objekte werden natürlich im Buch vorgestellt. Weitere Objekte finden Sie alphabetisch geordnet in dem mitgelieferten PDF-Dokument *JavaScript Reference Guide.pdf.* Hier gehen Sie wie im folgenden Beispiel auf die Suche, wenn Sie einem Objekt eine neue Eigenschaft zuweisen möchten.

```
preferences.colorPicker = ColorPicker.APPLE;
```

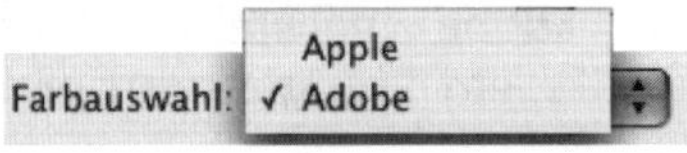

Abbildung 2.6: Farbwähler unter OS X einstellen

- Der erste Ansatz lautet immer: Was soll umgesetzt werden? Hier ist es eine Änderung der Voreinstellungen. Jetzt benötigen Sie die Übersetzung: `preferences`. Danach lässt sich suchen.
- Lassen Sie sich das Inhaltsverzeichnis zu Kapitel 6 (JavaScript Interface) anzeigen. Suchen Sie in unserem Beispiel nach dem Objekt `Preferences`, und sehen Sie die Eigenschaften durch, die zu dem Objekt vorliegen.
- Den Namen der Eigenschaft, die Sie dem Objekt im Skript anhängen, finden Sie in der linken Spalte. Der dem Gleichheitszeichen folgende Wert für die Eigenschaft steht in der dritten Spalte, zusammen mit den möglichen Werten.

Eigenschaft (Property)		Wertebereich Value Type	
colorPicker	R/W	ColorPicker ColorPicker.ADOBE ColorPicker.APPLE ColorPicker.PLUGIN ColorPicker.WINDOWS	

Abbildung 2.7: So kommen Sie an die Werte für Eigenschaften

In der zweiten Spalte wird angegeben, ob Sie die Eigenschaft ändern und abfragen dürfen (Read/Write) oder ob diese Eigenschaft nur ausgelesen werden darf (ReadOnly). In der letzten Spalte findet sich bei einigen Einträgen eine zusätzliche Erklärung. Für unser Beispiel, bei dem in der zweiten Spalte *R/W* steht, bedeutet das, Sie könnten im Skript zunächst abfragen, welcher Farbwähler aktuell eingestellt ist oder sofort einen anderen Farbwähler festlegen.

```
alert(preferences.colorPicker);
preferences.colorPicker = ColorPicker.WINDOWS;
```

Abbildung 2.8: Die Antwort auf die Frage nach dem aktuellen Farbwähler

Die Einheiten der Lineale ändern

Ändern Sie im nächsten Schritt die Einstellung zu den Linealeinheiten. Die Einheiten der Lineale (`rulerUnits`) sind Eigenschaften des Objekts `Preferences` und besonders wichtig, wenn Sie später Ebenen per JavaScript verschieben möchten.

- Lassen Sie sich die Lineale zu einem geöffneten Dokument anzeigen, und stellen Sie die Einheiten der Lineale auf *Zoll* ein.
- Erweitern Sie das Skript um die zweite Zeile, und testen Sie. An den Linealen des Dokumentfensters zeigt sich nach der Ausführung des Skripts sofort die neue Einstellung.

```
preferences.colorPicker = ColorPicker.WINDOWS;
preferences.rulerUnits = Units.PIXELS;
```

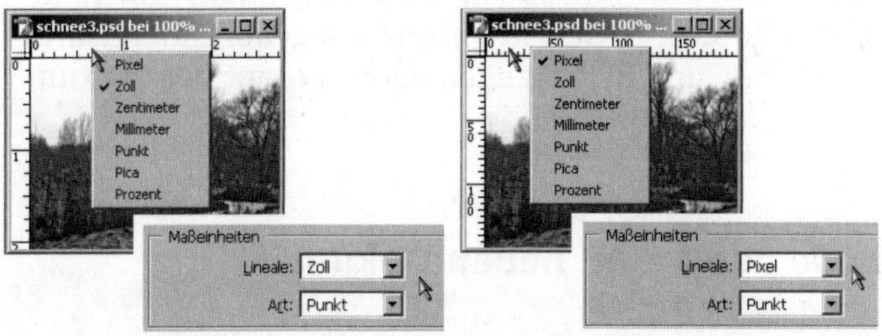

Abbildung 2.9: Vor und nach der Ausführung des Skripts

Achten Sie unbedingt darauf, die Begriffe genau so zu übernehmen, wie sie im Dokument *JavaScript Reference Guide.pdf* vorgegeben werden. Vergleichen Sie auch die im Buch erwähnten Begriffe, an denen sich der Text durchgängig orientiert. Sollten sich hier Unterschiede zeigen, ist die von Adobe mitgelieferte PDF-Datei vorzuziehen.

2.3.2 Voreinstellungen zurücksetzen

Haben Sie ausgiebig probiert, sind sicher auch viele sinnvolle Voreinstellungen überschrieben. So setzen Sie die Voreinstellungen wieder auf den Standard zurück:

- Halten Sie am PC direkt nach dem Aufruf von Photoshop die Tasten [Strg] + [⇧] + [Alt] gedrückt. Halten Sie am Mac direkt nach dem Aufruf von Photoshop die Tasten [⌥] + [⌘] + [⇧] gedrückt.
- Unabhängig vom System werden Sie per Dialogfenster aufgefordert, die aktuellen Einstellungen zu löschen.
- Auf dem Mac ziehen Sie zusätzlich noch den Ordner *Preferences* aus dem Ordner *Library* in den *Papierkorb.*

2.4 JavaScript erstellt ein Dokument

Neben den Eigenschaften verfügen viele Objekte auch über Methoden. Das sind feststehende Befehle, die genau auf das Objekt zugeschnitten sind. Die Ausführung dieser Befehle wird durch das Beifügen von Werten genauer auf die eigenen Wünsche angepasst. Damit die Methoden diese Werte berücksichtigen können, befindet sich hinter dem Namen der Methode immer ein Paar runder Klammern. Auf ein Beispiel dazu treffen Sie in diesem Abschnitt, wenn mit der Methode `add()` ein Dokument per Skript angelegt wird.

Objektänderungen erfolgen über Methoden (`Methods`) und Eigenschaften (`Properties`) der Objekte. Was Ihnen da so zur Verfügung steht, finden Sie nach Objekten geordnet komplett in der zu Photoshop gehörenden Datei *JavaScript Reference Guide.pdf* und in Auszügen übersetzt auf der CD zum Buch.

2.4.1 Mit der Methode add() zum neuen Dokument

Arbeiten Sie an einem umfangreichen Projekt wie an verschiedenen Internetauftritten, benötigen Sie für ein einheitliches Erscheinungsbild zu jedem Projekt auch immer dieselben Einstellungen. Das betrifft den Farbmodus ebenso wie die Abmessungen. Eigene Einstellungen zu neuen Dokumenten lassen sich im Dialogfenster *Neu* unter einem Namen mit der Schaltfläche *Vorgabe speichern* festhalten, aber eben nur in der Anwendung. Daher gehen diese Einstellungen auch schnell verloren. Abhilfe schafft hier ein Skript, das ein neues Dokument mit allen notwendigen Eigenschaften erzeugt. Der Vorgang, ein neues Dokument per Skript zu erzeugen, entspricht dem Anlegen eines neuen Dokuments im Dialogfenster *Datei · Neu*. Mit der Methode `add()` wird ein neues Dokument im Programmfenster angelegt.

- Geben Sie in den Editor die folgende Zeile ein. Speichern Sie das Skript, auch wenn es nur eine Zeile enthält.

```
documents.add();
```

- Testen Sie das Skript: Ein neues Dokument wird erzeugt. Die Festlegung der Eigenschaften des Dokuments haben Sie der Anwendung überlassen.
- Hier treffen Sie auch gleich auf eine der vorher erwähnten collections. Die collection `documents` ist für alle geöffneten Dokumente zuständig. Da das Anlegen eines neuen Dokuments ein allgemeiner Vorgang ist, lautet der Name des Objekts in diesem Fall `documents`. Die Methode wird durch einen Punkt vom Objektnamen getrennt. Die beiden runden Klammern bleiben zunächst leer.

2.4.2 Die Methode add() mit Parametern einsetzen

Die Methode `add()` erzeugt ein neues Dokumentfenster. Auch diesmal wird zuerst das Objekt (`documents`) angegeben. Durch einen Punkt getrennt wird die Methode `add()` (unbedingt gefolgt von zwei runden Klammern) angehängt. Möchten Sie ein neues Dokument genau festlegen, geben Sie der Methode die gewünschten Einstellungen zwischen den runden Klammern mit.

Auch die Methoden zu den Objekten finden Sie im Dokument *JavaScript Reference Guide.pdf*. Hier wird davon ausgegangen, dass Sie den Namen der Methoden stets ein Paar der runden Klammern anhängen. Die linke Spalte nennt den Namen der Methode, die dritte Spalte gibt an, welche Werte Sie mitgeben können, um die Ausführung der Methode zu beeinflussen.

Name der Methode — Der mögliche Inhalt der Klammern

Method	What it does	Parameter Type	Returns
add	Adds a document	*width as UnitValue* *height as UnitValue* *resolution as Double*	Document

Abbildung 2.10: Ein Auszug aus den gültigen Werten für die Methode add()

Ein neues Dokument mit Eigenschaften

Natürlich werden Sie die Eigenschaften des Dokuments nicht dem Zufall überlassen und die notwendigen Angaben in die Klammern einfügen.

Passt im Buch nicht in eine Zeile, was in eine Zeile gehört, wird das auf mehrere Zeilen verteilt. Achten Sie auf das Semikolon, das Ihnen das Ende der Anweisung zeigt, und vergleichen Sie die beiliegenden JavaScript-Dateien.

▷ Tragen Sie zusätzliche Angaben in die runden Klammern des Skripts ein. Das Skript gehört in eine Zeile, die erst mit dem Semikolon beendet wird. Speichern und testen Sie das Skript erneut. Das Dokument wird angelegt wie bestellt.

```
documents.add(300, 200, 72, "DokumentPerScript", NewDocumentMode.RGB,
DocumentFill.TRANSPARENT);
```

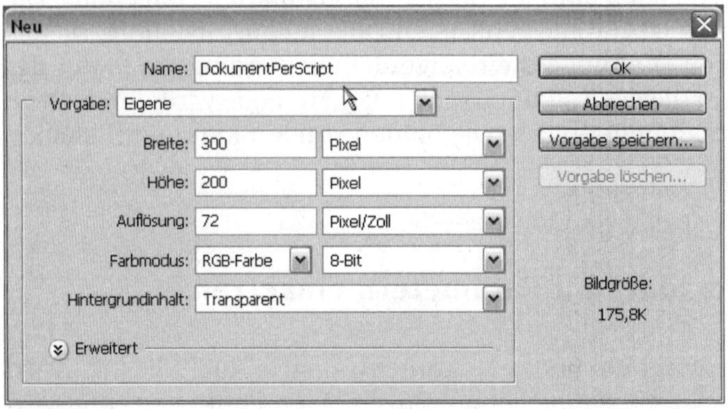

Abbildung 2.11: Zum Vergleich die Einstellungen im Dialogfenster *Neu*

Die Werte 300 und 200 sind die Angaben zu Breite und Höhe (`width`, `height`) des Dokuments. Die Abmessungen werden in den voreingestellten Einheiten umgesetzt (denken Sie an das Objekt `Preferences`). Der Wert 72 stellt die Bildauflösung in DPI ein. Der Name des neuen Dokuments (in der Titelzeile) wird in Hochkommas eingefasst: `"DokumentPerScript"`. Mit dem Wert `NewDocumentMode.RGB` wird die Farbtiefe für das Dokument angegeben. Der Wert `DocumentFill.TRANSPARENT` ist für die Ausführung der ersten Ebene des Dokuments zuständig, wobei in diesem Fall keine Ebene *Hintergrund* angelegt wird, sondern eine einfache transparente Ebene erzeugt wird.

Die Reihenfolge der Werte (Parameter) in den Klammern muss unbedingt eingehalten werden. Die Werte für die Abmessungen sind beliebige Zahlenwerte. Für `NewDocumentMode` und `DocumentFill` stellt JavaScript Ihnen feststehende Werte zur Verfügung, die Sie beim Objekt `Documents`, zu dem die Methode `add()` gehört, aus oder in der Datei *JavaScript Reference Guide. Pdf* finden.

2.5 Dokument und Indexnummer

Der Name eines Dokuments wird im Dialogfenster *Neu* im Eingabefeld *Name* oder mit dem ersten Speichern vergeben. Er wird in der Titelzeile seines Dokumentfensters angezeigt.

Neben diesem Namen hat ein Dokument über seine Zugehörigkeit zur collection `documents` eine Indexnummer, die ein geöffnetes Dokument einwandfrei identifiziert. Diese Nummer ergibt sich aus der Reihenfolge des Öffnens der Dokumente. In der Anwendung zeigt sich die Reihenfolge im untersten Abschnitt der Dateiauflistung im Menü *Fenster*. Das dort ganz oben aufgeführte Dokument hat den Indexwert 0, alle weiteren Dokumente erhalten die nächsthöhere Indexnummer.

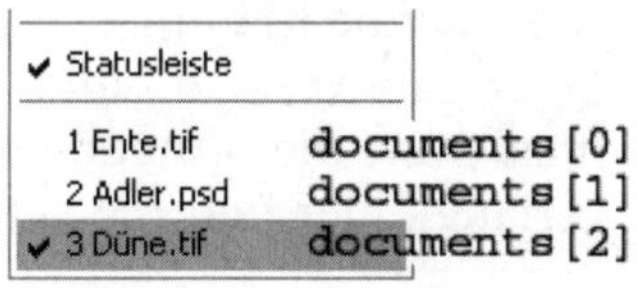

Abbildung 2.12: Menü *Fenster* und die Indexnummer der Dokumente

Dokumente lassen sich über ihren Namen ebenso ansprechen wie über die Indexnummer. Die Indexnummer ändert sich, wenn Dokumente geschlossen werden, der Dokumentname bleibt, bis er geändert wird. Je nach Aufgabe wird ein Dokument über seinen Namen oder die Indexnummer angesprochen.

Indexnummer auslesen

Welches Dokument welche Indexnummer hat, werden wir jetzt untersuchen. Dabei hilft die Methode `alert()` (eine Methode des Anwendungsobjektes), die Ihnen die Antwort im Dialogfenster ausgibt.

- ▷ Öffnen Sie in beliebiger Reihenfolge die Dateien *Ente.tif*, *Düne.tif* sowie *Adler.psd* aus dem Verzeichnis *Beispiele* von Photoshop.
- ▷ Legen Sie im Editor ein neues Dokument an, und tippen Sie die folgende Zeile ein. Speichern und testen Sie dann das Skript.

```
alert (documents[0]);
```

- Das Ergebnis auf dem Dialogfenster hängt von der Reihenfolge ab, in der Sie die Dokumente geöffnet haben. Auf dem Dialogfenster ausgegeben wird jetzt das Objekt (`Document`) und der Name der Datei.
- Ändern Sie im Editor die Nummer in den eckigen Klammern, und testen Sie erneut. Vergleichen Sie das auch mit dem unteren Abschnitt im Menü *Fenster.*

Abbildung 2.13: Das versteckt sich hinter `documents[0]`

Die Methode `alert()` zaubert ein Dialogfenster mit der Schaltfläche *OK* auf den Bildschirm. Der Inhalt des Dialogfensters ist abhängig vom Inhalt in den beiden runden Klammern.

Indexnummern gehören immer in eckige Klammern. Unabhängig vom Aussehen der Klammern, die gesetzt werden: Klammern treten immer paarweise auf: eine öffnende und eine schließende Klammer. Vergessen Sie eine der Klammern, erhalten Sie eine Fehlermeldung. Dabei gilt: Vergessen Sie die schließende Klammer, erkennt JavaScript Ihre Absicht und zeigt Ihnen mit *Error 25: Expected]* und der Angabe der Zeilennummer die fehlende Klammer. Ohne die öffnende eckige Klammer wird nach einer runden Klammer verlangt, hier fällt die Fehleranzeige nicht so deutlich aus.

2.5.1 Geöffnete Dokumente zählen

Die Anzahl der gleichzeitig geöffneten Dokument wird über die Objekteigenschaft `length` von `documents` ermittelt. Auch das lässt sich per Dialogfenster anzeigen.

- Ändern Sie die Skriptzeile in:

```
alert (documents.length);
```

- Speichern und testen Sie das Skript. Führen Sie das Skript aus: Im Ergebnis zeigt das Dialogfenster die Zahl *3*, wenn drei Dokumente geöffnet sind.

Die Anzahl der geöffneten Dokumente wird wichtig, wenn Sie prüfen müssen, ob überhaupt ein Dokument geöffnet ist, auf das die Anweisungen im Skript angewendet werden können. Diese Eigenschaft hilft auch, wenn alle Dokumente eines Verzeichnisses mit einem Skript bearbeitet werden und Sie die Zahl der im Verzeichnis liegenden Dokumente gar nicht kennen.

2.6 Das aktive Dokument

Inhaltliche Änderungen sind nur an einem aktiven Dokument möglich. Das aktive Dokument zeigt im Menü *Fenster* im untersten Abschnitt ein Häkchen und liegt ganz vorne im Dokumentstapel.

2.6.1 Den aktiven Status abfragen

Fragen wir zunächst nach dem Namen des gerade aktiven Dokuments. Dazu ist wieder nur eine Skriptzeile erforderlich.

- Die drei Dokumente sind noch geöffnet. Tragen Sie die folgende Zeile in den Editor ein.

```
alert (activeDocument);
```

- Speichern und testen Sie das Skript. Es zeigt sich das Dialogfenster mit dem Namen der aktiven Datei.

Die Eigenschaft `activeDocument` gehört zum Anwendungsobjekt. Diese Eigenschaft kann abgefragt werden und nennt den Namen des in der Anwendung zuoberst liegenden Dokuments. Sie können im Skript jedes geöffnete Dokument zum aktiven Dokument erklären. Wie Sie das anstellen, erfahren Sie im nächsten Abschnitt.

2.6.2 Ein Dokument mit der Indexnummer aktivieren

Möchten Sie der Eigenschaft `activeDocument` einen anderen Wert geben, wird dieser zugewiesen. Dazu wird die Eigenschaft (`activeDocument`) genannt gefolgt vom Gleichheitszeichen. Als Wert wird das Objekt mitsamt Indexnummer angegeben, das zum aktiven Dokument werden soll.

- Tragen Sie über der Zeile für die Ausgabe des aktiven Dokuments die neue Zeile mit der Zuweisung für den Wert der Eigenschaft ein.

```
activeDocument = documents[2];
alert(activeDocument);
```

- Speichern und testen Sie das geänderte Skript. Abgesehen von der Ausgabe auf dem Dialogfenster können Sie die Änderung des aktiven Dokuments auch in der Anwendung am Häkchen vor dem Dateinamen beobachten.

Liegt das Dokument mit der angegebenen Indexnummer nicht bereits im Vordergrund, wird es bei der Ausführung des Skripts nach vorne geholt. Im Dialogfenster wird sein Name gezeigt.

2.6.3 Ein Dokument mit dem Dateinamen aktivieren

Die Indexnummern der Dokumente ändern sich, wenn zwischenzeitlich ein Dokument geschlossen wird. Dann wird neu nummeriert. Was sich so schnell nicht ändert ist der Name des Dokuments. Auch der Dokumentname kann der Eigenschaft `activeDocument` zugeteilt werden.

▷ Ersetzen Sie die Indexnummer durch den Dateinamen des Dokuments eingefasst in Hochkommas, das vom Skript aktiviert werden soll.

```
activeDocument = documents["Adler.psd"];
alert(activeDocument);
```

▷ Aktivieren Sie ein anderes Dokument als das im Skript genannte, und speichern und testen Sie Ihren Zweizeiler.

Der komplette Dateiname ist bei nicht gespeicherten Dokumenten der Name ohne Dateierweiterung. Nach dem Speichern eines Dokuments wird auch die Dateieindung zum Teil des Dokumentnamens und entsprechend angegeben. In Photoshop selbst können Sie zumindest auf dem PC nicht ohne Dateiendung speichern.

Die fehlende Dateiendung wird auf dem PC dazu führen, dass sich ein Dokument auch nicht in Photoshop öffnen lässt. Nach dem Doppelklick auf das Dokument im Explorer wird versucht, die Datei zu öffnen, das Format wird von Photoshop aber nicht erkannt. Es folgt ein Dialogfenster mit einem recht deutlichen Hinweis. Auch der Befehl *Öffnen mit* wird kein anderes Ergebnis hervorbringen.

Abbildung 2.14: Wenn die Dateiendung fehlt ...

Natürlich wird niemand vorsätzlich eine Dateiendung löschen. Es finden sich aber zahlreiche Anwender mit einem Mac, die in den *Voreinstellungen · Dateien verarbeiten* in der Liste *Dateinamenerweiterung anhängen* den Eintrag *Nie* oder *Beim Speichern fragen* eingestellt haben. Hier sollte für eine reibungslose Zusammenarbeit *Immer* gewählt oder eine positive Antwort bei der Abfrage gegeben werden. Dann klappt es auch mit dem Dokumentaustausch.

2.7 Meta-Daten zum neuen Dokument

Ein Dokument erhält über das Dialogfenster *Datei-Informationen* zusätzliche Textinformationen. Einen Teil dieser Informationen tragen Sie in die Eingabefelder ein. Das lässt sich später auch wieder auslesen. Andere Infos aus diesem Dialogfenster wie die Kameradaten werden bereits in der Kamera in das Bild eingefügt und lassen sich nur abfragen.

Diese Daten erleichtern die Zusammenarbeit an Projekten. Jeder, der Ihr Dokument mit diesen Daten für eine weitere Bearbeitung in den Händen hält, kann sich zum Beispiel für Rückfragen mit Ihnen in Verbindung setzen. Möchten Sie eine Web-Fotogalerie anlegen, können Sie auf einige dieser Daten zur Bildbeschriftung und für den Bannerbereich zurückgreifen.

In JavaScript erreichen Sie die *Datei-Informationen* über das Objekt `DocumentInfo`. Das Objekt ist dem Objekt `Document` untergeordnet. Für Sie bedeutet das: Sie müssen zum Setzen der Eigenschaften entweder ein Dokument angeben oder wie hier das aktive Dokument benutzen.

2.7.1 Infos abfragen, setzen und erneut abfragen

In diesem Beispiel soll aus dem Dialogfenster *Datei-Informationen* im Bereich *Beschreibung* der Inhalt des Eingabefelds *Autor* zunächst gelesen, dann gesetzt und zur Kontrolle erneut gelesen werden.

▷ Öffnen Sie entweder irgendein Bild oder die Datei *schnee.psd*. Starten Sie im Editor mit der Zuweisung des aktiven Dokuments.

```
activeDocument = documents[0];
```

▷ Lassen Sie sich anzeigen, was sich im Eingabefeld *Autor* befindet. Tragen Sie die folgende Zeile in den Editor ein. Ein Dialogfenster ohne Text zeigt sich.

```
alert(activeDocument.info.author);
```

▷ Hinter den Begriff `activeDocument` fügen Sie das Objekt für die Datei-Information (`info`) ein. An das Objekt schließt sich die Eigenschaft (`author`) an. Auch hier werden Objekt und Eigenschaft durch den Punkt getrennt.

Weitere Eigenschaften des Objekts `DocumentInfo` finden Sie unter diesem Begriff in der Datei *JavaScript Reference Guide.pdf*. Im Skript dagegen tritt das Objekt unter dem Namen `info` auf.

▷ Speichern und testen Sie das Skript. Es erscheint das Dialogfenster ohne Eintrag. Im Eingabefeld *Autor* ist noch keine Angabe eingetragen.

Tragen Sie eine zweite Zeile ein, mit der Sie das Eingabefeld *Autor* füllen. Gefüllt wird mit Text, weshalb der Name hier auch in Hochkommas angegeben wird. So erkennt JavaScript die Zeichen als einen Text.

```
activeDocument.info.author = "HUBERT HASTICH";
```

▷ Ob das funktioniert wird mit einer dritten Zeile im Skript getestet. Wiederholen Sie die Abfrage nach dem Inhalt des Eingabefelds *Autor*.

```
alert(activeDocument.info.author);
```

▷ Speichern und testen Sie das Skript. Zuerst erscheint das Dialogfenster ohne Antwort. Nach dem Klick auf die Schaltfläche *OK* zeigt sich ein weiteres Dialogfenster, diesmal mit dem zugewiesenen Namen.

Eine weitere Kontrolle bietet Ihnen das Dialogfenster *Datei-Informationen*. Öffnen Sie es nach der Skriptausführung, wird im Eingabefeld *Autor* auch der richtige Name zu finden sein. Das Skript finden Sie mit Kommentaren versehen unter dem Namen *infoObjekt.js*.

Ein Dokument mit Voreinstellungen und Datei-Informationen

Zum Abschluss des Kapitels wird ein neues Dokument mit einigen Voreinstellungen, erforderlichen Eigenschaften und *Dokument-Informationen* erstellt. Das Skript finden Sie unter *neuesDokumentGesamt.js*.

▷ Tragen Sie das Skript in den Editor ein, und speichern und testen Sie das Skript. Sollten sich keine Tippfehler eingeschlichen haben, erhalten Sie ein neues Dokument mit den eingestellten Werten. Auch die Einträge im Dialogfenster *Datei-Informationen* sind bereits erledigt.

```
// Voreinstellungen setzen
preferences.rulerUnits = Units.PIXELS;
preferences.colorChannelsInColor = true;
preferences.askBeforeSavingLayeredTIFF = true;
preferences.beepWhenDone = true;
// ein Dokument nach meinen Wüschen anlegen
documents.add(200, 200, 150, "Projekt Start", NewDocumentMode.RGB,
DocumentFill.TRANSPARENT);
// die Datei-Informationen eintragen
activeDocument.info.author = "HUBERT HASTICH";
activeDocument.info.copyrighted = CopyrightedType.PUBLICDOMAIN;
activeDocument.info.ownerUrl = "www.nixgut.com";
```

Was würde geschehen, wenn Sie die Anweisung für das neue Dokument an das Ende des Skripts verlegen? Sie erhalten statt des Dokuments eine Fehlermeldung, denn wenn JavaScript die Angaben für das Dialogfenster *Datei-Informationen* ausführen möchte, ist noch gar kein Dokument geöffnet.

Die Reihenfolge, in der Sie die Anweisungen geben, muss sich immer danach richten, was auch in Photoshop selbst möglich ist.

3 Variablen und Inhalte

Im vorherigen Kapitel haben Sie Eigenschaften für ein neues Dokument festgelegt und JavaScript mit einer Methode angewiesen, das Dokument zu erstellen. Das ist ein erster Schritt in Richtung Automatisierung. Richtig flexibel wird ein Skript aber erst, wenn Variablen eingesetzt werden.

So werden im letzten Beispiel dieses Kapitels die Abmessungen des aktuellen Dokuments ermittelt und in Variablen gelegt. Der Wert dieser Variablen wird erhöht und bildet so den Wert für neue Dokumentabmessungen, die wieder als Variablen der Methode `add()` in die runden Klammern zugefügt werden. So können Sie die Arbeitsfläche jedes beliebigen Dokuments um einen Betrag erweitern, ohne sich um die Abmessungen des Dokuments zu kümmern.

3.1 Variablen machen Skripte flexibel

Auf Variablen sind Sie sicher bereits im Mathematikunterricht getroffen. Da gilt es, 3x und 4y in einen sinnvollen Zusammenhang zu bringen. Die Variablen sind in der Mathematik ebenso wie in JavaScript schlicht Platzhalter für Werte. Gültige Werte für Variablen sind Zahlenwerte (Ganze Zahlen, Dezimalzahlen) oder aneinander gereihte Folgen von Buchstaben des Alphabets. Variablen erhalten ihre Werte in Abhängigkeit von der gestellten Aufgabe.

3.1.1 Variablen erhalten Werte

Oft geben Sie einer Variablen direkt einen Wert mit. Weisen Sie der Variablen `breite` den Wert von 300 zu, sind Sie für den Wert verantwortlich.

```
var breite = 300;
```

JavaScript kann auch den aktuellen Wert einer Eigenschaft eines Objekts für Sie herausfinden, der einer Variablen zugewiesen wird. Ermittelt JavaScript die Breite des aktiven Dokuments, wird dieser Wert durch das Dokument bestimmt und in einer Variablen abgelegt.

```
var dokuBreite = activeDocument.width.value;
```

Auch das Ergebnis einer Berechnung kann den Wert einer Variablen bestimmen. Im folgenden Beispiel wird der vorher von JavaScript ausgelesene Wert für die Dokumentbreite um den Wert 200 erhöht.

```
var breiteDokumentNeu = dokuBreite + 200;
```

Eine andere Möglichkeit, eine Variable mit einem Wert zu belegen, führt über den Einsatz von Dialogfenstern. So ist es denkbar, ein Verzeichnis in einem Dialogfenster zu suchen. Den Namen des im Dialogfenster ausgewählten Verzeichnisses legt JavaScript in eine Variable. Das Skript kann von diesem Zeitpunkt an mit dem Inhalt der Variablen arbeiten.

3.1.2 Gültige Namen für Variablen

Eine der wichtigsten Grundregeln in JavaScript lautet: Diese Sprache achtet stets pingelig auf Groß- und Kleinschreibung (case sensitive). Das gilt für Namen von Variablen ebenso wie für die Vokabeln von JavaScript selbst. Das bedeutet: Die Variable `meineDatei` ist eine völlig andere als `MeineDatei`.

Bei der Wahl der Namen von Variablen sollten Sie darauf achten, keine Vokabeln aus dem Sprachschatz von JavaScript für die Namen Ihrer Variablen zu benutzen. Eine Übersicht möglicher Vokabeln finden Sie im Dokument *JavaScript Reference Guide.pdf.* Was passiert, wenn Sie Begriffe aus JavaScript für Ihre Variablen nutzen, zeigt sich gleich im Abschnitt mit den Zeichenketten.

Die Namen der Variablen dürfen nur aus einem Wort bestehen. Nutzen Sie für die Namen die Kombination aus Buchstaben und Zahlen. Beginnen Sie den Namen einer Variablen mit einem Buchstaben, einem Unterstrich oder dem Dollarzeichen.

Besser lesbar werden lange Namen von Variablen, wenn der Name durch Großbuchstaben gegliedert wird (`meineDateiGespeichert`). Auch der Unterstrich erleichtert die Lesbarkeit (`meine_Datei_Gespeichert`).

3.1.3 Variablen deklarieren

Variablen werden in guten Skripten möglichst zu Beginn des Skripts in einem eigenen Abschnitt deklariert. Sammelt man die Variablen mit ihren Namen an dieser Stelle, sind Änderungen an den Werten schnell und einfach durchführbar. Auch wenn die Reihenfolge, in der Sie die Variablen einführen, Ihnen überlassen ist: Fassen Sie die Variablen nach ihren Aufgaben zusammen, und fügen Sie einen beschreibenden Kommentar zu. So erleichtern Sie sich die Übersicht, wenn Sie nach Wochen einmal wieder das Skript überarbeiten, um es an anderer Stelle einzusetzen.

Die Deklaration beginnt mit dem Schlüsselwort `var` gefolgt vom Namen der Variablen. Dabei können auch mehrere Variablen in einer Zeile angegeben werden, wenn sie durch ein Komma getrennt werden. Eine deklarierte Variable muss nicht sofort einen Wert erhalten.

```
var worte, zahlen;
```

Häufig gibt man bei der Deklaration der Variablen auch gleich einen Anfangswert mit (die Variable wird initialisiert). Auch hier beginnt man mit dem Schlüsselwort `var` gefolgt vom Namen der Variablen. Es folgt das Gleichheitszeichen mit dem sich anschließenden Wert. Das Semikolon schließt die Zeile ab.

```
var text = "Das ist eine Zeichenkette";
```

Variablen werden immer nur einmal im Skript über das Schlüsselwort `var` deklariert. Anschließend wird nur noch der Name der Variablen benutzt.

Erkennt JavaScript etwas im Skript, das es für eine nicht deklarierte Variable hält, wird der Ablauf des Skripts unterbrochen, und eine Fehlermeldung erscheint. Das passiert besonders häufig, wenn mit Zeichenketten oder Namen gearbeitet wird und dabei die anfallenden Hochkommas nicht gesetzt werden.

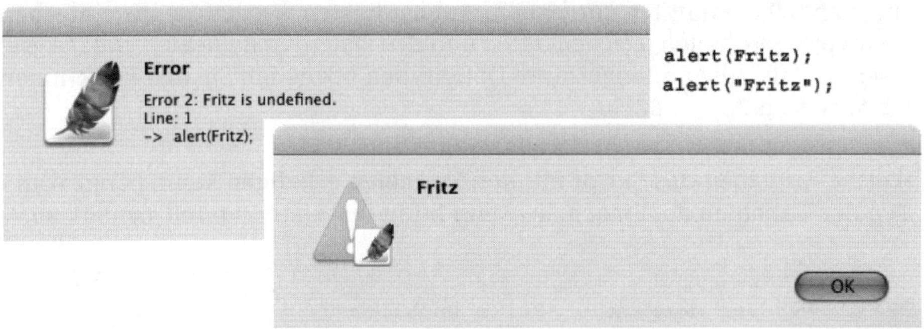

Abbildung 3.1: Variable vermutet und Ausgabe der Zeichenkette

Setzen Sie in der Mathematik ein Gleichheitszeichen, dürfen die beiden Seiten vertauscht werden, denn sie sind schlicht gleich. Anders ist das in JavaScript. Dort erhält eine Variable den Wert durch eine Zuweisung, die über das Gleichheitszeichen erfolgt. Die Inhalte auf beiden Seiten des Gleichheitszeichens dürfen nicht getauscht werden. Auf der rechten Seite steht, was im Skriptverlauf ausgewertet wird. Links steht genau eine Variable (deren Name), die diese neue Information aufnimmt.

```
var hoehe = 60 + 20;
```

3.1.4 Semikolon setzen oder nicht?

Das Semikolon kennzeichnet das Ende einer Anweisung, trennt so die einzelnen Anweisungen voneinander. Steht in jeder Zeile eine Anweisung, reicht das als Trennung zwischen zwei Anweisungen aus; das Semikolon kann entfallen.

Erst wenn Sie eine zweite Anweisung in dieselbe Zeile setzen, müssen Sie diese Anweisungen durch ein Semikolon voneinander trennen.

```
var X = 1; var Y = 2;
```

Da dies sehr unübersichtlich ist, wird für die bessere Lesbarkeit meist jede Anweisung in eine eigene Zeile gesetzt und zusätzlich mit einem Semikolon als beendet gekennzeichnet.

```
var X = 1;
var Y = 2;
```

3.2 Inhalte der Variablen

Aus den Datentypen, die JavaScript zur Verfügung stellt, werden hier die besonders häufig benutzten vorgestellt. Am häufigsten werden Sie die einfachen Datentypen wie Zahlen, Zeichenketten und den Datentyp Boolean (`true`, `false`) einsetzen. Als zusammengesetzte Datentypen begegnen Sie den Funktionen und Arrays später im Buch.

Welche Aufgaben das Skript mit den Variablen erledigen kann, hängt vom Typ der Variablen ab. Fragen Sie wenn nötig den Datentyp mit `typeof` ab.

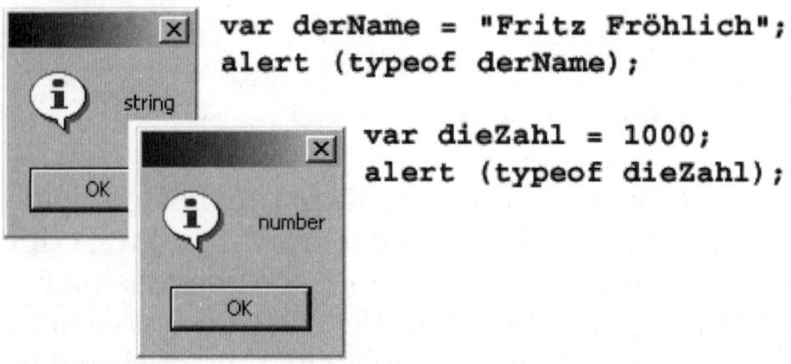

Abbildung 3.2: Den Datentyp mit typeof ermitteln und ausgeben

3.2.1 Zahlen

Zahlen können als Ganzzahlen oder Dezimalzahlen auftreten, wobei JavaScript alle Zahlen intern in Dezimalzahlen wandelt. Legen Sie Werte als Dezimalzahlen fest, benutzen Sie als Trennzeichen den Punkt (z. B.: 4.5). Mit diesen Zahlen können Sie nach den allgemein gültigen Regeln der Mathematik die gewünschten Berechnungen anstellen. Die vier grundlegenden Operatoren lauten: +, -, / und *. Der Zahlenwert oder das Ergebnis einer beliebigen Berechnung lässt sich einer Variablen zuweisen.

Der Plus-Operator hat einen besonderen Stellenwert. Abhängig vom Datentyp der Variablen wird er die Werte addieren, wenn es sich um zwei Zahlenwerte (Datentyp `number`) handelt.

```
var a = 20, b = 40;
var c = a + b;
alert(c);  // Ausgabe 60
```

Ist einer der beiden Werte eine Zeichenkette, wird mit dem Plus-Operator der zweite Wert an den ersten gehängt. Dabei wird aus einem numerischen Wert zeitweilig eine Zeichenkette, mit der Sie keine Berechnungen anstellen, sondern vielmehr beide Werte aneinander hängen.

```
var a = 20, b = "Hans";
var c = a + b;
alert(c);  // Ausgabe 20Hans
```

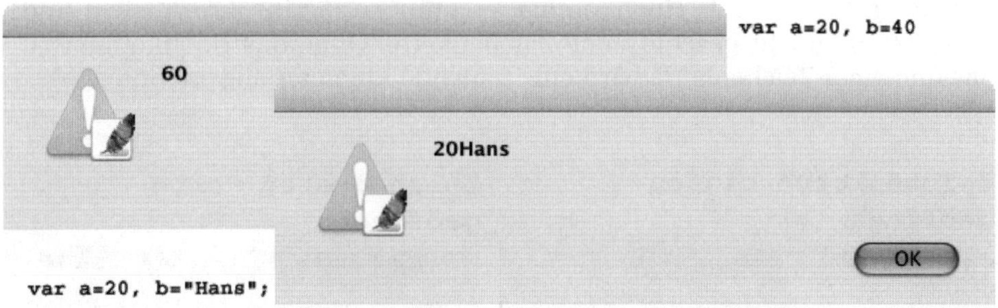

Abbildung 3.3: Unterschiedliche Ausgabe abhängig vom Datentyp

Zur Ausgabe im Dokument oder in einer Datei dürfen Sie den Zahlen auch die 0 vorstellen, um bestimmte Dateinamen zu erzeugen (wie 001.jpg, 002.jpg). Rechnen sollten Sie so nicht, da JavaScript hier eine Umwandlung der Zahl in ein anderes System vornimmt.

3.2.2 Zeichenketten für Textinhalte

Eine Folge zusammengehörender Zeichen nennt man eine Zeichenkette. Den Anfang und das Ende einer Zeichenkette begrenzt jeweils ein Hochkomma. Das kann einfach oder doppelt ausfallen, wichtig ist: Hochkommas treten ebenso wie Klammern immer als Paar auf.

```
alert("Das ist eine Zeichenkette.");
alert('Das ist eine Zeichenkette.');
```

Die in deutschen Texten so gerne benutzten Anführungszeichen („Hallo") entsprechen von der Aufgabe her den in JavaScript eingesetzten Hochkommas (wie in "Hallo"). Hier werden diese Zeichen stets beide oben gesetzt.

Wird innerhalb einer Zeichenkette ein Hochkomma benötigt (ein Begriff in Anführungszeichen), wird ein zweites Paar gesetzt. Hier gilt: Ist das äußere Paar aus doppelten Hochkommas gebildet, muss das innere Paar aus einfachen Hochkommas gebildet werden und umgekehrt, damit es für JavaScript eindeutig erkennbar ist, was zu wem gehört.

```
alert("Das ist 'eine' Zeichenkette.");
alert('Das ist "eine" Zeichenkette.');
```

Starten Sie mit einem Hochkomma, und vergessen Sie am Ende der Zeichenkette das schließende Hochkomma, erkennt JavaScript Ihre Absicht und meldet eine nicht geschlossene Zeichenkette. Ohne das Hochkomma zu Beginn einer Zeichenkette wird eine fehlende Klammer angemahnt.

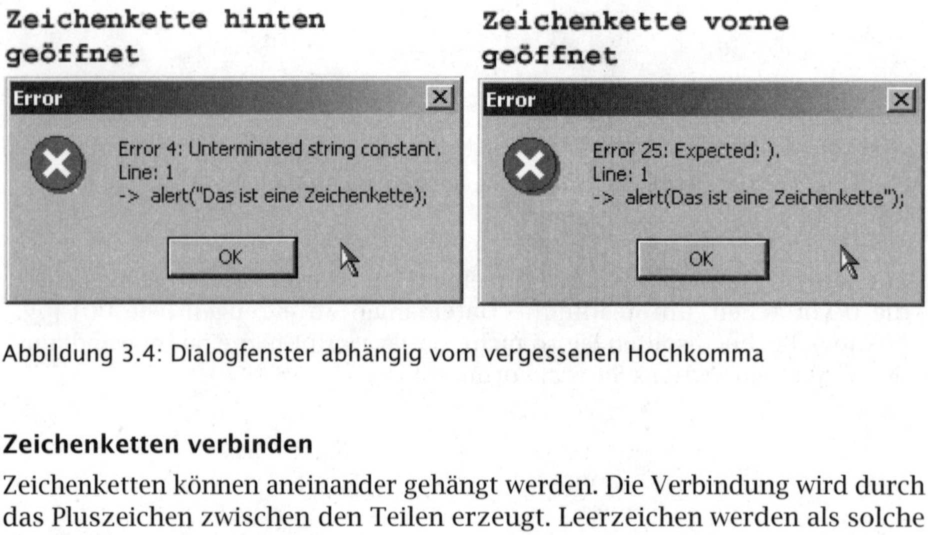

Abbildung 3.4: Dialogfenster abhängig vom vergessenen Hochkomma

Zeichenketten verbinden

Zeichenketten können aneinander gehängt werden. Die Verbindung wird durch das Pluszeichen zwischen den Teilen erzeugt. Leerzeichen werden als solche innerhalb der Hochkommas gesetzt.

```
alert("Diese Zeichenkette " + "besteht aus zwei Teilen");
```

Zahlen in Zeichenketten werden wie Buchstaben behandelt. Derart eingesetzte Zahlen lassen sich ausgeben, damit rechnen kann man nicht.

```
alert("5 + 9");
```

Die Werte von Variablen und Zeichenketten lassen sich aneinander gehängt zusammen ausgeben. So ergibt der Inhalt der Variablen `meinName` und die Zeichenkette im folgenden Beispiel die Ausgabe *Mein Name lautet: Hugo.*

```
meinName = "Hugo";
alert("Mein Name lautet: " + meinName);
```

Eine Liste aus Werten von Variablen

Eine andere Form, Zeichenketten aneinander zu hängen, wird mit dem Operator += umgesetzt. Diesem Zeichen werden Sie in Kapitel 6 und in Kapitel 12 noch häufiger begegnen. Setzen Sie die Kombination += in Verbindung mit Zeichenketten ein, wird der Inhalt der Variablen fortlaufend an das Ende der Variablen angehängt. Dieser Vorgang wird als Anlegen einer Liste bezeichnet. So wurde im folgenden Beispiel der Wert *Autor: Peter Pan;* als erster Wert in die Liste eingetragen, beim nächsten Arbeitsschritt wurde der Wert *Autor: Susi Sorglos;* angehängt.

```
Liste += inhalt[i].name + "; ";
```

Abbildung 3.5: Alle Werte der Liste im Dialogfenster

Bei der Wahl der Namen für Variablen sollten Sie darauf achten, kein von JavaScript reserviertes Wort zu erwischen. So lautet die Ausgabe der folgenden beiden Zeilen *Mein Name lautet: Adobe Photoshop.* Mit `name` wird in JavaScript der Name der Anwendung abgefragt, der Wert der Variablen einfach ignoriert. Die Lösung liegt in einem anderen Namen für die Variable. Hier würde es für die richtige Ausgabe ausreichen, die Variable in `Name` umzuändern.

```
name = "Hugo";
alert("Mein Name lautet: " + name);
```

Abbildung 3.6: Die Ausgabe ist abhängig von der Schreibweise für die Variable

Zeichen mit besonderen Aufgaben: Steuersequenzen

Steuersequenzen (escape sequence) sind Zeichen mit besonderen Aufgaben, die bei der Ausgabe in einem Dialogfenster oder in einer Datei nicht angezeigt werden. Sie bestehen aus einem Backslash (\) mit nachfolgendem Buchstaben. Diese Kombination wird in Hochkommas gesetzt und mit dem anderen Inhalt durch das Pluszeichen verbunden. Die bekannteste Steuersequenz ist sicher `\n`, mit der Sie den Inhalt zur Ausgabe auf unterschiedliche Zeilen verteilen. Das Beispiel zeigt den Inhalt der Variablen `meinName` unter der Zeichenkette im Dialogfenster an.

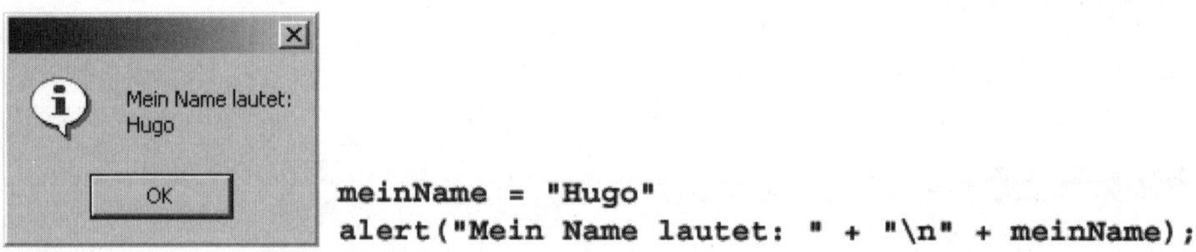

Abbildung 3.7: Ausgabe im Dialogfenster aufteilen

3.3 Einen Rahmen ums Bild legen

Ein neuer Auftrag ist gezogen: Eine Serie von 1.000 Ihnen unbekannten Bildern soll einen Rahmen abhängig von der Dokumentbreite erhalten. In Photoshop müssten Sie jetzt jedes Dokument öffnen und den Befehl *Arbeitsfläche* für jedes Bild zweimal aufrufen. Im Dialogfenster werden Sie die neuen Abmessungen berechnen und die Eingabefelder auf dem Dialogfenster ausfüllen. Speichern dürfen Sie das Ganze dann auch noch. Eine Aktion kann Ihnen bei der Lösung der Aufgabe nicht gleichwertig helfen, wenn die Abmessungen der Dokumente unterschiedlich ausfallen. Schreiben Sie also ein Skript.

▷ Öffnen Sie eine Datei aus dem Verzeichnis *Beispiele*. Ermitteln Sie mit dem folgenden Skript zunächst die vorhandenen Abmessungen, die neue

Randbreite und die sich daraus ergebenden Abmessungen. Alle diese Werte landen in den entsprechend benannten Variablen.

- Die Variablen werden als Werte in die Klammern der Methode `resizeCanvas()` gesetzt, die zum Objekt `Document` gehört. Weiter wird die Richtung angegeben, in die vergrößert wird.
- Testen Sie das Skript zunächst am aktuell geöffneten Bild. Öffnen Sie weitere Bilder, und wenden Sie das Skript auch auf diese Bilder an.


```
// alte Werte auslesen und den Variablen zuweisen
var alteBreite = activeDocument.width.value;
var alteHoehe = activeDocument.height.value;
var rand = alteBreite / 4
// neue Abmessungen als Ergebnis in Variablen:
var neueBreite = alteBreite + rand;
var neueHoehe = alteHoehe + rand;
var endHoehe = neueHoehe + rand / 2;
// die Methode resizeCanvas mit Variablen aufrufen:
activeDocument.resizeCanvas(neueBreite,neueHoehe,AnchorPosition.MIDDLECENTER
    );
activeDocument.resizeCanvas(neueBreite,endHoehe,AnchorPosition.TOPCENTER);
```

Abbildung 3.8: Auftrag ausgeführt – Rahmen per Skript erzeugt

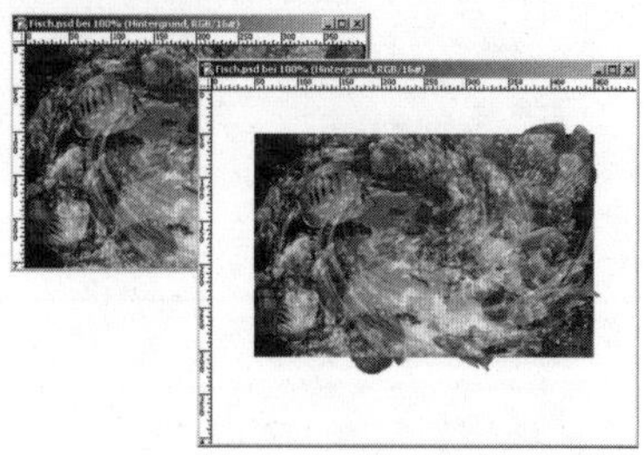

Der Einsatz der Methode `resizeCanvas()` erfolgt in zwei Schritten: Zunächst wird die Arbeitsfläche mit denselben Abmessungen rund um das Bild erweitert. Dann wird das Dokument um eine Rahmenbreite nach unten hin verlängert. Zwei Schritte sind für den ungleichmäßigen Rahmen schon notwendig.

Das Skript funktioniert jeweils mit dem aktiven Dokument. Später werden Sie aus diesen Zeilen eine Funktion gestalten und das Skript erweitern, um auch das Öffnen, Speichern und Schließen der Dokumente durch das Skript ausführen zu lassen. Sie finden das Skript in der Datei *dokumentRahmen.js*.

4 Entscheidungen fällen

Bereits durch den Einsatz der Variablen fällt ein Skript flexibler aus als eine Aktion. Noch größer wird der Vorteil, wenn Sie Anweisungen in Abhängigkeit zu vorgefundenen Bedingungen ausführen lassen. JavaScript bietet gleich zwei Möglichkeiten, mit denen Sie Anweisungen bedingt ausführen können: `if` und `switch`.

Häufig eingesetzt werden die Entscheidungen, wenn es darum geht abzufragen, welches Betriebssystem gerade läuft, um die passenden Voreinstellungen vorzunehmen oder zu sehen, ob überhaupt ein Dokument geöffnet ist. Ist erst gar kein Dokument geöffnet, werden die Anweisungen übersprungen, und der Anwender erhält einen entsprechenden Hinweis. Ein ausführliches, praktisches Beispiel für eine Entscheidung im Skript finden Sie in Kapitel 9.1.2, *Bilder an Abmessungen anpassen*. Mit diesem Skript werden Bilder abhängig von der Formatlage auf eine maximale Höhe oder Breite skaliert.

4.1 Wenn die if-Anweisung prüft

Ein Vorteil der Skripte: Die Ausführung lässt sich in Abhängigkeit zu einer Ausgangssituation durchführen. Auf diese Bedingungen treffen Sie, wenn die vorgegebene Formatlage eines Dokuments eine Rolle spielt, oder wenn Sie untersuchen möchten, ob bestimmte Ebenen im Dokument enthalten sind. Eine bedingte Ausführung finden Sie bereits in der Datei *start.js*, in der nur Dokumente mit einem bestimmten Dateiformat berücksichtigt werden.

4.1.1 Einfach nur entscheiden

Bedingungen werden in JavaScript mit der `if`-Anweisung umgesetzt. Die einfachste Form prüft, ob eine Bedingung erfüllt ist. Ist das der Fall, wird die nächste gefundene Anweisungen ausgeführt, sonst wird das Skript oder ein Teil des Skripts beendet. Die `if`-Anweisung hat einen vorgeschriebenen Aufbau:

```
if (condition)          if (condition){
   Anweisung                Anweisung
                            Anweisung
                            Anweisung
                        }
```

Abbildung 4.1: Eine Anweisung und ein Anweisungsblock

- Eingeleitet wird die Anweisung durch das Schlüsselwort `if`. Dem folgt ein Paar runder Klammern. In die Klammern gehört die zu prüfende Bedingung. Die Prüfung der Bedingung, der Vergleich, wird über so genannte Vergleichsoperatoren ausgeführt. Die Zeile insgesamt bildet den Konditionskopf.
- Unter den Konditionskopf gehören Anweisungen, die ausgeführt werden, wenn die Bedingung erfüllt ist. Die zusammengehörenden Anweisungen bilden den Konditionskörper, der in geschweifte Klammern gehört, wenn es sich eben um mehr als eine Einzelanweisung handelt.

Operator	Bezeichnung
==	Prüft auf Gleichheit.
!=	Prüft auf Ungleichheit (altes Zeichen:<>).
<	Prüft auf niedrigeren Wert.
>	Prüft auf höheren Wert.
<=	Prüft auf kleiner gleich.
>=	Prüft auf größer gleich .
&&	Prüft, ob zwei oder mehr Bedingungen erfüllt sind.
||	Prüft, ob eine von zwei Bedingungen erfüllt wird.

Tabelle 4.1: Vergleichsoperatoren: Instrumente für die `if`-Anweisung

Textmeldungen anzeigen und Formatlage abfragen

Ein wichtiges Unterscheidungsmerkmal der Dokumente ist ihre Formatlage. Oft richtet sich diese schon bei der Aufnahme eines Bildes nach dem Motiv. Auf dem Datenträger wie vorher auf dem Filmmaterial landen die Bilder alle in einer Formatlage. So wird ein Bild, das einen ungleichmäßigen Rahmen wie im vorherigen Kapitel erhalten soll, auf die Formatlage geprüft und gedreht werden, noch bevor der Rahmen angelegt wird.

▷ Tippen Sie die folgende Zeile in den Editor, und speichern und testen Sie das Skript. Als Ergebnis erhalten Sie die Zeichenkette auf dem Dialogfenster angezeigt.

```
alert("Format: Querformat");
```

Jetzt soll das Dialogfenster nur auftauchen, wenn die Dokumentbreite größer als die Dokumenthöhe ist, das Dokument also im Querformat vorliegt. Die Dokumentbreite wird über die Eigenschaft `width` des Dokuments ermittelt, die Dokumenthöhe über die Eigenschaft `height`. Das Ergebnis der Prüfung soll als Nachricht auf dem Dialogfenster erscheinen.

▷ Ergänzen Sie das Skript im Editor um die beiden oberen Zeilen, und öffnen Sie ein Dokument. Geben Sie in Photoshop 7 das Schlüsselwort `value` nicht an.

```
activeDocument = documents[0];
if (activeDocument.width.value > activeDocument.height.value)
alert("Format: Querformat");
```

PHOTOSHOP 7

▷ Speichern und testen Sie das Skript: Abhängig von den Abmessungen des Dokuments, erscheint der Text auf einem Dialogfenster oder eben nicht.

▷ Haben Sie keine Meldung erhalten, drehen Sie das Dokument um 90°, und lassen Sie das Skript erneut ablaufen.

Mit der ersten Zeile wird das Dokument zum aktiven Dokument. Die zweite Zeile enthält den Vergleich zwischen Breite und Höhe des Dokuments. Zwischen den beiden Angaben zu Breite und Höhe befindet sich der Vergleichsoperator, der beide Wert miteinander vergleicht. Wird die Bedingung erfüllt, wird die dritte Zeile ausgeführt, und das Dialogfenster mit dem Text erscheint. Ohne erfüllte Bedingung passiert erst einmal gar nichts.

Ermittelt JavaScript Breite (`width`) und Höhe (`height`), nimmt es dazu die aktuell eingestellten Einheiten aus den Linealen. Da wird zum Beispiel *195 px* ermittelt. Dieser Mix aus Zahl und Angabe von Einheiten (erst seit Photoshop CS) kann je nach Anweisung zu Fehlermeldungen führen. Das angehängte Schlüsselwort `value` belässt vom ausgelesenen Wert nur die Zahl ohne Einheit.

▷ Möchten Sie das überprüfen, fügen Sie die beiden folgenden Zeilen nach der ersten Zeile in das Skript ein:

```
alert(activeDocument.width);
alert(activeDocument.width.value);
```

PHOTOSHOP 7

4.1.2 Entscheidung ausweiten

Statt nur eine Meldung zu erhalten, wenn es sich um ein Querformat handelt, soll das Skript jetzt jede Formatlage anzeigen. Erweitert wird die `if`-Anweisung mit einem `else`-Statement. Das ermöglicht die Ausführung einer Handlung, die erfolgt, wenn eine andere Bedingung erfüllt wird. So wird die Bearbeitung nicht einfach kommentarlos abgebrochen wie im vorherigen Beispiel.

Beide Formatlagen melden

Den ersten Teil der `if`-Anweisung haben Sie bereits. Das Skript wird nun um das `else`-Statement erweitert. Ist die Dokumenthöhe jetzt kleiner als die Dokumentbreite, die Bedingung also nicht erfüllt, erscheint die zweite Meldung:

▷ Ergänzen Sie das Skript mit den beiden letzten Zeilen. Speichern Sie es, und lassen Sie das Skript ausführen. Jetzt erhalten Sie in jedem Fall eine Meldung.

```
activeDocument = documents[0];
   if (activeDocument .width.vakue > activeDocument.height.value)
   alert("Format: Querformat");
      else
      alert("Format: Hochformat");
```

4.1.3 Anweisungen gehören zusammen

Bisher wurde zu einer erfüllten und unerfüllten Bedingung jeweils nur eine Anweisung gegeben. Soll es zu einer der beiden Situationen mehrere Anweisungen geben, kommen die geschweiften Klammern ins Spiel.

Mehr Anweisungen für die Bedingung

Oft wird es nicht bei einer Anweisung bleiben, die bei erfüllter Bedingung ausgeführt wird. Ohne die geschweiften Klammern würde eine Anweisung zur Bedingung gehören, der Rest würde ohne Prüfung einfach ausgeführt.

▶ Stellen Sie sicher, dass ein Dokument im Querformat vorliegt.

▶ Ergänzen Sie das Skript mit der unteren Zeile, die angibt, zum Hochformat zu gehören. Speichern und testen Sie das Skript: Es wird auch der Text auf dem zusätzlichen Dialogfenster gezeigt, der angeblich zum Hochformat gehört.

▶ Drehen Sie das Dokument um 90°, und führen Sie das Skript ohne weitere Änderung aus. Auch hier erscheint das zusätzliche Dialogfenster.

```
activeDocument = documents[0];
if (activeDocument .width.value > activeDocument.height.value)
   alert("Format: Querformat");
      else
      alert("Format: Hochformat");
      alert("Ich gehöre zum Hochformat");
```

Geben Sie JavaScript nicht an, welche Anweisungen zur `if`-Anweisung gehören, wird nur eine Anweisung an die erfüllte oder nicht erfüllte Bedingung geknüpft. In unserem Beispiel wird die letzte Anweisung eben immer ausgeführt. Setzen Sie geschweifte Klammern ein, sieht das ganz anders aus.

▷ Setzen Sie im Skript die geschweiften Klammern: eine öffnende geschweifte Klammer direkt hinter das Wort `else` und die andere (schließende) geschweifte Klammer in die letzte Zeile.

▷ Speichern und testen Sie das. Nur wenn das Dokument im Hochformat vorliegt, erfolgt die zusätzliche Textausgabe.

```
activeDocument = documents[0];
if (activeDocument .width.value > activeDocument.height.value)
   alert("Format: Querformat");
else {
   alert("Format: Hochformat");
   alert("Ich gehöre zum Hochformat");
}
```


Die geschweiften Klammern bilden ebenfalls ein zusammengehörendes Paar. Das dürfen und sollten Sie auch setzen, wenn Sie mit einzelnen Anweisungen arbeiten. So vergessen Sie sie nicht laufend.

Abbildung 4.2: Aufbau von Anweisungsstrukturen

```
if (condition)
   Anweisung
else{
   Anweisung
   Anweisung
}
```

```
if (condition){
   Anweisung
}
else{
   Anweisung
   Anweisung
}
```

Setzen Sie eine `if`-Anweisung ein, ist es sinnvoll, die Struktur zunächst aufzubauen und dann mit Inhalten zu füllen. Auch sollten die Anweisungen in der Struktur ein wenig eingerückt werden, um sich von den Elementen der Struktur abzuheben. Das kleine Skript finden Sie unter *formatlage.js*.

4.1.4 Ist überhaupt ein Dokument geöffnet?

Ohne ein zuvor geöffnetes Dokument erhalten Sie bei vielen Anweisungen eine Fehlermeldung. In aufwändigen Skripten werden die zu bearbeitenden Dokumente oder ganze Verzeichnisse später per Dialogfenster ausgewählt. Dann ist vor der Bearbeitung ein Dokument geöffnet. Da die ständige Suche per Dialogfenster gerade in der Testphase eher stört, wird hier gerne mit einem einzelnen geöffneten Dokument gearbeitet. Ist kein Dokument beim Aufruf bestimmter Skripte geöffnet, erhalten Sie auch gleich eine Fehlermeldung.

Die Fehlermeldung können Sie sich sparen, wenn Sie vor der Bearbeitung an einem geöffneten Dokument prüfen, ob überhaupt eines geöffnet ist. Dazu wird die Eigenschaft `length` der collection `documents` abgefragt. Der kleinste Wert dieser Eigenschaft beträgt `1`. Das bedeutet, es ist ein Dokument geöffnet.

```
if(documents.length > 0) {
   if (activeDocument .width.value > activeDocument.height.value) {
   alert("Format: Querformat");
   }
      else {
      alert("Format: Hochformat");
      alert("Ich gehöre zum Hochformat");
      }
   }
else {
   alert("Bitte erst ein Dokument öffnen");
}
```

Ist in diesem Beispiel die Bedingung erfüllt (`length` hat einen höheren Wert als 0), werden die Anweisungen am Anfang des Skripts ausgeführt. Liegt kein geöffnetes Dokument im Programmfenster, wird der erste Anweisungsteil übersprungen, und das letzte `else`-Statement sorgt für einen entsprechenden Hinweis. Da der eigentlichen Anweisungsblock jetzt gar nicht erreicht wird, unterbleibt die Fehlermeldung. Das Beispiel finden Sie unter *dokumentGeoeffnet.js.*

4.1.5 Einstellungen je nach Betriebssystem

Einige Eigenschaften des Objektes `Preferences` gelten nur für den Mac. Soll ein Skript auf beiden Plattformen reibungslos laufen, dürfen diese Eigenschaften auf dem PC erst gar nicht gesetzt werden. Das lässt sich in einem Skript prüfen und durch den Einsatz der `if`-Anweisung abfangen. Nachfolgend wird ermittelt, auf welchem System Photoshop läuft. Abhängig davon werden diese Einstellungen gesetzt. Das Skript setzt je nach Betriebssystem den Farbwähler. Die Textausgabe hilft beim Testen des Skripts.

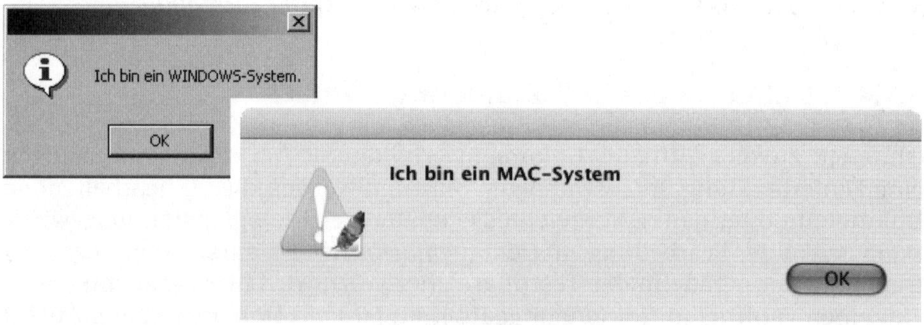

Abbildung 4.3: Erkennen, welches Betriebssystem gerade läuft

```
if (File.fs == "Windows") {
   alert("Ich bin ein WINDOWS-System.");
   preferences.colorPicker = ColorPicker.WINDOWS;
}
```

```
else {
   alert("Ich bin ein MAC-System");
   preferences.colorPicker = ColorPicker.APPLE;
}
```

In diesem Beispiel wird als Vergleichsoperator der `if`-Anweisung das doppelte Gleichheitszeichen verwendet. Es wird geprüft, ob die Methode `File.fs` das Wort Windows ermittelt. Ist das der Fall, wird der Farbwähler auf das System Windows eingestellt. Im anderen Fall kann es sich nur um einen Mac handeln und der zum System passende Farbwähler wird eingestellt. Das Beispiel nennt sich *programm.js.*

Das einfache Gleichheitszeichen weist einen Wert zu. Das kann wie Sie es bereits gesehen haben das aktive Dokument sein. Zum Vergleich innerhalb einer `if`-Anweisung müssen Sie immer das doppelte Gleichheitszeichen verwenden.

4.2 Die switch-Anweisung als Alternative

Die `switch`-Anweisung übernimmt ähnliche Aufgaben wie die `if`-Anweisung. Sie wird eingesetzt, wenn die möglichen Bedingungen nur vom Wert einer Variablen abhängen. Diese Variable wird zu Beginn aufgeführt. Mögliche Werte werden jeweils einer Bedingung zugeordnet. Ausgeführt wird die Bedingung, deren zugeordneter Wert bei der Überprüfung mit der Variablen auf Gleichheit übereinstimmt.

Da jede Anweisung einem Wert zugeordnet wird, fällt die `switch`-Anweisung meist übersichtlicher aus als eine `if`-Anweisung, die für die Überprüfung mehrerer Werte zusammen mit zahlreichen `else`-Anweisungen benutzt werden muss.

```
switch (Variable){
  case Variablenwert1: Anweisung 1; break;
  case Varaiblenwert2: Anweisung 2; break;
  case Variablenwert3: Anweisung 3;
}
```

Abbildung 4.4: Die Struktur der `switch` - Anweisung

Der Aufbau der Anweisung beginnt mit dem Schlüsselwort `switch` gefolgt von zwei runden Klammern. In die Klammer wird in einer Variablen der Wert gelegt, der überprüft wird. Mögliche Werte und darauf basierende Anweisungen werden in ein Paar geschweifte Klammern gesetzt. Jede Zeile beginnt mit dem Schlüsselwort `case` gefolgt vom Wert, auf den geprüft wird. Das Ganze wird mit einem Doppelpunkt abgeschlossen. Jetzt folgt die Anweisung. Das

Schlüsselwort `break` beendet die `switch`-Anweisung, wenn ein passender Wert gefunden wird.

Bei der Anweisung kann es sich um eine einzelne Anweisung oder eine Gruppe von aufeinander folgenden Anweisungen handeln. Die geschweiften Klammern können, müssen aber nicht gesetzt werden, da mit `break` die Bearbeitung beendet wird.

Nochmals das Betriebssystem ermitteln

Dieses Beispiel setzt die Prüfung auf das Betriebssystem mit einer `switch`-Anweisung um.

- Weisen Sie in einem neuen Skript zunächst der Variablen `dateiSystem` den Namen des aktuellen Betriebssystems zu.
- Die gefüllte Variable wird mit der `switch`-Anweisung auf ihren Inhalt geprüft. Achten Sie unbedingt auf die Schreibweise der möglichen Inhalte der Variablen, sonst erhalten Sie keine Meldung.
- Speichern und testen Sie das Skript.

```
// Variable mit dem ermittelten Systemnamen belegen:
dateiSystem = File.fs;
// Prüfen, welches System läuft:
switch(dateiSystem){
   case "Windows": alert("Es läuft das System Windows"); break;
   case "Macintosh": alert("Es läuft das System Mac");
}
```

Jede `case`-Zeile kann mehrere jeweils durch ein Semikolon getrennte Anweisungen erhalten. In diesem Fall wird man die zusammengehörenden Anweisungen ein wenig einrücken, um den Überblick zu behalten. Wichtig ist das Schlüsselwort `break` am Ende der Anweisungen. Das kann dann auch so aussehen:

```
case "Windows": alert("Es läuft das System Windows");
     preferences.colorPicker = ColorPicker.WINDOWS;
     break;
```

Unterhalb der letzten Zeile vor der schließenden geschweiften Klammer sollte noch ein `default`-Eintrag erscheinen. So lässt sich auf die Tatsache reagieren, dass kein passendes Ergebnis in der `case`-Zeile zu finden ist. Würden die beiden Systemnamen in unserem Skript falsch geschrieben, erhielten Sie zunächst keine Meldung, es würde einfach nichts ausgeführt. Mit der `default`-Zeile werden Sie darüber informiert, oder über diese Zeile wird der Fehler abgefangen. In diesem Fall muss hinter die letzte `case`-Anweisung noch ein `break` eingefügt werden. Das Skript mit der `case`-Anweisung nennt sich *case.js*.

```
dateiSystem = File.fs;
switch(dateiSystem){
   case "Windows": alert("Es läuft das System Windows"); break;
   case "Macintosh": alert("Es läuft das System Mac"); break;
   default: alert("Es wurde kein Wechsel vorgenommen.");
}
```

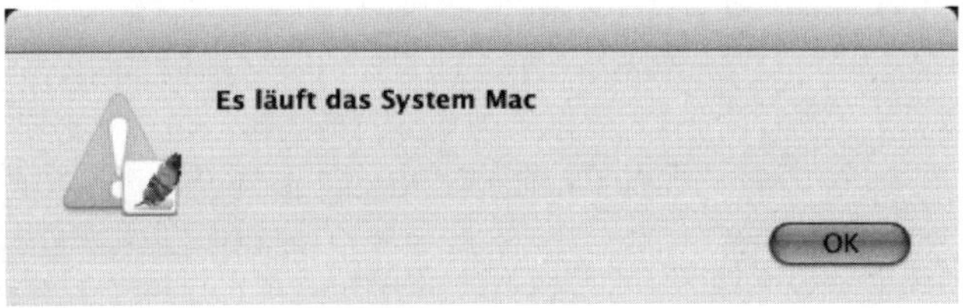

Abbildung 4.5: Das Skript wurde auf dem Mac ausgeführt

5 Dateien verwalten

Das Automatisieren von Aufgaben mit JavaScript betrifft natürlich auch das Öffnen, Speichern und Schließen der Dokumente durch Befehle im Skript. Während zu Beginn der Arbeit ein Dialogfenster zur Verzeichnisauswahl noch hilfreich ist, darf sich zur Laufzeit des Skripts kein Dialogfenster sehen lassen.

5.1 Dateiverwaltung

Ob Sie unter OS X oder Windows arbeiten, in jedem Fall werden Sie die fertigen Arbeiten auf dem Datenträger speichern. Über die Verzeichnisse oder Ordner wird auf Ihrem Datenträger eine Struktur erzeugt. Dabei werden Ordner ineinander gelegt (verschachtelt). In den Ordnern werden die Dateien abgelegt.

Die ineinander liegenden Ordner bilden eine hierarchische Struktur, durch die man sich auf der Suche nach Dateien bewegt. Die gesamte Beschreibung des einzuschlagenden Weges durch die Hierarchie nennt sich Dateipfad; bei einer Datei gehört auch der vollständige Dateiname dazu.

5.1.1 Die Objekte File und Folder

Für die Arbeit mit Dateien und Verzeichnissen stellt JavaScript Ihnen die Objekte `File()` und `Folder()` zur Verfügung. Möchten Sie mit JavaScript auf diese Objekte zugreifen, legen Sie zunächst eine Kopie des entsprechenden Objekts an. Die Kopie des Objekts hat Eigenschaften und Methoden. Was Sie mit den Eigenschaften und Methoden der Objektkopien anstellen können, erfahren Sie in diesem Kapitel. Das Objekt, von dem Sie eine Kopie anlegen, richtet sich nach der Aufgabe: `File()` für die Datei und `Folder()` für den Ordner. In die Klammern gehört der Pfad zur Datei oder zum Ordner. Im Skript kann der Dateipfad wie im ersten Beispiel komplett angegeben werden, oder er wird wie im zweiten Beispiel über die Kombination aus Variablen und Zeichenketten zusammengesetzt.

```
var indexFile = new File("/h/DiasShow/hauptseiteUnten.htm");
var neuDatei= new File("/h/DiasShow/" + "bild" + c  + ".htm");
```

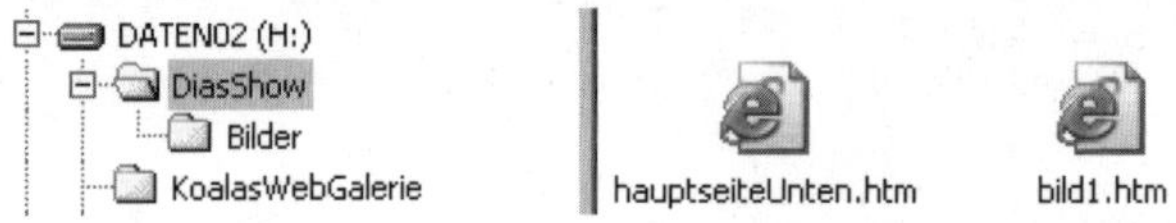

Abbildung 5.1: Umsetzung in der Dateiverwaltung

Legen Sie ein neues Objekt `File()` oder `Folder()` an, erzeugen Sie weder eine neue Datei noch ein neues Verzeichnis. Für diese Aufgaben bietet JavaScript zusätzliche Befehle. Mit dem Anlegen dieser Objekte zeigen Sie lediglich den Weg zu dieser Datei oder diesem Verzeichnis innerhalb des Dateisystems. Das neue Objekt kann, muss aber nicht mit dem vorangestellten Schlüsselwort `new` angelegt werden.

Unterschiede zwischen beiden Objekte ergeben sich durch die Aufgaben: Eine Ordnerstruktur lässt sich durchwandern, für bestimmte Aufgaben gibt es besondere Ordner (Systemordner oder den Ordner für gelöschte Dateien). Diese Aufgaben kann nur ein Ordner, nicht aber eine Datei erfüllen. Auf der anderen Seite lassen sich nur Dokumente in der Anwendung öffnen und bearbeiten, Texte nur direkt in Dateien schreiben und aus Dateien auslesen.

Beide Objekte verfügen über einige gemeinsame Eigenschaften wie etwa das Dateisystem. Ein nur auf dem Mac gespeichertes Dokument wird wohl kaum im Verzeichnis eines Windows-Rechners liegen. Gemeinsam ist die Tatsache, dass Dateien ebenso wie Ordner angelegt oder gelöscht werden können.

Ermitteln des aktuellen Betriebssystems

Das aktuelle Betriebssystem ermitteln Sie über die Objekte `File` oder `Folder`. Nötig wird das spätestens, wenn Sie systemübergreifend mit den Voreinstellungen arbeiten, von denen es einige nur für den Mac gibt. Ein Beispiel für eine systembedingte Unterscheidung finden Sie im Skript *programm.js*.

▷ Testen Sie die folgenden Zeilen nacheinander jeweils mit einem der beiden Objekte. Sie erhalten je nach Plattform im Dialogfenster die kurze Nachricht *Windows* oder *Macintosh* angezeigt.

```
// Das aktuelle Betriebssystem ausgeben
alert(File.fs);
alert(Folder.fs);
```

Die Objekte `File` und `Folder` sind direkt der Anwendung zugeordnet. Es genügt daher, den Namen des Objektes (`File`) gefolgt von der Eigenschaft (`fs`) anzugeben. Eigenschaft und Objekt werden mit Punkt getrennt.

5.2 Dateipfade untersuchen

Der Name des Dateipfades kann entweder auf die aktuelle Plattform abgestimmt oder davon unabhängig angegeben werden. Um hier möglichst reibungslos auf beiden Plattformen zu arbeiten, bietet sich die zweite Möglichkeit an.

Der Weg durch die Hierarchie wird mit dem Schrägstrich (slash) umgesetzt, vergleichbar mit der Schreibweise für Dateinamen im Internet. Auch hier werden Dateipfade (meist) auf jedem System gefunden. Die folgenden Beispiele verweisen auf das Verzeichnis *Skripte* im Verzeichnis von Photoshop auf zwei Rechnern (Zeile 1 auf dem PC, Zeile 2 auf dem Mac). So wurde Photoshop CS auf Laufwerk E im Verzeichnis PS80 installiert, was sich in der oberen Zeile zeigt. Die zweite Zeile beschreibt den Speicherort auf einem Mac nach einer Standardinstallation.

```
/e/PS80/Vorgaben/Skripte
/Applications/Adobe Photoshop CS/Vorgaben/Skripten
```

> Lassen Sie die Verzeichnisangaben ab Photoshop CS im Skript über ein Dialogfenster ermitteln, erhalten Sie in jedem Fall die zum System passenden Dateipfade.

5.2.1 Verzeichnissuche im Dialogfenster

Beginnen Sie die Suche nach einem Verzeichnis mit einem Dialogfenster. Dazu bietet JavaScript für das `Folder`-Objekt eine eigene Methode mit dem Namen `selectDialog()`. Die entsprechende Methode, um über das `File`-Objekt im Dialogfenster nach einer Datei zu suchen, nennt sich `openDialog()`.

- Tragen Sie die Zeile in den Editor ein, speichern und testen Sie das Skript. Im Ergebnis wird Ihnen ein Dialogfenster zur Verzeichnisauswahl angezeigt.

```
Folder.selectDialog();
```

- Die Methode `selectDialog()` öffnet das Dialogfenster, das Ihnen alle Verzeichnisse Ihres Rechners in einer Verzeichnisstruktur zeigt. Klicken Sie auf ein Verzeichnis, und bestätigen Sie die Auswahl, merkt sich die Methode Namen und Speicherort. Eine Mitteilung über das ausgewählte Verzeichnis erhalten Sie mit der Methode `alert()`, die Ihnen das Ergebnis in einem Dialogfenster ausgibt.

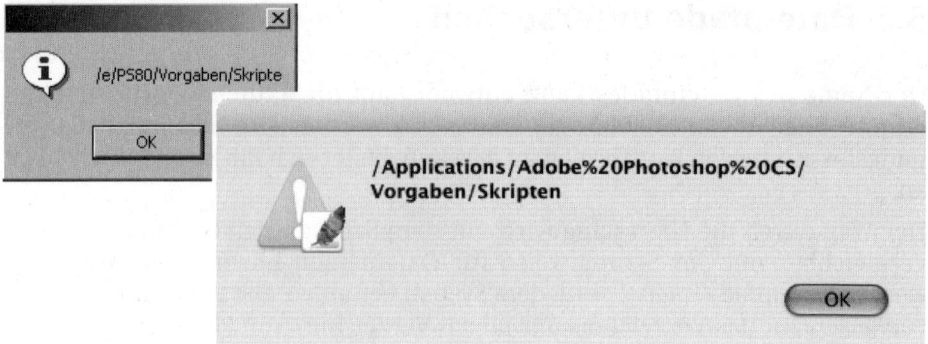

Abbildung 5.2: Verzeichnisangabe auf PC und Mac

- Fügen Sie die gerade erstellte Zeile ohne das Semikolon zwischen die Klammern der Methode `alert()` ein und speichern Sie das Skript.
- Starten Sie das Skript in Photoshop und suchen Sie in dem angezeigten Dialogfenster nach dem Verzeichnis *Skripte* im Verzeichnis von Photoshop. Als Ergebnis erhalten Sie den gesamten Dateipfad:
  /e/PS80/Vorgaben/Skripte
  im Dialogfenster gezeigt.

```
alert(Folder.selectDialog());
```

Die Ausgabe auf dem Dialogfenster richtet sich danach, an welchem Ort auf dem Datenträger Sie Photoshop installiert haben. Die Ausgabe auf dem Mac lautet: */Applications/Adobe%20Photoshop%20CS/Vorgaben/Skripte.*

Das Ergebnis der Suche erhalten Sie auch über eine bestehende Netzwerkverbindung hinweg. Mit */ZAUBERN;HEXE/BUCHPSscripten* wird vom Mac aus auf das Verzeichnis *BUCHPSscripten* auf einem vernetzten PC der Arbeitsgruppe *ZAUBERN* mit dem Rechnernamen *HEXE* zugegriffen.

Statt den gesamten Aufruf der Methode `selectDialog()` in eine andere Methode zu legen, gibt es einen eleganteren Weg. In diesem Fall wird das ermittelte Verzeichnis in eine Variable gelegt, deren Inhalt mit der Methode `alert()` ausgegeben wird.

- Ändern Sie das Skript. In der ersten Zeile wird eine Variable (`ausgeben`) angegeben, gefolgt von einem Gleichheitszeichen. Danach folgt der Aufruf der Methode `selectDialog()` mit dem vorangestellten `Folder`. Das Semikolon schließt die Zeile ab.
- Die zweite Zeile enthält die Methode `alert()`. In die Klammern gehört der Name der Variablen (`ausgeben`), die Sie gerade angelegt haben.

```
var ausgeben = Folder.selectDialog();
alert(ausgeben);
```

- Das Dialogfenster zur Verzeichnisauswahl kann und sollte im oberen Bereich eine individuelle Mitteilung für den Anwender erhalten, den Namen des Verzeichnisses, das der Anwender suchen soll. Dabei handelt es sich um eine Zeichenkette: Diese wird in Hochkommas zwischen die Klammern der Methode `selectDialog()` eingefügt.

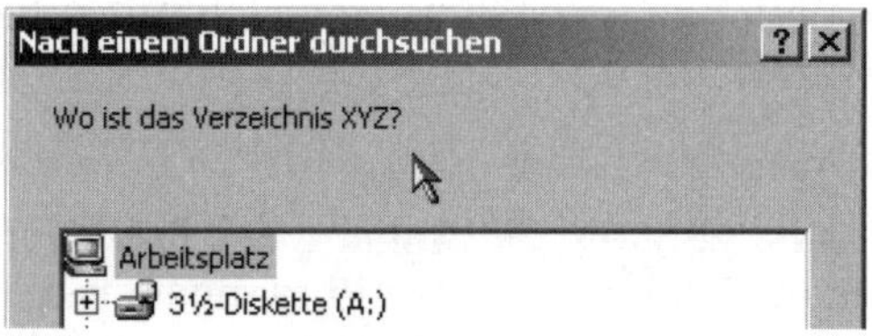

Abbildung 5.3: Der Hinweis für den Anwender unterhalb der Titelzeile

```
var ausgeben = Folder.selectDialog("Wo ist das VerzeichnisXYZ?");
alert(ausgeben);
```

Was Sie zwischen die Hochkommas einfügen, bleibt ganz Ihnen überlassen, solange Sie keines der beiden vergessen.

Abkürzen lässt sich der Suchweg, wenn ein Verzeichnis zur Auswahl vorgegeben wird. Soll die Suche gleich im Verzeichnis von Photoshop starten, wird in die Klammern der Methode `selectDialog()` der Pfad bis einschließlich des vorgewählten Verzeichnisses ebenfalls in Hochkommas angegeben. Der lautet wie eben festgestellt für meinen PC */e/PS80*.

- Tragen Sie den vorher ermittelten Pfad in die Hochkommas der Methode `selectDialog()` hinter die Beschriftung des Dialogfensters ein. Beschriftung und Verzeichnisvorgabe werden durch ein Komma getrennt.
- Speichern und testen Sie das Skript. Das Dialogfenster erscheint, und das vorgewählte Verzeichnis ist bereits gekennzeichnet.

```
var ausgeben = Folder.selectDialog("Wo ist das Verzeichnis ?",
"/e/PS80");
alert(ausgeben);
```

Das lässt sich besser lösen, wenn der vorgewählte Pfad zunächst in einer Variablen (ordner) abgelegt und deren Inhalt zur Vorauswahl benutzt wird. Da Verzeichnisse sich im Skript nur über ein Objekt ansprechen lassen, wird ein `Folder`-Objekt angelegt und der Pfad in den Klammern mitgegeben.

```
var ordner = new Folder("/e/PS80");
var ausgeben = Folder.selectDialog("Wo ist das Verzeichnis ?", ordner);
alert(ausgeben);
```

Auf dem Mac setzen Sie eher "*/Applications/Adobe Photoshop CS* " in die Klammer des `Folder`-Objekts ein, wenn Sie dieses Verzeichnis vorwählen möchten.

Vergleichen Sie das Ganze mit der Angabe weiter oben bei der Verzeichnissuche, sehen Sie, dass die Zeichenkombinationen *%20* im Namen des Photoshop-Verzeichnisses durch Leerzeichen ersetzt wurden. Solche unleserlichen Zeichenkombinationen umgehen Sie, wenn Sie den Verzeichnissen und Ordnern Namen ohne Sonder- oder Leerzeichen geben. Zeichenkombinationen wie *%20* lassen sich mit speziellen Methoden in lesbare Zeichen umwandeln.

Es ist günstig, die Angabe des Pfades in einer Variablen abzulegen. So spart man sich bei längeren Pfadangaben die Tipparbeit und viele Fehler, da JavaScript nun einmal sehr sorgfältig auf die Schreibweise achtet.

5.2.2 Ein Verzeichnis anlegen

Nachdem Sie gezielt ein Verzeichnis suchen können, ist es ganz einfach, dort auch ein neues weiteres Verzeichnis zu erstellen.

- Beginnen Sie damit, das Dialogfenster für die Verzeichnisauswahl aufzurufen und das gewählte Verzeichnis in eine Variable (`ausgeben`) zu legen.
- Im zweiten Schritt legen Sie für das neu anzulegende Verzeichnis das erforderliche `Folder`-Objekt an. Dessen Pfadangabe enthält in den Klammern die Variable mit dem Verzeichnispfad aus dem Dialogfenster für die Verzeichnissuche (`ausgeben`). Mit dem Pluszeichen wird der Name des neuen Verzeichnisses angehängt. Als Zeichenkette gehört der Name in Hochkommas. Achten Sie auf den Schrägstrich vor dem Namen des neuen Verzeichnisses.
- Der Pfad für das neue Verzeichnis ist komplett, es darf mit der Methode `create()` angelegt werden.

```
// das Dialogfenster für die Verzeichnisauswahl
var ausgeben = Folder.selectDialog();
// ein Zielverzeichnis anlegen mit Folder-Objekt
var zielVerzeichnis = new Folder(ausgeben + "/neuesVerzeichnis");
zielVerzeichnis.create();
```

- Speichern und testen Sie das Skript. Wählen Sie im angezeigten Dialogfenster ein Verzeichnis aus. Sehen Sie in der von Ihnen bevorzugten Dateiverwaltung nach, ob das neue Verzeichnis sich dort eingefunden hat.

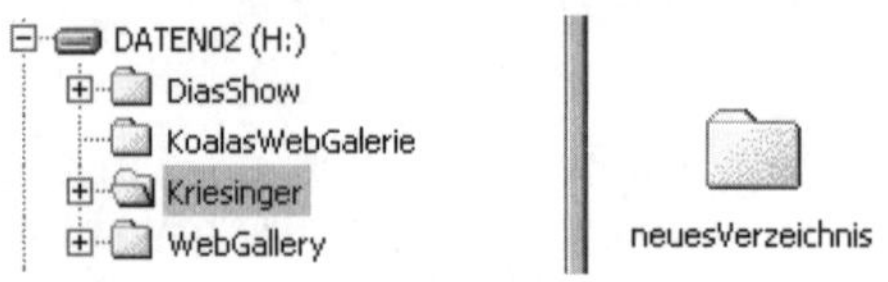

Abbildung 5.4: Das neu angelegte Verzeichnis

5.2.3 Der Verzeichnispfad im Skript

Statt ein Dialogfenster einzusetzen, können Sie die Angabe des Verzeichnisses auch vollständig im Skript umsetzen (in Photoshop 7 ohnehin grundsätzlich). Das Dialogfenster wird ab Photoshop CS in diesem Fall einfach nur helfen, den genauen und vollständigen Pfad zu ermitteln. Eine im Skript fest eingebundene (hartkodierte) Angabe des Verzeichnisses wird nur aus der Variablen mit dem neuen `Folder`-Objekt bestehen. Mit dem Inhalt der Variablen wird gearbeitet, Dokumente werden hier gesucht oder gespeichert.

```
zielpfad = "/e/PS80";
zielVerzeichnis = new Folder(zielpfad + "/neuesVerzeichnis");
zielVerzeichnis.create();
```

Benötigt man später ein anderes Verzeichnis, muss der Eintrag vor jedem Aufruf geändert werden. Welcher der beiden Wege gewählt wird, hängt von der Aufgabe des Skripts ab. Ein Dialogfenster ist sicher zu Beginn des Skripts sinnvoll, im ablaufenden Skript wird es eher stören.

5.2.4 Der Ordner des Anwenders

Jeder auf dem Rechner angemeldete Anwender hat sein eigenes Verzeichnis Das wird erstellt, wenn ein Benutzer auf dem Rechner angelegt wird. Auf dieses Verzeichnis verweisen viele Anwendungen beim ersten Speichern eines Dokuments; oft darf der Benutzer auch nur hier seine Daten ablegen.

Für die folgenden Abbildungen wurde die Methode `selectDialog()` mit Verzeichnisvorwahl verwendet. Das erste Beispiel zeigt zum Vergleich das Ergebnis der Suche nach dem Verzeichnis des Anwenders unter Windows 2000 und Windows XP. Das Ergebnis auf der linken Seite zeigt: Hier war während der Ausführung des Skripts der Anwender als Administrator angemeldet. Auf der rechten Seite wurde das Skript erneut ausgeführt, nur diesmal von einem anders angemeldeten Anwender.

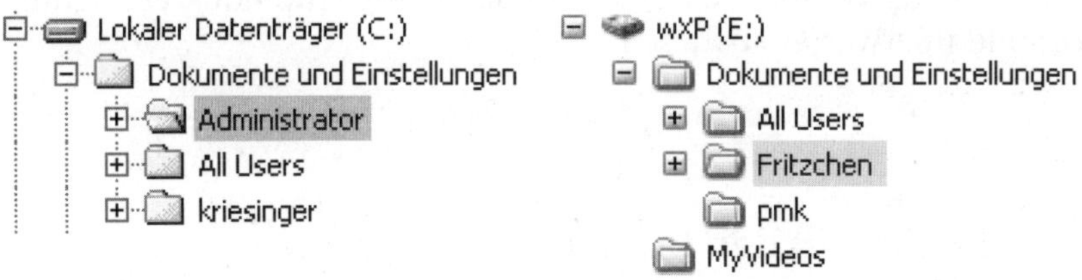

Abbildung 5.5: Der auf dem System aktuell angemeldete Anwender

Im nächsten Beispiel wird das Verzeichnis des aktuell angemeldeten Anwenders auf dem Mac gefunden.

Abbildung 5.6: Der auf dem Mac angemeldete Anwender

Die Anweisung für das vorgewählte Anwenderverzeichnis im Dialogfenster der Methode `selectDialog()` sieht aus wie folgt:

PHOTOSHOP 7

```
var derPfad = "~";
var meinVerzeichnis = new Folder(derPfad);
Folder.selectDialog("Suchen Sie hier:", meinVerzeichnis);
```

Das Anwenderverzeichnis wird, so es im Skript angegeben wird, durch die Tilde (˜) gekennzeichnet. Es ersetzt den Dateipfad einschließlich des Namens des aktuell am System angemeldeten Anwenders. Die Tilde wird auf dem Dialogfenster ausgegeben, wenn Sie per `selectDialog()` ein Verzeichnis aus dem Anwenderverzeichnis wählen.

Die Ausgabe des Verzeichnisses *Eigene Bilder* im Anwenderverzeichnis auf dem Dialogfenster über `Folder.selectDialog()` sieht auf dem PC dann aus wie folgt:

```
~/Eigene%20Dateien/Eigene%20Bilder
```

Auf dem Mac wird das Verzeichnis *Bilder* im aktuellen Anwenderverzeichnis etwas kürzer und unerwartet ausfallen:

```
~/Pictures
```

5.2.5 Sonderzeichen in den Pfaden

Ein Leerzeichen oder Sonderzeichen im Namen von Verzeichnissen oder Dateien war früher auf dem PC undenkbar. Das hat sich gewandelt, fast jedes auf der Tastatur vorhandene Zeichen kann sich in Namen wiederfinden. Von den Zeichen sind 127 Zeichen allgemein gültig, die anderen werden übersetzt. Da meine Editoren auf beiden Systemen englische Programme sind, werden Sie auch in den beiliegenden Dateien in den Kommentaren oft seltsame Zeichen finden.

Die Konsequenz für eine Ausgabe auf dem Dialogfenster oder für Dateinamen, die in einer Datei geschrieben werden, kann nur lauten: wandeln was das Zeug hält. Intern werden auch die möglichen Sonderzeichen ohne Umwandlung verstanden. Noch besser: Man verzichtet auf nicht direkt unterstützte Zeichen.

Mit dem Skript aus der Datei *start.js* werden die Dateinamen aus dem Verzeichnis *Beispiele* ausgegeben. Auch hier sieht das für die Datei *Düne.psd* ein wenig befremdlich aus, da der Name einen Umlaut enthält.

▷ Testen Sie die beiden folgenden Zeilen, und vergleichen Sie den Prozess der Wandlung. Der Name wird hier direkt als Zeichenkette übergeben und der Methode `decode()` oder `encode()` übergeben.

```
// umwandeln in lesbare Form: ergibt Düne
alert(Folder.decode("D%C3%BCne"));
// umwandeln in Sonderzeichen: ergibt den Inhalt von vorher
alert(Folder.encode("Düne"));
```

Die Methoden `decode()` und `encode()` gehören zu den Objekten `File` und `Folder`. Den Methoden werden Zeichenketten übergeben. Was da nicht als Zeichenkette vorliegt, wird umgewandelt.

Einen Verzeichnisnamen übersetzen

In kleinen Schritten soll diese Umwandlung jetzt durchgeführt werden. Dabei wird das Dialogfenster zum Öffnen der Verzeichnisse aufgerufen und das Verzeichnis in einem Dialogfenster gezeigt. Das ausgesuchte Verzeichnis, oder besser sein Name werden in eine Variable (`wandeln`) gelegt und in eine Zeichenkette gewandelt. Dazu nutzt man die JavaScript-Methode `toString()`. Im letzten Schritt wird die Zeichenkette über die Variable `wandeln` der Methode `decode()` übergeben.

```
var verzeichnisName = Folder.selectDialog();
alert (verzeichnisName);
wandeln = verzeichnisName.toString()
alert(Folder.decode(wandeln));
```

Die Kurzfassung sieht so aus:

```
alert(Folder.decode(Folder.selectDialog().toString()));
```

Mit dieser Zeile wird aus *~/Eigene%20Dateien/Eigene%20Bilder* die Zeichenkette *~/Eigene Dateien/Eigene Bilder* ausgegeben.

5.2.6 Absolute / Relative Pfade

Beginnt die Angabe des Pfades an der so genannten Wurzel eines Laufwerks, handelt es sich um eine absolute Pfadangabe durch alle Ordner zum gewünschten Objekt hin. Die Pfadangabe vom aktuellen Ordner aus, dessen Position bekannt ist, nennt sich relative Pfadangabe. Mit ihr erspart man sich systemabhängige Angaben zum Laufwerk des Rechners und dessen Betriebssystem.

Den relativen Pfad aufbauen

- Den absoluten Pfad haben Sie bereits mit dem Dialogfenster für die Verzeichnisauswahl ermittelt. Den aktuellen Ordner finden Sie, wenn Sie nach der Eigenschaft `current` fragen, die es nur für das Objekt `Folder` gibt.

```
alert("Aktuelles Verzeichnis: " + Folder.current);
```

- Das Ergebnis sollte auf dem PC in diesem Fall das Verzeichnis sein, in dem das Skript liegt. Verlegen Sie das Skript, und rufen Sie es von unterschiedlichen Speicherorten aus auf, sollten Sie stets ein anderes Ergebnis erhalten.
- Das aktuelle Verzeichnis lässt sich auch setzen. Sie können ihm eine Zeichenkette mit dem kompletten Pfad zuweisen. Erlauben Sie sich hier einen Tippfehler, wird eben wieder das Verzeichnis als aktuelles Verzeichnis betrachtet, von dem aus das Skript startet.

```
Folder.current = "/e/PS80/Vorgaben/Skripte"
alert(Folder.current);
```

Mit dem relativen Pfad arbeiten

- Zeigen Sie das aktuelle Verzeichnis auf einem Dialogfenster an. Merken Sie sich den angezeigten Namen.
- Legen Sie ein neues Objekt `Folder` an. Geben Sie als vorhandenen Pfad den aktuellen Ordner, wie auch immer er lautet, an, und ergänzen Sie die Pfadangabe mit dem Namen für ein neues Verzeichnis.
- Erstellen Sie ein neues Verzeichnis im aktuellen Verzeichnis.

```
alert(Folder.current);
pfad = new Folder(Folder.current + "/hugo");
pfad.create()
```

Ohne die Ausgabe mit der Methode `alert()` hätten Sie ein Verzeichnis ohne zu wissen an welcher Stelle angelegt. Der nächste Schritt geht noch etwas weiter.

- Diesmal soll ein neues Verzeichnis ausgehend vom aktuellen Verzeichnis zwei Stufen höher in der Hierarchie angelegt werden. Achten Sie auf die zweite Zeile: über die beiden ersten Punkte und den Schrägstrich geht es eine Stufe höher. Wird das wiederholt, wandert man noch eine Stufe höher.

```
alert("Aktuelles Verzeichnis: " + Folder.current);
pfad = new Folder("../../");
alert("Pfadangabe neu: " + pfad);
neuPfad = new Folder(pfad + "/Amadeus"});
neuPfad.create();
```

▷ Vergleichen Sie das Skript auch mit der folgenden Abbildung. Sie finden das Skript unter *relativesVerzeichnis.js*.

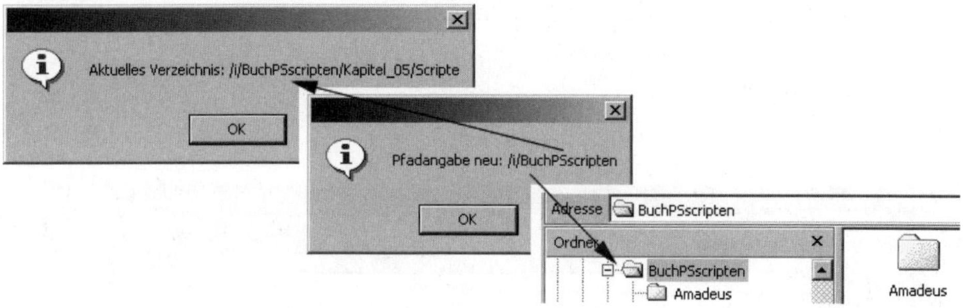

Abbildung 5.7: Ein Verzeichnis zwei Stufen höher anlegen

Legen Sie die notwendigen Verzeichnisse, wenn es eben möglich ist, selbst in einer sinnvollen Struktur an. Lesen Sie, wenn es möglich ist, die Pfade per Dialogfenster aus, und arbeiten Sie mit deren Ergebnissen.

5.3 Ein Dokument suchen

Ein weniger sinnvolles Anliegen im Sinne der Automation scheint es, einzelne Dateien zu öffnen. Doch auch einzelne Dateien benötigt man spätestens, wenn im Skript eine Datei geöffnet wird, aus der bestimmte Inhalte übernommen werden. Bei der Suche von Dateien im Dialogfenster zeigen sich kleine Unterschiede zwischen OS X und Windows.

JavaScript bietet Ihnen auch die Möglichkeit, völlig neue Dokumente anzulegen. Dabei handelt es sich um Textdokumente, in die Sie zum Beispiel die Namen der Dateien schreiben, die in einem Verzeichnis liegen. Auch das wird noch ein Thema in diesem Buch.

5.3.1 Dateisuche auf dem PC

Bei der Suche nach einer Datei und der Ermittlung des zugehörigen Dateipfades nehmen wir wieder den Weg über ein Dialogfenster. Da hier die Datei im Mittelpunkt steht, wird diesmal das `File`-Objekt benutzt.

- Ändern Sie das Skript von vorher ab, oder legen Sie ein neues an. Diesmal wird mit der Methode `openDialog()` gearbeitet.
- Speichern und testen Sie diese Version. Das Dialogfenster zur Dateiauswahl erscheint. Achten Sie auf die Liste *Dateityp*, die zwei Einträge mit den Namen *Bilder* und *Skripte* enthält. Wählen Sie hier den Eintrag *Bilder*.
- Suchen Sie im Verzeichnis *Beispiele* nach der Datei *Adler.psd*. Haben Sie die Datei gefunden und das Dialogfenster bestätigt, erscheint ein weiteres Dialogfenster mit dem gesamten Speicherort.

```
ausgeben = File.openDialog("Wo liegt diese Datei:"}, "Bilder: *.psd,
    Scripte: *.js");
alert(ausgeben);
```

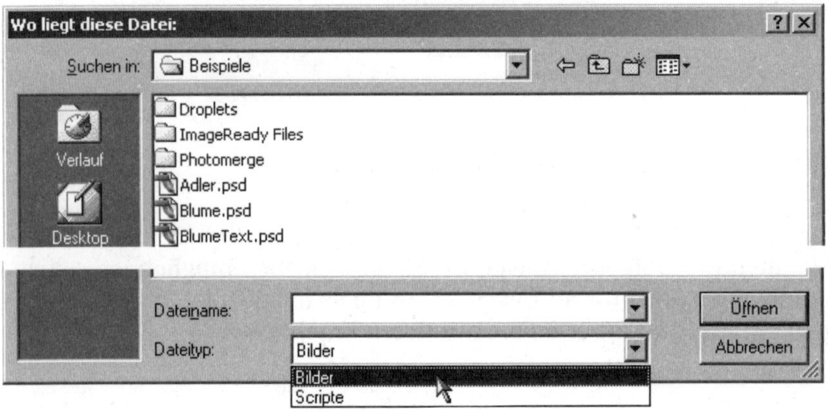

Abbildung 5.8: Nach bestimmten Dokumenten suchen

Der erste Teil in den Klammern von `File.openDialog()` ist der Text der Titelzeile des Dialogfensters. Der zweite Teil wird für den Dateifilter auf dem Dialogfenster benötigt. Beide werden durch ein Komma getrennt. Auch dieser zweite Teil gehört in Hochkommas. Mehrere Dateitypen werden mit dem Semikolon getrennt (wie Bilder: *.psd; jpg; png), unterschiedliche Einträge in der Dateiliste (z. B. Bilder, Skripte) mit einem Komma. Das Beispiel zeigt zwei Einträge mit jeweils einer zugeordneten Dateiendung.

- Testen Sie das Skript erneut, und wählen Sie diesmal in der Liste *Dateityp* den Eintrag *Skripte*.
- Suchen Sie jetzt im Verzeichnis *Beispiele* von Photoshop, wird Ihnen kein Dokument im Format PSD angezeigt.

Mit dem Ergebnis der Suche wird auch gleich der gesamte Pfad einschließlich des Dateinamens ermittelt. Der Name der einzelnen Datei lässt sich später vom Gesamtpfad trennen.

5.3.2 Dateisuche auf dem Mac

Die Methode `openDialog()` gibt es ebenfalls für den Mac, nur dass in diesem Fall die Sache mit der Dateiendung etwas anders gelöst wird. Die folgende Lösung zeigt ebenfalls den Pfad einschließlich des Dateinamens; auch die Beschriftung auf dem Dialogfenster für die Dateisuche wird ausgeführt.

```
ausgeben = File.openDialog("Wo liegt diese Datei");
alert(ausgeben);
```

Was beim Mac so nicht funktioniert, ist das Anzeigen nur eines Dateityps. Dazu wird in den Klammern der Methode `openDialog()` als zweiter Teil eine Funktion eingefügt. Die folgende Funktion lässt es zu, Verzeichnisse zu durchwandern und PSD-Dateien anzuklicken. Andere Dateien werden abgeblendet dargestellt.

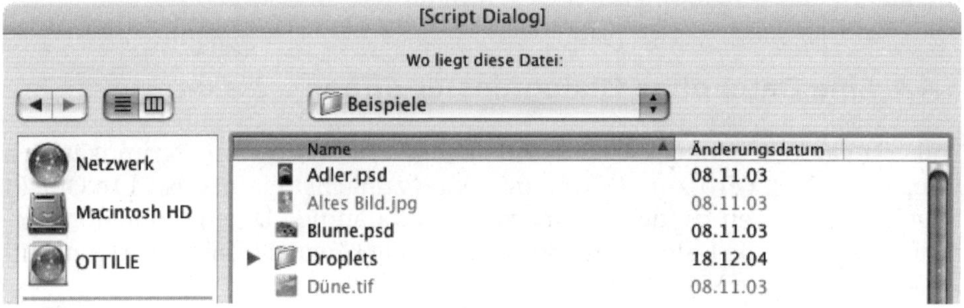

Abbildung 5.9: Ausgeblendet ist, was nicht vom gesuchten Dateityp ist

```
ausgeben = File.openDialog("Wo liegt diese Datei",fileFilter);
function fileFilter(f){
  var psdExtension = ".psd";
  var datName = f.name;
  datName.toLowerCase();
  if(datName.indexOf(psdExtension) == f.name.length - psdExtension.length)
    return true;
  if (f instanceof Folder)
    return true;
}
```

In der Funktion wird auf die Übereinstimmung der Dateiendung geprüft und ob es sich überhaupt um eine Datei handelt. Das Skript mit der Funktion finden Sie in der Datei *dateioeffnen.js* und in erweiterter Form in der Datei *JavaScript Reference Guide.pdf* auf Seite *65*.

5.4 Das Dokument öffnen

Das Öffnen eines Verzeichnisses werden Sie in Photoshop so nicht wahrnehmen. Daher wundert es auch nicht, dass die Suche über das Dialogfenster als Ergebnis gerade einmal den Pfad in eine Variable legen und ausgeben lässt. Beim Dokument sieht das anders aus, das soll ja zur weiteren Bearbeitung geöffnet werden. Nachdem Sie den Pfad bis hin zum Dateinamen ermittelt haben, wird jetzt mit der Methode `open()` das gefundene Dokument geöffnet.

```
// ermittelte Datei öffnen:
ausgeben = File.openDialog("Wo liegt diese Datei:", "Bilder: *.psd ");
open(ausgeben);
```

Der gesamte Dateiname, der aus dem kompletten Pfad besteht, wird in eine Variable (`ausgeben`) gelegt. Diese wird der Methode `open()` in die runden Klammern übergeben: Die Datei lässt sich öffnen.

5.4.1 Eine Datei ohne Dialogfenster öffnen

Soll erst gar kein Dialogfenster erscheinen (ist in Photoshop 7 grundsätzlich immer der Fall), wird zum Öffnen der Datei zunächst ein neues `File` Objekt angelegt, in dessen runde Klammern der vollständige Dateipfad gehört. Anschließend wird die Datei geöffnet. Das folgende Beispiel öffnet das Dokument *Adler.psd* aus dem Verzeichnis *Beispiele.*

```
pfad = "/e/PS80/Beispiele/Adler.psd"
dateiAuf = new File(pfad)
open(dateiAuf);
```

5.4.2 Öffnen mit Optionen

Bei einigen Dateiformaten können Sie bereits beim Öffnen der Dokumente bestimmte Eigenschaften festlegen. Dazu bietet JavaScript ein besonderes Objekt an, das seinen Namen vom Dateityp erhält. Hier wird ein EPS-Dokument geöffnet. Eine geeignete Testdatei finden Sie unter *Adler.eps.* Den ersten Schritt kennen Sie bereits, hier wird das Dialogfenster aufgerufen, in dem Sie nach dem EPS-Dokument suchen. Damit auch nur diese Dokumente gezeigt werden, werden der Methode `openDialog()` die geeigneten Angaben (hier für den PC) mitgegeben.

```
// Dateisuche mit Dialogfenster auf dem PC
ausgeben = File.openDialog("Wo liegt diese Datei:", "Bilder: *.eps");
// ein File Objekt anlegen
var fileRef = new File(ausgeben);
// das EPS Objekt anlegen und seien Werte einstellen
var epsAuf = new EPSOpenOptions;
epsAuf.antialias = false;
epsAuf.constrainProportions = false;
epsAuf.height = 50;
```

```
epsAuf.mode = OpenDocumentMode.LAB;
epsAuf.resolution = 72;
epsAuf.width = 100;
open(fileRef, epsAuf);
```

Ein neues `File`-Objekt muss her, es enthält den ermittelten Pfad. Neben dem neuen Objekt wird ein Objekt `EPSOpenOptions` angelegt, das in einer Variablen (`epsAuf`) landet. Anschließend werden die verfügbaren Eigenschaften für das Objekt gesetzt. Die letzte Zeile öffnet das EPS-Dokument und erhält den Dateipfad (`fileRef`) sowie die Variable `epsAuf` übergeben.

5.5 Das Dokument schließen

Ein geöffnetes Dokument, an dem Sie keine Änderungen vorgenommen haben, lässt sich ohne zu speichern wieder schließen. Das gilt auch, wenn ein Dokument mit dem Dialogfenster *Neu* erstellt und ebenfalls nichts geändert wurde. Dazu bietet Photoshop den Befehl *Schließen.* JavaScript hat für diese Aufgabe die Methode `close()` anzubieten.

▶ Öffnen Sie ein beliebiges Dokument. Übertragen Sie die Zeile in den Editor, speichern und testen Sie das Skript. Kommentarlos wird das nicht bearbeitete Dokument geschlossen.

```
activeDocument.close();
```

▶ Ändern Sie ein wenig am Dokument und lassen Sie das Skript erneut ablaufen. Diesmal erscheint ein Dialogfenster mit der Abfrage zum Speichern.

Das Dialogfenster darf später bei der Ausführung eines Skripts auf die Dokumente eines Orders natürlich nicht auftauchen.

Soll das Skript vorübergehende Änderungen am Dokument vornehmen, diese aber nicht im Original speichern, geben Sie in die runden Klammern der Methode `close()` eine passende Anweisung mit:

▷ Geben Sie der Methode `close()` einen Wert mit, die es ihr erlaubt, das Dokument zu schließen, ohne die Änderungen zu speichern. Beim nächsten Test wird keine Meldung angezeigt.

```
activeDocument.close(SaveOptions.DONOTSAVECHANGES);
```

Ein Beispiel für ein derartiges Vorgehen: Sie führen zahlreiche Änderungen am Originaldokument aus. Die Änderungen werden in einer anderen Datei gespeichert. Das Original behalten Sie, wenn Sie für dieses Dokument das Speichern mit der richtigen Option verhindern.

Speichern Sie mit den für das Dateiformat zulässigen Speicheroptionen, bevor Sie das Dokument schließen, oder speichern Sie gar nicht. So bleiben Ihnen die unerwünschten Abfragen erspart, und die Ausführung des Skripts wird nicht unterbrochen.

5.6 Das Dokument speichern

Ein geändertes Dokument wird mit seinen Änderungen gespeichert. Das kann in verschiedenen Dateiformaten geschehen, je nachdem, für welchen Zweck das Dokument gedacht wurde: Das Dateiformat richtet sich nach der erforderlichen Qualität der Bildinhalte des Dokuments. Gespeichert wird das aktive Dokument (`activeDocument`). Als einfachste Lösung bietet sich die Methode `save()` an. Das entspricht dem Befehl *Speichern* in der Anwendung.

```
// einfach nur speichern:
activeDocument.save();
```

Findet Photoshop im Dokument etwas, das im aktuellen Dateiformat nicht vorkommen darf (es fehlt zum Beispiel die Ebene *Hintergrund*), wird automatisch das Dialogfenster *Speichern unter* geöffnet, und das Dokument kann als Kopie gespeichert werden.

5.6.1 Was auch in Photoshop nicht funktioniert

Häufig werden Dateien nach der Bearbeitung in einem anderen Format als PSD gespeichert. Nach der Wahl des Befehls *Speichern unter* finden Sie je nach Aufbau des Originaldokuments im Dialogfenster mehr oder weniger kleine gelbe Hinweiszeichen. Hier enthält das Original Elemente, die das Zielformat nicht enthalten darf. Die folgende Abbildung zeigt Ihnen, was sich auch in Photoshop selbst nicht so speichern lässt wie Sie es gerne sehen:

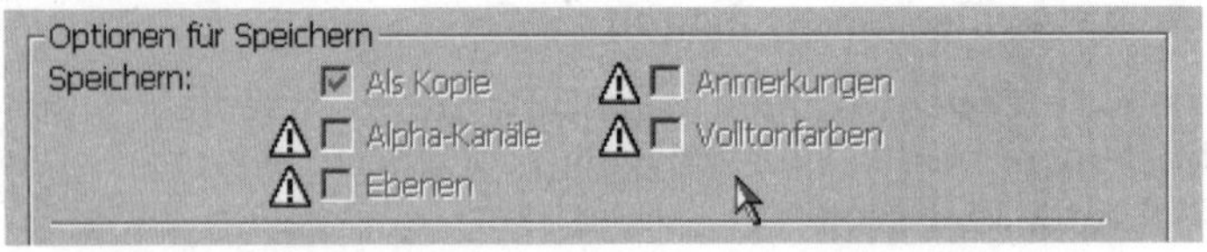

Abbildung 5.10: Diese Dinge mag das JPEG-Format gar nicht

Genau an diesen einfachen Dingen scheitern auch viele Skripte: Es gibt viele Elemente, die sich im Photoshop-Format aber nicht in anderen Formaten speichern lassen.

Vermeidbare Fehlerquellen sind:

- Hat Ihr Dokument keine Ebene *Hintergrund*, funktioniert es bei bestimmten Dateiformaten mit dem Speichern im Skript ohne Dialogfenster nicht. Hier muss man vor dem Speichern und Schließen des Dokuments die entsprechende Vorarbeit leisten (Ebenen zur Ebene *Hintergrund* zusammenfassen).
- Zeigen sich beim Befehl *Speichern unter* gelbe Warnzeichen auf dem Dialogfenster, sollten Sie auch diese Dinge aus dem Dokument entfernen, um beim ablaufenden Skript die Dialogfenster zu vermeiden. Kanäle und Pfade lassen sich jeweils mit einem kurzen Befehl löschen.
- Liegt das Dokument im Modus 16 Bit pro Kanal vor, lässt es sich auf keinen Fall als JPEG speichern. Das wird allerdings auch auf dem Dialogfenster *Speichern unter* nicht angezeigt. Wandeln Sie den Modus des Bildes um.

5.6.2 Speichern mit Optionen

Mehr Einstellungen stehen Ihnen zur Verfügung, wenn Sie den Befehl *Speichern unter* mit JavaScript benutzten. Die dafür zuständige Methode nennt sich `saveAs()` und verfügt über einige Werte, die Sie mitgeben können. Mit diesen Werten legen Sie die Einstellungen im Dialogfenster *Speichern unter* fest.

Speichern unter erlaubt es, das Dokument unter seinem aktuellen Namen oder unter einem neuen zu speichern. Auch ein anderes Dateiformat lässt sich hier mit Einschränkungen wählen.

Unter neuem Namen speichern

Das Dokument soll im Bilderordner des Anwenders landen. Dort finden sich meist weitere Verzeichnisse, mit denen die Inhalte organisiert werden. Der Ordner des Anwenders wird auf beiden Systemen gleich umgesetzt. Was unterschiedlich ausfällt, sind die darin enthaltenen Ordner. Hier zunächst die PC-Variante.

▷ Öffnen Sie aus dem Verzeichnis *Beispiele* von Photoshop das Dokument *Blume.psd.*

▷ Beginnen Sie damit, das Dokument unter einem anderen Namen zu speichern. Tragen Sie das Skript in den Editor ein, und führen Sie es aus.

▷ Suchen Sie im angegebenen Verzeichnis nach der kopierten Datei.

```
// eine Datei im benannten Verzeichnis speichern
var derPfad = "~/Eigene Dateien/Eigene Bilder/Blumenbild.psd";
var meineDatei = new File(derPfad);
activeDocument.saveAs(meineDatei);
```

Zunächst wird der gesamte Pfad in eine Variable (`derPfad`) gelegt. Es handelt sich um das Anwenderverzeichnis auf dem PC, gefolgt vom Weg bis hin auf das Verzeichnis *Eigene Bilder*. Durch die Angabe des neuen Dateinamens wird unter einem anderen Namen gespeichert. Danach wird ein `File`-Objekt angelegt, das die Pfadangaben mitbekommt. Jetzt erst folgt die Anweisung, das Dokument im angegebenen Verzeichnis unter dem neuen Namen zu speichern.

Das Skript erhält für den Einsatz auf dem Mac nur eine andere Angabe des Verzeichnispfades, den Bildordner des Anwenders betreffen. Hier lautet die Zeile:

```
var derPfad = "~/Pictures/Blumenbild.psd"
```

Der Mac zeigt im Dialogfenster die automatisch für den Anwender angelegten Verzeichnisse mit den Namen *Dokumente* oder *Bilder*. Ein Rechtsklick (mit der richtigen Maus) auf die Datei, und der Aufruf des Dialogfensters *Informationen* klärt schnell, warum es Fehlermeldungen hagelt: Die Ordner haben intern einen anderen Namen, *Documents* oder *Pictures*. Legen Sie die Ordner nicht selbst an, untersuchen Sie vorher die wirklichen Namen, wenn Sie auf dem Mac etwas mit einem Skript an einem bestimmten Ort speichern.

Mit weiteren Angaben speichern

Im Dialogfenster *Speichern unter* legen Sie neben dem Namen auch noch weitere Speicheroptionen fest. Das geht natürlich auch im Skript.

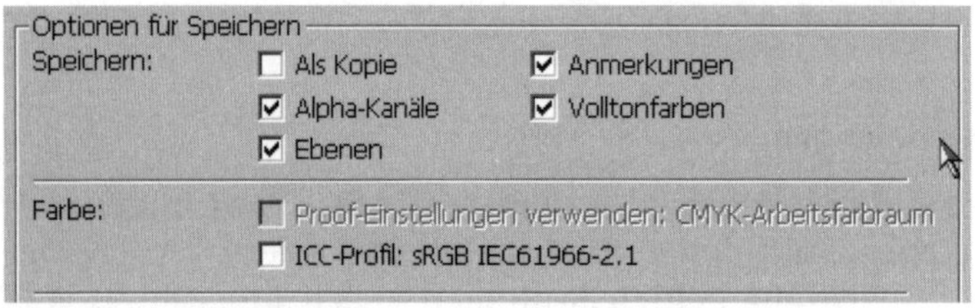

Abbildung 5.11: Speicheroptionen für *Speichern unter*

- ▷ Fügen Sie oberhalb der letzten Zeile einige Leerzeilen im Editor ein, und tragen Sie die Zeilen für die Speicheroptionen in diese leeren Zeilen ein.
- ▷ Ergänzen Sie in der Zeile mit der Methode `saveAs()` den Inhalt der Klammer mit einem Komma und dem Begriff der `saveOptionen`. Das Skript insgesamt:

```
var derPfad = "~/Eigene Dateien/Eigene Bilder/Blumenbild.psd";
var meineDatei = new File(derPfad);
saveOptionen = new PhotoshopSaveOptions;
saveOptionen.alphaChannels = true;
saveOptionen.annotations = true;
saveOptionen.embedColorProfiles = false;
```

```
saveOptionen.layers = true;
saveOptionen.spotColors = true;
activeDocument.saveAs(meineDatei, saveOptionen);
```

Die beiden ersten Zeilen kümmern sich um die Pfadangabe und erstellen das neue `File`-Objekt. Es folgt das Objekt `PhotoshopSaveOptions`. Das wird ein wenig anders eingesetzt als die Ihnen bisher bekannten Objekte. Von diesem Objekt legen Sie eine Kopie mit dem Namen `saveOptionen` an. Den Namen für die Kopie bestimmen Sie. Die Kopie des Objekts hat bereits zahlreiche Eigenschaften, die Sie neu mit Werten belegen. So ausgestattet setzen Sie die Kopie des Objektes zusammen mit dem Dateipfad innerhalb der Methode `saveAs()` ein.

So ein Speicherobjekt finden Sie auch für andere Dateiformate. Das Objekt `PhotoshopSaveOptions` bietet die besonderen Speicheroptionen für das Format PSD. Welche Eigenschaften welches Objekt hat erfahren Sie in der Datei *JavaScriptReference Guide.pdf* unter dem entsprechenden Objektnamen sowie teils in den Dateien *speicherObjekte.js*. In diesen Dateien finden Sie auch weitere Eigenschaften und Methoden der Objekte `File` und `Folder`.

5.7 Verzeichnisinhalt untersuchen

Für ein Skript, das alle Dokumente eines Verzeichnisses bearbeitet, benötigen Sie eine Möglichkeit, den Inhalt eines Verzeichnisses auszulesen. Weiter müssen Sie per Skript Verzeichnisse und Dateien voneinander unterscheiden können. Ist auch die Anzahl der gewünschten Dateien bekannt, können Sie diese in einer Schleife auslesen und die Dokumente automatisiert bearbeiten.

5.7.1 Was liegt im Verzeichnis?

Zunächst wird der Name des Verzeichnisses mitsamt seinem Pfad ermittelt und das Ergebnis in eine Variable gelegt. Diese Variable hilft mit der Methode `getFiles()` beim Erfassen der Einträge im gewählten Verzeichnis.

▷ Legen Sie ein Skript mit den folgenden drei Zeilen an, speichern und testen Sie das Skript. Öffnen Sie im Dialogfenster für die Verzeichnissuche das Verzeichnis *Beispiele* von Photoshop.

```
var gesuchtVerzeichnis = Folder.selectDialog();
inhalt = gesuchtVerzeichnis.getFiles();
alert(inhalt);
```

PHOTOSHOP 7

Auf dem zweiten Dialogfenster finden Sie den Inhalt des Verzeichnisses, einschließlich der gesamten Pfadangabe für jedes Element.

▶ Das lässt sich eingrenzen: Tragen Sie in die runden Klammern der Methode `getFiles` in Hochkommas die gewünschte Dateiendung ein, und lassen Sie das Skript noch einmal ablaufen.

```
inhalt = gesuchtVerzeichnis.getFiles("*.psd");
```

Diesmal sind wesentlich weniger Einträge im Dialogfenster, es handelt sich tatsächlich nur um PSD-Dokumente aus dem Verzeichnis *Beispiele.*

5.7.2 Anzahl der passenden Dateien ermitteln

Neben der Auflistung aller Objekte oder von Objekten eines bestimmten Typs lassen sich die Verzeichnisse und die Dateien zählen. Das ist sinnvoll, wenn überprüft werden soll, ob überhaupt eine Datei im Verzeichnis liegt. Das Zählen der Objekte im Verzeichnis erfolgt über die Eigenschaft `length`.

▷ Ergänzen Sie die Zeilen, die in Ihrem Skript noch fehlen, und führen Sie das Skript aus, das Sie auch unter *anzahlObjekteVerzeichnis.js* finden.

PHOTOSHOP 7

```
var gesuchtVerzeichnis = Folder.selectDialog();
inhaltGesamt = gesuchtVerzeichnis.getFiles();
anzahlGesamt = inhaltGesamt.length;
inhalt = gesuchtVerzeichnis.getFiles("*.psd");
anzahl = inhalt.length;
alert("Alle Objekte: " + inhaltGesamt);
alert("Gezähle Einträge: " + anzahlGesamt)
alert("Nur PSDs: " + inhalt);
alert("Anzahl PSDs: " + anzahl);
```

Wird die Auswahl aus dem Gesamtinhalt mit der Angabe der Dateieindung ausgeführt, genügt das zur ersten Unterscheidung zwischen einem Dokument und einem Verzeichnis. Findet sich jedoch ein Ordner mit einer passenden Endung, wird er ebenfalls in die Auswahl aufgenommen, wenn Sie das nicht mit einer `if`-Anweisung abfangen. Die haben Sie im vorherigen Kapitel kennen gelernt.

5.7.3 Dateinamen und -pfad getrennt ermitteln

Soll der Dateiname auf eine Ebene im Dokument gesetzt werden, ist wohl kaum der gesamte Pfad erwünscht. Der Name der Datei lässt sich mit der Eigenschaft `name`, die es auch für die Ordner gibt, vom restlichen Pfad getrennt ausgeben. So geben Sie die Datei und den Pfad getrennt aus:

```
pfad = "/e/PS80/Beispiele/Adler.psd"
dateiAuf = new File(pfad)
alert(dateiAuf.name);
alert(dateiAuf.path);
```

Abbildung 5.12: Der Dateipfad wird aufgeteilt

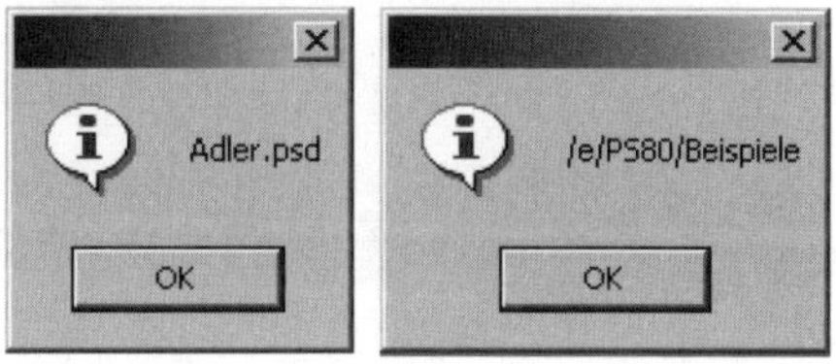

5.7.4 Unterscheidung zwischen Datei und Verzeichnis

Da sich immer wieder Anwender finden, die auch für die Namen der Verzeichnisse einen Punkt und sogar eine Dateiendung vergeben, müssen Sie die Unterschiede weiter abprüfen.

- Legen Sie im Verzeichnis *Beispiele* ein weiteres Verzeichnis an, und nennen Sie es *entenOrdner.psd.* Führen Sie das Skript *anzahlObjekteVerzeichnis.js* erneut aus. Im Ergebnis wird auch dieser Ordner im Dialogfenster mit den PSD-Dokumente aufgelistet.
- Das Skript wird umgeschrieben; in einer Schleife wird jedes im Verzeichnis liegende Element geprüft, ob es ein Verzeichnis ist oder nicht. Handelt es sich um ein Verzeichnis, wird sein Name auf einem Dialogfenster ausgeben, zusammen mit einem Text.

```
var gesuchtVerzeichnis = Folder.selectDialog();
// das ganze Verzeichnis auf vorhandene Ordner abfragen:
var inhaltGesamt = gesuchtVerzeichnis.getFiles();
var anzahlGesamt = inhaltGesamt.length;
for (var i = 0; i < anzahlGesamt; i++) {
      if(inhaltGesamt[i] instanceof Folder)
      alert(inhaltGesamt[i].name + " ist ein Ordner");
}
```

Die `for`-Schleife wird in einem späteren Kapitel genauer untersucht. Wichtig ist hier die `if`-Anweisung, in der ein Operator `instanceof` zwei Werte vergleicht. Da ist einmal der Name des Objekts und dann der Objekttyp. Das Ergebnis der Aussage ist vom Wert `true`, wenn beide übereinstimmen.

Die Datei überprüfen

Haben Sie bereits beim Ermitteln bestimmter Objekte den Dateifilter benutzt, wird ebenfalls geprüft. Diesmal wird mit `instanceof` auf das `File`-Objekt hin verglichen, das ist der gebräuchlichere Vergleich. Die Ausgabe der Dateinamen wird später durch die Anweisungen ersetzt, die nur für bestimmte Dateien gelten.

```
var gesuchtVerzeichnis = Folder.selectDialog();
// aus bestimmten Daten:
var inhalt = gesuchtVerzeichnis.getFiles("*.psd");
var anzahl = inhalt.length;
 for (var i = 0; i < anzahl; i++) {
   if(inhalt[i] instanceof File)
     alert(inhalt[i].name + " ist eine Datei");
}
```

6 Wiederholte Aufgaben

Bereits mit dem Zusammentragen der Einstellungen aus den Dialogfenstern *Voreinstellungen* und *Datei-Informationen* im Skript haben Sie einen Teil lästiger Arbeiten automatisiert. Als weitaus aufwändiger gestaltete sich die folgende Aufgabe: Innerhalb einer GIF-Animation sollte sich das Gesicht einer Person über den Befehl *Bild · Anpassen · Schwellenwert* stetig verändern. Die Vorarbeit bestand darin, den Tonwertumfang gleichmäßig zu verteilen, und so das Ergebnis des Befehls *Schwellenwert* zu optimieren. Das wurde einmal umgesetzt.

Was nun folgt, wäre ohne Skript die reinste Strafarbeit. Der Wertebereich des Befehls *Schwellenwert* reicht von 1 bis 255. Das bedeutet, der nachfolgend beschriebene Arbeitsgang fällt entsprechend oft an:

- Von der Bildebene wird eine Kopie angelegt, die in einem neuen Dokument landet. So bleibt das Original unangetastet.
- Auf die Ebene im neuen Dokument wird der Befehl *Schwellenwert* mit dem niedrigsten Wert angewendet.
- Das nur noch aus zwei Farben bestehende Bild wird für die Ausgabe als GIF unter *Bild · Modus · Indizierte Farben* aufbereitet.
- Jetzt wird das Dokument als GIF-Datei mit fortlaufend nummerierten Dateinamen gespeichert. Die Reihenfolge der Bilder wird später für die Animation übernommen.
- Das gespeicherte Bild wird geschlossen.

Liegen alle GIF-Dateien in einem Verzeichnis, kann der Inhalt des gesamten Ordners in ImageReady auf die Palette *Animation* importiert werden. Was Ihnen bleibt, ist die Optimierung der Animation und der letzte Speichervorgang.

Spätestens jetzt werden Sie mir sicher zustimmen, dass derartige Arbeiten einfach automatisiert werden müssen. Ihrem Rechner ist es gleichgültig, wie oft er eine Arbeit ausführt. JavaScript bietet Ihnen mit seiner `for`-Schleife die Möglichkeit, derartige Aufgaben schnell und zuverlässig für Sie auszuführen. Sie können derweil im Internet surfen oder andere Dinge erledigen.

6.1 Optimal für die Schleife: Arrays

Ein Array lässt sich mit einem Einkaufszettel vergleichen. Während des Einkaufs wird zu jedem Eintrag die passende Ware gesucht und in den Warenkorb gelegt. Sie haben die Wahl, jedes Teil vom Zettel mitzunehmen oder einige auszulassen. Was den Einkaufszettel vom Array unterscheidet, ist die Möglichkeit, jederzeit ein Teil einzupacken, das sich nicht auf dem Zettel befindet.

Der Einkaufzettel, der sich in JavaScript dann Array nennt, ist eine Sonderform der Variablen. Eine einfache Variable enthält stets nur einen Wert. Ein Array ist eine Liste aus beliebig vielen geordneten und meist gleichartigen Werten. Jeder Wert in einem Array hat eine Nummer (Index), über die auf den gewünschten Wert zugegriffen werden kann.

Objekte wie Dokumente oder Ebenen sind in Arrays organisiert (die collections). Sie haben beim Thema Dokumente mit `documents[0]` auf ein Array zugegriffen, als Sie ein geöffnetes Dokument aktiviert haben.

Die Nummernfolge im Array beginnt mit der Ziffer 0. Daher hat auch das Dokument, das im Menü *Fenster* im untersten Abschnitt als oberstes aufgeführt wird, diese Nummer. Über diese Nummer, die in ein Paar eckige Klammern gesetzt wird, kann auf jeden Wert im Array zugegriffen werden. So wird mit `documents[4]` das fünfte Dokument aus der Auflistung im Menü *Fenster* angesprochen.

6.1.1 Einkaufsliste schreiben: ein Array anlegen

Wie jede andere Variable auch lassen sich die Arrays mit Inhalten füllen. Bei der ersten Methode (array literal) legen Sie eine Variable an, die Sie direkt mit Werten füllen. Die Werte fügen Sie in ein Paar eckige Klammern ein, jeder Wert wird durch ein Komma getrennt.

▷ Tippen Sie die folgenden drei Zeilen ein, und testen Sie das Skript. Das erste Dialogfenster zeigt den gesamten Inhalt der Variablen, das zweite gibt den Wert an der Position `[2]` aus. Der lautet 5, da die Positionsangabe im Array mit dem Wert 0 beginnt.

```
var ungeradeZahlen = [1,3,5,7];
alert(ungeradeZahlen);
alert(ungeradeZahlen[2]);
```

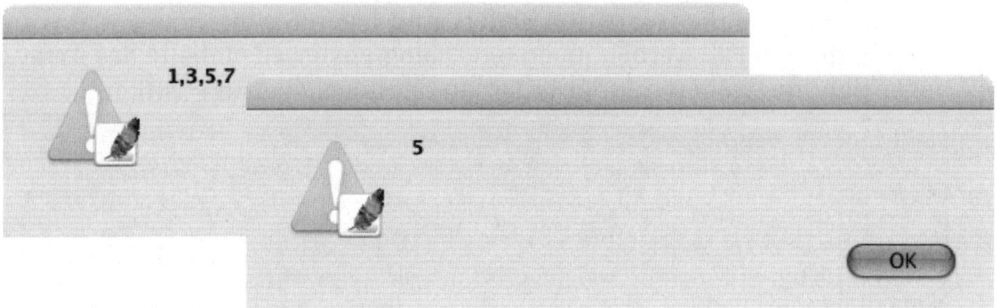

Abbildung 6.1: Der ganze Inhalt des Arrays oder der Inhalt an der Position [2]

Dieser Typ Array kann unterschiedliche Werttypen in einer Variable enthalten, hier handelt es sich um eine Sonderform des Arrays. Diesen Arrays begegnen Sie in Kapitel 12 wieder, wenn Textdateien eingelesen und ausgewertet werden. Hier werden unterschiedliche Wertetypen für die Umsetzung unterschiedlicher Aufgaben benötigt. So könnte ein Array Zeichenketten für Dateinamen und Zahlenwerte für das Drehen von Ebeneninhalten enthalten.

Tragen Sie die folgenden Zeilen ein. Die Ausgabe im Dialogfenster ergibt zunächst den ersten Dateinamen. Im zweiten Dialogfenster werden die erste und zweite Position ausgegeben, ergänzt durch Texte.

```
var werteMix = [1, "bild_01.psd", 2, "bild_02.psd", 3, "bild_03.psd"];
alert(werteMix[1]);
alert("Bild: " + werteMix[0] + "Name: " + werteMix[1]);
```

Abbildung 6.2: Inhalte aus verschiedenen Positionen verbinden

Inhalte eines Arrays an genau einer Position festlegen

Die zweite Form des Arrays arbeitet mit dem Schlüsselwort new (einem so genannten constructor). Auch hier wird zunächst die Variable angelegt, der zunächst ein leeres Array zugewiesen wird. Während sich im vorherigen Beispiel der Inhalt der Position aus der Reihenfolge der Zuweisung ergibt, wird bei diesem Typ jede Position eigens mit einem Inhalt gefüllt. In das Array werden im folgenden Beispiel Zeile für Zeile neue Elemente hinzugefügt.

▷ Übernehmen Sie die folgenden Zeilen, und legen Sie ein neues Array an. Auch in diesem Fall werden im ersten Dialogfenster alle Inhalte des Arrays angezeigt, im zweiten nur der Inhalt an der angegebenen Position.

```
var bilder = new Array();
bilder[0] = "bild_01.psd";
bilder[1] = "bild_02.psd";
bilder[2] = "bild_03.psd";
bilder[3] = "bild_04.psd";
alert(bilder);
alert(bilder[2]);
```

Denken Sie daran, dass die Positionsangabe im Array mit 0 beginnt. Deshalb lautet die Ausgabe auf dem Dialogfenster dann auch für die zweite Ausgabezeile *bild_03.psd*. Vergleichen Sie die Positionsnummern in den eckigen Klammern und die Dateinamen in der folgenden Abbildung.

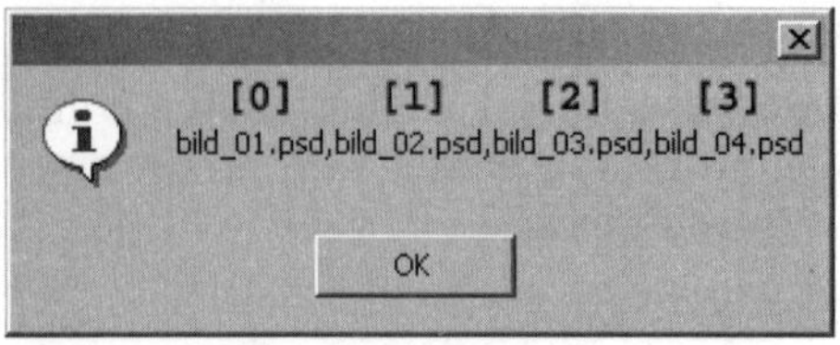

Abbildung 6.3: Welches Element sitzt auf welcher Position?

Einem Array auf diesem Weg die Werte mitzugeben funktioniert bei ein paar Werten sicher ganz gut. Soll ein Array mit vielen Werten gefüllt werden, vielleicht alle Zahlen von 1 bis 100, oder soll das Array mit 100 Dateinamen gefüllt werden, dann wird man das in einer Schleife durchführen.

6.1.2 Arrayinhalte abzählen

Auch die Anzahl der Positionen in einem Array lässt sich feststellen. Dazu bietet JavaScript die Eigenschaft `length` an. Diese Eigenschaft hängen Sie getrennt durch den obligatorischen Punkt an den Namen des Arrays an. Die Anzahl der Positionen wird dann entweder gleich ausgegeben oder landet zur weiteren Auswertung in einer Variablen. Die folgende Zeile ergibt den Wert 4, wenn Sie das Array anlegen wie im vorherigen Beispiel.

```
alert(bilder.length);
```

Mit der Eigenschaft `length` ermitteln Sie auch die Anzahl der geöffneten Dokumente, die Anzahl von Ebenen in einem Dokument oder die Anzahl der Dateien in einem Verzeichnis.

6.2 Die for-Schleife

Eine typische Aufgabe für eine Schleife habe ich Ihnen zu Beginn des Kapitels gezeigt. Die Aufgabe erfordert 255 Wiederholungen von fünf nacheinander auszuführenden Arbeitsschritten. Die Anzahl der Wiederholungen ergab sich aus dem Wertebereich des Befehls *Schwellenwert*. Die Nützlichkeit einer Schleife steigt mit der Anzahl der geforderten Wiederholungen.

6.2.1 Die Struktur der for-Schleife

Die `for`-Schleife besteht aus einem Schleifenkopf und einem Schleifenkörper. Der aus drei Anweisungen bestehende Schleifenkopf beginnt mit der Zuweisung eines Wertes an eine Variable. Da deren Wert fortlaufend hochgezählt wird, nennt sich das Ganze auch Zählvariable. In der Mitte des Schleifenkopfs wird ähnlich wie bei der `if`-Anweisung eine Bedingung gesetzt. Es handelt sich jedoch um eine Abbruchbedingung, die weitere Bearbeitung der Anweisungen wird so gestoppt.

Mit sorgfältig gesetzten Endbedingungen lassen sich Endlosschleifen vermeiden. Das Setzen der Bedingung fällt in Photoshop nicht schwer, da es häufig um die Anzahl von Dateien in einem Verzeichnis oder die Anzahl von Ebenen im Dokument geht, also ganz konkret benannte Elemente.

Der dritte Teil des Schleifenkopfes enthält die Anweisung, um welchen Wert die Zählvariable beim nächsten Durchlauf erhöht wird. Die drei Anweisungen werden durch ein Semikolon getrennt und in ein Paar runder Klammern gefasst.

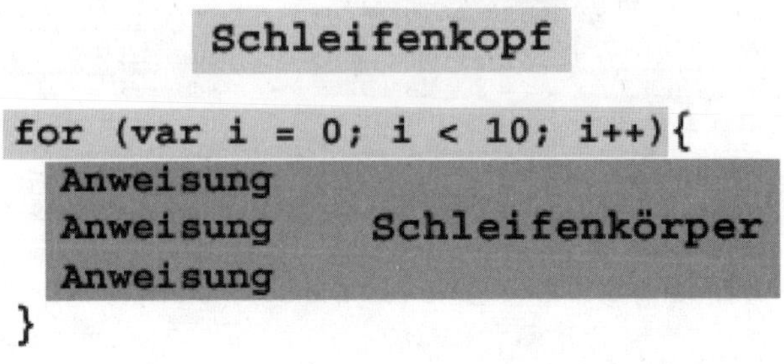

Abbildung 6.4: Der Aufbau einer `for`-Schleife

Das Zusammenspiel zwischen der Zählvariablen, der Endbedingung und der Angabe des Wertes, um den die Zählvariable erhöht wird, ermöglicht die Bearbeitung von Teilmengen.

In den Schleifenkörper gehören alle Anweisungen, die so oft ausgeführt werden wie es im Schleifenkopf angegeben wird. Damit JavaScript auch erkennt, was da so alles in einer Schleife ausgeführt werden soll, fasst man die Anweisungen mit einem Paar geschweifter Klammern zusammen.

Gewöhnen Sie sich daran, sofort alle Klammern zu setzen. Füllen Sie danach die Schleife mit den Inhalten.

Fortlaufende Namen in einer Schleife erzeugen

Wie so eine Schleife funktioniert, lässt sich am besten an einem Beispiel nachvollziehen. Nehmen wir an, alle Ebenen eines Dokuments sollen in eigene Dateien kopiert und unter einem fortlaufend nummerierten Namen gespeichert werden. Kümmern wird uns zunächst um einen Teilbereich, nämlich das Erzeugen der Dateinamen in einer Schleife.

Der neue Dateiname setzt sich aus einem Text mit angehängtem Unterstrich, einer Zahl und der Dateiendung zusammen. Der Text ist eine vorgegebene Zeichenkette (`"Ebene_"`). Diese wird mit dem Pluszeichen mit der Zahl (dem Wert der Variablen `i`) verbunden. Die Dateiendung wird ebenfalls als Zeichenkette ausgeführt und mit einem Pluszeichen an den Namen angehängt (`".psd"`).

▷ Das Skript besteht aus gerade einmal drei Zeilen. Tippen Sie die Zeilen ein, und testen Sie das kleine Skript. Sie erhalten nacheinander mehrere Dialogfenster mit Namen für durchnummerierte Dateien.

```
for (var i = 0; i < 10; i++) {
   alert("Ebene_" + i + ".psd");
}
```

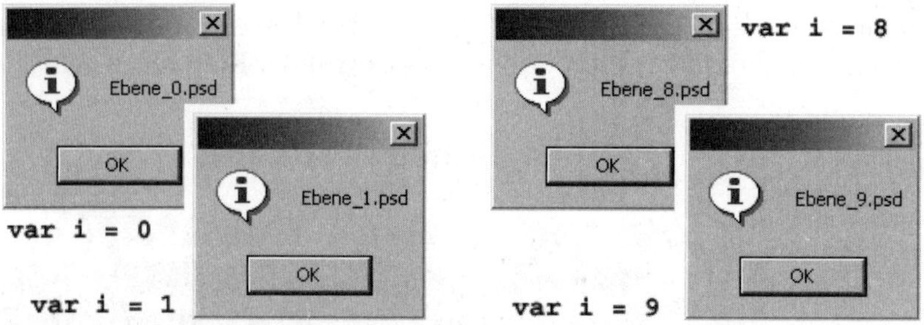

Abbildung 6.5: Eine Serie von Dialogfenstern mit neuen Namen

Der Ablauf ist folgender: JavaScript liest im ersten Durchlauf den Schleifenkopf. Hier erhält die Variable mit dem Namen `i` den Wert 0. Dann wird die Bedingung geprüft: ist 0 kleiner als 10. Das stimmt, und die Zählvariable wird für den nächste Runde vorbereitet: Sie wird um den Wert 1 erhöht. Nachdem der Schleifenkopf durchlaufen ist, kann für jeden Durchlauf der Schleife die Ausgabe des Namens erfolgen. Der Name besteht aus einer Zeichenkette (`Ebene_`), dem aktuellen Wert der Variablen `i` und einer zweiten Zeichenkette. Ist die Ausgabe erfolgt, wird die Schleife wieder durchlaufen, erhöht um den Wert 1.

Statt `i++` im Schleifenkopf können Sie auch `i = i + 1` schreiben. Bei `i++` handelt es sich um eine Abkürzung für das stetige Erhöhen einer Variablen um den Wert 1. Fortlaufendes Vermindern von Werten um den Wert 1 führen Sie mit dem doppelten Minuszeichen (`--`) aus. Möchten Sie die Nummern in den Namen bei jedem Durchlauf um den Wert 2 erhöhen, schreiben Sie statt `i++` einfach `i = i + 2` und Sie erhalten für unser Beispiel die Werte 0, 2, 4 usw. für den nummerierten Namen.

Die erste eigene Schleife funktioniert. Im nächsten Schritt sollen die Werte nicht mehr direkt in einem Dialogfenster erscheinen, sondern es soll ein Array kontinuierlich mit den Werten gefüllt werden. Das lässt sich in einem Schritt anzeigen.

Ein Array in einer Schleife mit Werten belegen

Sie haben bereits ein Array an vier Positionen mit Werten belegt. Ein umfangreiches Array mit 100 Positionen werden Sie nicht auf diesem Weg füllen; übertragen Sie vielmehr derartige Aufgaben an die `for`-Schleife.

- Legen Sie ein neues Array an, das noch keinen Inhalt hat, und weisen Sie das Array einer Variablen (`bildListe`) zu.
- Erstellen Sie den Schleifenkopf. Es sollen die Bildnamen bis zur Nummer `Bild_100.psd` erzeugt werden.
- Jeder Durchlauf der Schleife soll einen Namen erzeugen und diesen Namen an einer bestimmten Position im Array ablegen.
- Lassen Sie sich außerhalb der `for`-Schleife den gesamten Inhalt des Arrays anzeigen: Sauber jeweils durch ein Komma getrennt werden alle erzeugten Namen im Dialogfenster ausgegeben. Das Komma als Trennzeichen wird automatisch gesetzt, es gehört zum Aufbau des Arrays. Die Anzahl wird mit 101 angegeben, da die Bildnummern nur bis 100 reichen sollen.

```
bildListe = new Array();
   for (var i = 0; i < 101; i++) {
   bildListe [i] = "Bild_" + i + ".psd";
   }
alert(bildListe );
```

Vorsicht, ein Array kann auch leere Positionen enthalten. Starten Sie mit `i = 1`, dann bleibt die erste Position im Array ohne Wert, und die Anzeige auf dem Dialogfenster beginnt mit einem Komma. Leere Positionen finden Sie zahlreich in der nächsten Abbildung, in der gerade einmal jede fünfte Position belegt wird.

Die Dateien eines Verzeichnisses auslesen

Möchten Sie gleich eine Serie von Dokumenten bearbeiten, gilt es, diese zu suchen und die Dateien einzeln anzusprechen. Eine Schleife kombiniert mit

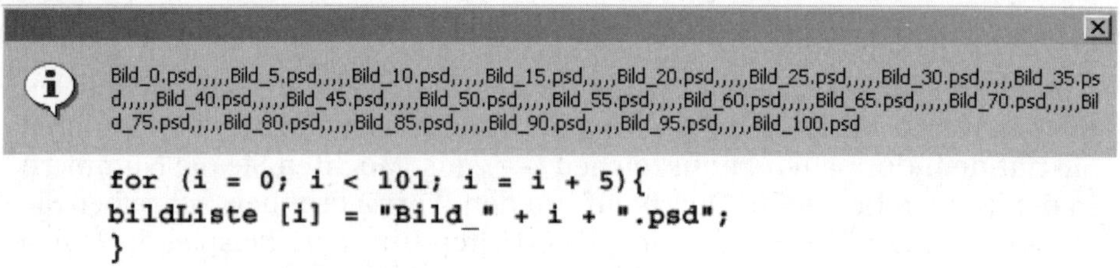

Abbildung 6.6: Nur jedes fünfte Element wird belegt

einer `if`-Anweisung wird alle Dateien (keine Verzeichnisse) eines Ordners aussuchen und sauber in einem Dialogfenster ausgeben. In Kapitel 12 werden Sie das Ergebnis dann nicht mehr in einem Dialogfenster ausgeben sondern in eine Datei schreiben. Die kann zur Kontrolle dann weitergereicht werden.

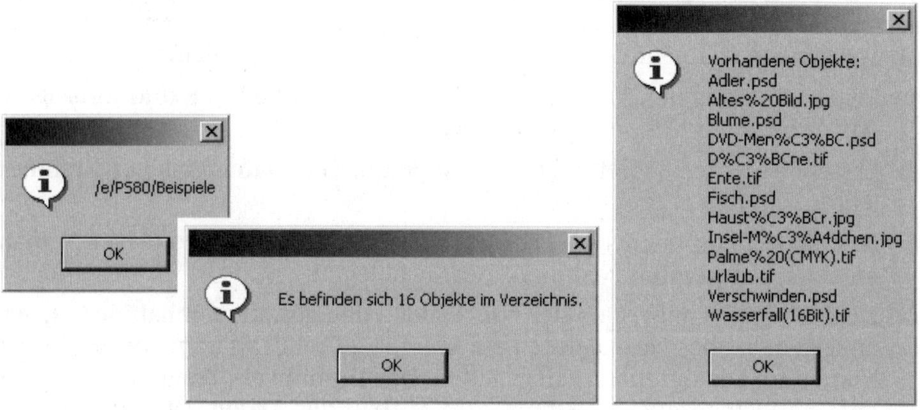

Abbildung 6.7: Den Inhalt des Verzeichnisses auflisten

▷ Tragen Sie das Skript in den Editor ein. Damit ein beliebiges Verzeichnis gesucht werden kann, wird ein vorgefertigtes Dialogfenster benutzt. Das gewählte Verzeichnis wird zur Kontrolle in einem Dialogfenster ausgegeben.

```
var selectedFolder = Folder.selectDialog("Suchen Sie ein Verzeichnis");
alert(selectedFolder);
```

▷ Der Inhalt des Verzeichnisses wird in einer Variablen abgelegt und die Anzahl der Dateien gezählt und ausgegeben.

```
inhalt = selectedFolder.getFiles();
anzahl = selectedFolder.getFiles().length;
alert("Es befinden sich " + anzahl + " Objekte im Verzeichnis.");
```

▷ Eine neue, leere Liste wird angelegt. Um der leeren Liste hier einen Wert zu geben, werden die beiden Hochkommas angegeben.

▷ In diese Liste sollen alle Dateien (keine Verzeichnisse) eingetragen werden. Zur Unterscheidung, ob es sich um eine Datei oder ein Verzeichnis handelt, wird der Vergleichsoperator `instanceof` in der `if`-Anweisung benutzt.

```
var Liste = "";
for (var i = 0; i < selectedFolder.getFiles().length; i++) {
   if (inhalt[i] instanceof File) {
      Liste += inhalt[i].name + "\n";
   }
}
alert("Vorhandene Objekte:" + "\n" + Liste);
```

Der Operator += ist wieder eine Abkürzung. Mit dem Operator wird der längere Ausdruck `Liste = Liste + NeuerWert` abgekürzt. Den Operator gibt es mit dem Minuszeichen auch zum Vermindern von Werten (-=).

▷ Mit der letzten Zeile unterhalb der `for`-Schleife wird der Inhalt der Liste ordentlich untereinander geordnet angezeigt.

▷ Testen Sie das Skript abschließend: Öffnen Sie im Dialogfenster für die Auswahl des Verzeichnisses das Verzeichnis *Beispiele* von Photoshop. Das letzte Dialogfenster zeigt das gesuchte Ergebnis. Das Ergebnis findet sich in *verzeichnisInhaltAnzeigen.js*.

Zählen Sie jetzt auf dem Mac die Dateien im Verzeichnis *Beispiele* durch, dann fehlt da scheinbar eine Datei. Auch der Mac zählt richtig: Gezählt wird hier einfach auch eine vom System angelegte und in der Grundeinstellung nicht angezeigte Datei.

Wenn es nur PSD sein darf

Das eben erzeugte Ergebnis lässt sich optimieren. Diesmal sollen nur die PSD-Dateien im Dialogfenster erscheinen. Das ist ein unschlagbarer Vorteil gegenüber einer Aktion innerhalb einer Stapelverarbeitung, die sich über alle Dateien im Verzeichnis hermacht und schnell Fehler produziert.

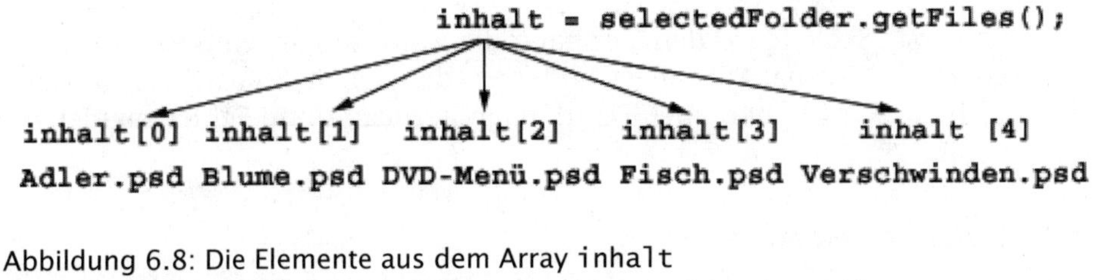

Abbildung 6.8: Die Elemente aus dem Array `inhalt`

▷ Ändern Sie das vorherige Skript, tauschen Sie den gesamten Inhalt der `for`-Schleife zwischen dem Schleifenkopf und der abschließenden geschwungenen Klammer einfach aus. Das Skript finden Sie unter *verzeichnisPsdAnzeigen.js*.

```
var selectedFolder = Folder.selectDialog("Verzeichnis suchen:");
inhalt = selectedFolder.getFiles();
anzahl = selectedFolder.getFiles().length;
alert("Es befinden sich " + anzahl + " Objekte im Verzeichnis.");
var Liste = "";
for (var i = 0; i < selectedFolder.getFiles().length; i++) {
 if (inhalt[i] instanceof File) {
 datName = inhalt[i].name;
 endung = datName.split(".");
 nachName = endung[1];
 if (nachName == "psd") {
  Liste += inhalt[i].name + "\n";
  }
 }
}
```

Was haben Sie geändert? In der `if`-Anweisung wird der Dateiname in die Variable `datName` gesteckt. Dieser Name wird mit der Funktion `split()` in zwei Teile aufgeteilt. Geteilt wird an der Stelle mit dem Punkt. Durch die Teilung entsteht eine Zeichenkette aus zwei Teilabschnitten. Der zweite Teil der Zeichenkette wird in der Variablen `nachName` abgelegt. In die erste `if`-Anweisung wird eine zweite `if`-Anweisung eingebaut. In dieser geschachtelten Anweisung wird geprüft, ob die Dateieindung *psd* lautet. Ist das der Fall, kommt der Dateiname komplett in die Liste.

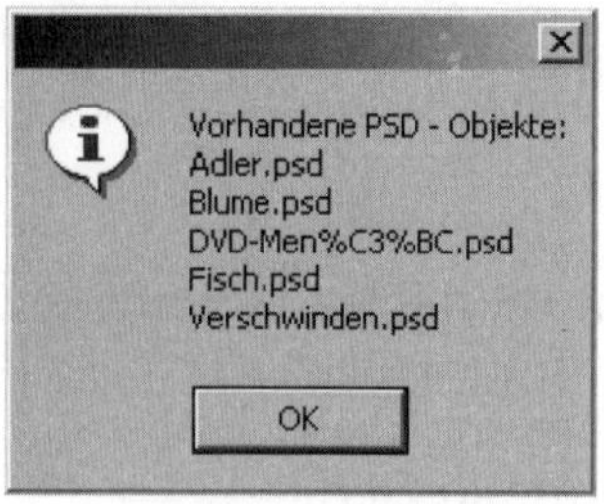

Abbildung 6.9: Die Liste fällt kürzer und genauer aus

In die innerste Schleife werden Sie später die Anweisungen einfügen, die nur auf Dateien im Format PSD angewendet werden sollen. So wird verhindert, dass sich das Skript auch über Textdateien hermacht und Fehler meldet.

Exif – Werte gezielt auslesen

Zu den Eigenschaften aus dem Dialogfenster *Datei-Informationen* gehören auch Angaben, die Ihre Kamera den Bilddateien mitgibt. Diese Informationen lassen sich auslesen und weiterverwenden. Einem Verwendungszweck begegnen Sie im Kapitel 8, wenn das Aufnahmedatum auf eine Textebene geschrieben wird.

Eine weitere Verwendung finden diese Bilddaten, wenn Sie den Autor aus den *Datei-Informationen* auslesen und das zusammen mit dem Dateinamen in eine Datei schreiben. Mit der Ausgabe von Informationen in eine Datei beschäftigt sich Kapitel 12.

- Sie benötigen ein Bild aus einer Kamera oder die Datei *schnee.psd.* Tragen Sie in ein neues Skript in die beiden Zeilen ein. Sie weisen damit der Variablen `alleEXIF` den Inhalt des Objekts `info` oder besser dessen Eigenschaft `exif` zu.

```
alleEXIF = activeDocument.info.exif;
alert(alleEXIF);
```

- Im Ergebnis erhalten Sie alle verfügbaren Informationen, die im Dialogfenster *Datei-Informationen* im Bereich *Kameradaten* auffindbar sind.

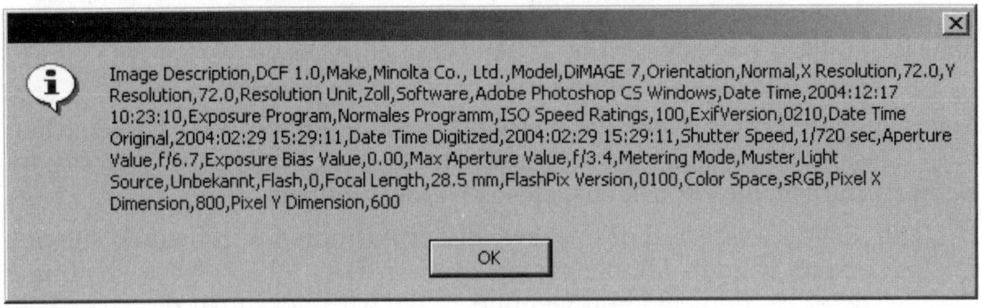

Abbildung 6.10: Alle von dieser Kamera gelieferten Daten

Benötigen Sie nur ganz bestimmte Daten, gilt es, auch nur diese auszulesen. Betrachten Sie die Gesamtausgabe der Angaben, fällt sicher auf: Es handelt sich um paarweise Informationen - welche Einstellung wird ermittelt und wie fällt der Wert dazu aus? Beides wird im Dialogfenster *Datei-Informationen* per Doppelpunkt getrennt, bei der Gesamtausgabe mit einem Komma.

- Stellen Sie fest, wie viele Einträge vorhanden sind. Das wird Ihre dritte Zeile, in der Sie die Eigenschaft `length`, die Sie bereits vom Objekt `Documents` kennen, auslesen und anzeigen lassen.

```
alert(activeDocument.info.exif.length);
```

- Sie wissen jetzt genug, um alle Einträge nacheinander einzeln mit einer `for`-Schleife in ein Dialogfenster zu befördern. Dabei wird die Variable `i` gleich zweimal benutzt. Zuerst nennt sie die Positionsnummer und dann den Inhalt an eben dieser Position. Fügen Sie diese Schleife ein. Ein Test kann nicht schaden.

```
for (var i = 0; i < activeDocument.info.exif.length; i++) {
    alert(i + " " + activeDocument.info.exif[i]);
}
```

Auch die ausgelesenen Werte der Eigenschaft `exif` des Objekts `info` bilden ein Array beginnend bei der Position 0. Starten Sie die Schleife mit dem Wert 1, wird der erste Wert auch gleich überschlagen.

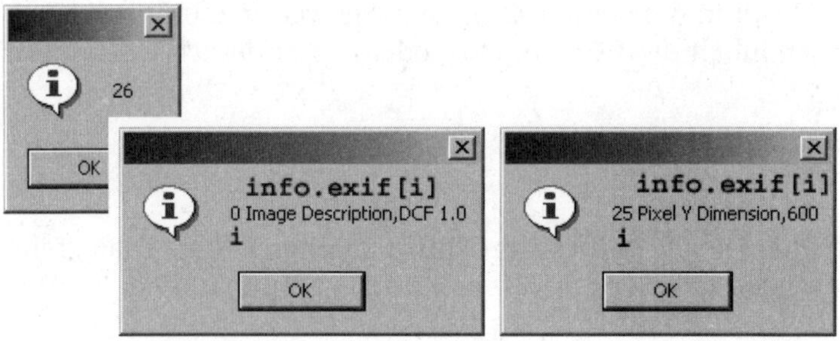

Abbildung 6.11: Die Anzahl der Einträge und Positionen aus dem Array

Angezeigt wird bisher immer ein Wertepaar. Das besondere an der Eigenschaft `exif`: dieses Wertepaares wird wieder durch ein Array gebildet. Als Paar besitzt es zwei Einträge, die einzeln ausgelesen werden können.

▷ Jetzt soll der erste Teil des Arrays an der Position 8 durch einen eigenen Text ersetzt werden. Mit der ersten Zeile wird der Inhalt an der Position 8 angezeigt. Mit den beiden folgenden Zeilen wird der Inhalt des Arrays an der Position 8 wieder in ein Array zerlegt. Jeder Teil des Arrays wird einer eigenen Variablen zugewiesen. Tragen Sie die nächsten vier Zeilen ein, und testen Sie.

```
alert(activeDocument.info.exif[8]);
aufnahmeZeitpunkt0 = activeDocument.info.exif[8][0];
aufnahmeZeitpunkt1 = activeDocument.info.exif[8][1];
alert("Aufgenommen am: " + aufnahmeZeitpunkt1 );
```

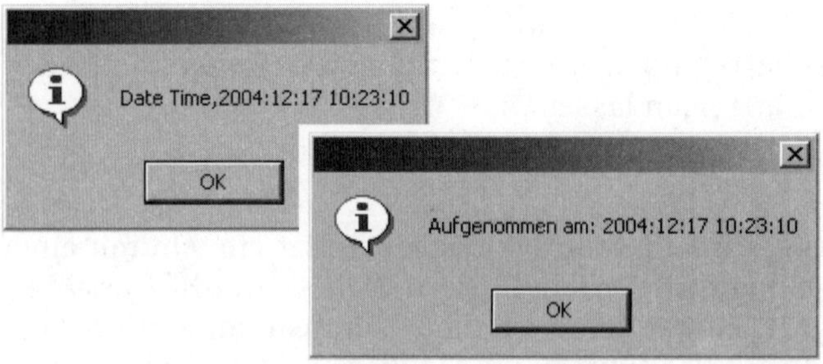

Abbildung 6.12: Position [8] des Arrays: ausgelesen und umgeschrieben

Im Ergebnis wird jetzt abschließend auf dem Dialogfenster angezeigt: *Aufgenommen am: 2004:12:17 10:23:10.* Diese Angaben könnten jetzt wie im Kapitel 8 gezeigt auf eine Textebene des Dokuments geschrieben werden. Die vollständige Datei finden Sie unter *exifAuslesen.js.*

Das Schaubild zeigt: Auf der Position `[8]` des Arrays befinden sich die beiden Elemente `[8][0]` und `[8][1]`. Jedes kann über die Position angesprochen werden.

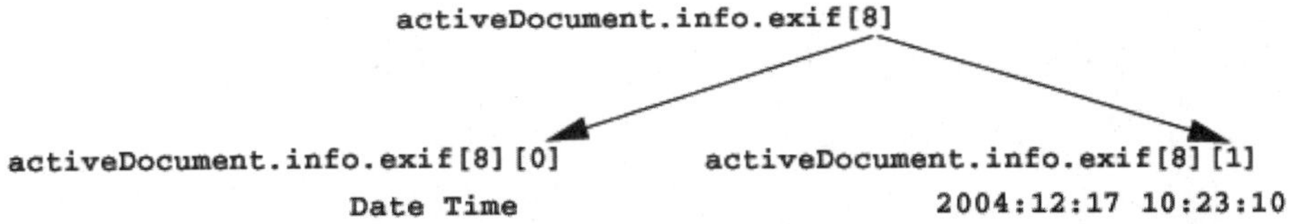

Abbildung 6.13: Verschachteltes Array: das Array im Array

Die erste Position des Arrays ist immer 0, weshalb Sie gerade bei nicht angelegten Arrays die Zählvariable im Schleifenkopf auf den Wert 0 setzen müssen. Bei jedem Durchlauf der Schleife wird auf ein Element genau an dieser Position des Arrays zugegriffen. Als Endbedingung für eine Schleife wird bei Arrays gerne seine Länge benutzt, die sich über die Eigenschaft `length` ermitteln lässt.

7 Ebenen im Skript

Zu den häufigsten Manipulationen in einem JavaScript gehört neben dem Öffnen und Speichern der Dokumente das Bearbeiten von Ebenen. Sie können Bildinhalte zwischen den Dokumenten austauschen, wenn zum Beispiel ein Logo auf allen Bildern erscheinen soll. Auf umfangreiche Bildserien lassen sich die Korrekturbefehle aus dem Menü *Bild* anwenden oder Ebenenstile zuweisen.

Für eine Städtepräsentation sollen 100 Bildausschnitte mit derselben Ausführung der Beschriftung versehen werden. Alle Bilder befinden sich in einem Dokument, um die Bildinhalte der Ausschnitte aufeinander abzustimmen. Die Beschriftung besteht aus einem Verlauf, aus dem der Text ausgeschnitten ist. Die Aufgabe, jedem Bild eine Ebene mit dem Schriftzug zuzuordnen und aus beiden Ebenen (Bildinhalt / Textinhalt) jeweils ein neues Dokument zu erstellen, wird einem Skript übergeben. Die Einzeldokumente bilden die Grundlage für eine PDF-Präsentation.

Abbildung 7.1: Einheitlich beschriften mit Ebenen

Ebenen und Sets gehören zur Palette *Ebenen*. Sie verfügen über zahlreiche gemeinsame Eigenschaften und Methoden. Abweichungen ergeben sich durch unterschiedliche Aufgaben. Genau das werden wir uns ausführlich ansehen.

7.1 Objekte für die Ebenen

Ein Dokument enthält mindestens eine Ebene oder ein Set. Unterschieden wird zwischen den Inhaltsebenen (einschließlich der Textebene) und den Sonderformen Einstellungsebene sowie Füllebene, die lediglich das Aussehen der darunter liegenden Ebene beeinflussen.

JavaScript erkennt jeden Ebenentyp, bietet jedoch nur Änderungsmöglichkeiten für Inhaltsebenen. Der Einsatz von Füll- und Einstellungsebenen wird mit einem kleinen Trick möglich, den ich Ihnen später zeige.

7.1.1 ArtLayers: Ebenen verwalten

Das Objekt `ArtLayers` verwaltet die Ebenen. Davon kann es auf der Palette *Ebenen* mehrere geben, es handelt sich dann um eine `collection`. Meist legen Sie über das Objekt `ArtLayers` neue Ebenen an, oder Sie entfernen vorhandene Ebenen.

▶ Öffnen Sie aus dem Verzeichnis *Beispiele* von Photoshop das Dokument *Blume.psd.*

▶ Geben Sie das Skript aus der nächsten Zeile ein. Speichern Sie das Skript, und führen Sie es aus. Das Skript fragt mit der Eigenschaft `length` nach der Anzahl der im Dokument *Blume.psd* enthaltenen Ebenen. Die Antwort auf dem Dialogfenster wird lauten: *5.*

```
alert(activeDocument.artLayers.length);
```

Statt `documents[0].artLayers` oder `documents["Blume.psd"].artLayers` wurde hier gleich mit dem aktiven Dokument (`activeDocument.artLayers`) gearbeitet, da es das einzig geöffnete Dokument und daher aktiv ist.

Das Objekt `ArtLayers` ist mit der Methode `add()` für neue Ebenen zuständig. Beim Anlegen völlig neuer leerer Ebenen bleiben die Klammern leer, denn Ebenen übernehmen die Eigenschaften (Abmessungen, Farbmodus) des Dokuments. Neu angelegte Ebenen erhalten erst individuelle Eigenschaften, nachdem die Ebene selbst angelegt ist.

▷ Markieren Sie die Ebene *Sonnenblume 1.* Tragen Sie die folgende Zeile in ein Skript ein, und führen Sie es mehrfach aus.

```
activeDocument.artLayers.add();
```

Die neue Ebene erhält den Namen *Ebene* mit angehängter Ziffer und wird zuerst über der aktiven Ebene angelegt. Dann wird sie ganz nach oben in den Ebenenstapel verlagert. Die gewünschte Anordnung einer neuen leeren Ebene innerhalb des Ebenenstapels wird später direkt an der einzelnen aktiven Ebene vorgenommen. Die neue Ebene ist jetzt die aktive Ebene.

▷ Ebenen lassen sich mit der Methode `removeAll()` in einem Durchgang von der Palette *Ebenen* entfernen. Ändern Sie das Skript, tragen Sie die Methode `removeAll()` ein, und lassen Sie das Skript ablaufen. Nacheinander werden alle Ebenen, angefangen bei der obersten Ebene, im Ebenenstapel entfernt. Den Abschluss bildet eine Fehlermeldung.

```
activeDocument.artLayers.removeAll();
```

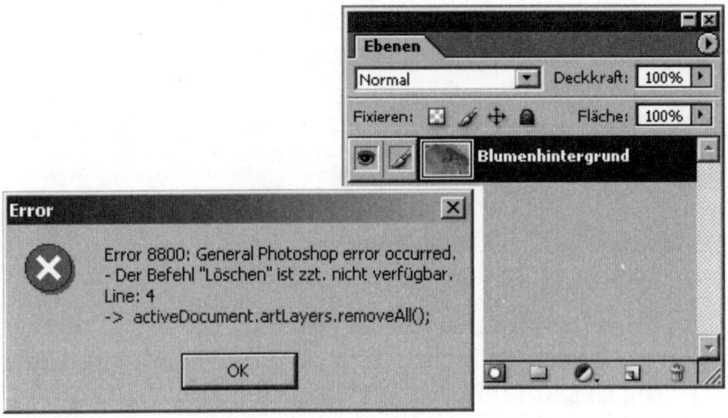

Abbildung 7.2: Bei der letzten Ebene ist Schluss, sie muss bleiben

▷ Nehmen Sie die Änderungen am Dokument *Blume.psd* zurück. Legen Sie ein neues Set an, es muss nicht einmal mit einer Ebene gefüllt werden. Starten Sie Ihr Skript erneut: Alle Ebenen werden nacheinander gelöscht, die Fehlermeldung unterbleibt. Der Löschvorgang gilt nicht für das Set.

Ein Dokument muss mindestens eine Ebene oder ein Set besitzen. Die Methode `removeAll()` ist daher nur geeignet, wenn mindestens ein Set auf der Palette *Ebenen* vorhanden ist.

7.1.2 ArtLayers und Indexnummern

Ebenso wie Dokumente lassen sich auch die Ebenen im Objekt `ArtLayers` über die Indexnummer ansprechen. Die Vergabe der Nummern beginnt mit dem Wert 0 bei der obersten Ebene im Ebenenstapel auf der Palette *Ebenen*. In einem Dokument mit fünf Ebenen sind die Indexnummern von 0 bis 4 vergeben.

Die Indexnummer einer Ebene innerhalb des Ebenenstapels wird benutzt, wenn alle Ebenen eines Dokuments in einer Schleife fortlaufend bearbeitet werden. Indexnummern ändern sich, wenn Ebenen aus der Palette *Ebenen* gelöscht, neue Ebenen angelegt oder die Reihenfolge der Ebenen getauscht wird.

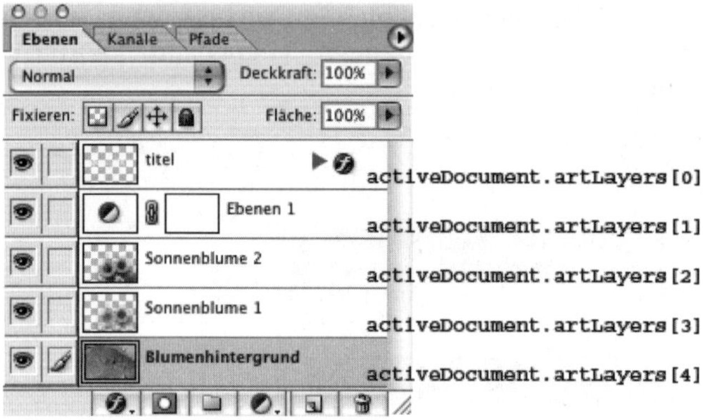

Abbildung 7.3: Die Indexnummern gehören zu den Ebenen

▷ Die folgende Zeile gibt Ihnen den Namen der untersten Ebene im Dokument aus. Ist die Anzahl der Ebenen nicht bekannt, wird die Indexnummer berechnet. Dazu wird die Gesamtzahl der vorhandenen Ebenen (ermittelt über `artLayers.length`) um den Wert 1 vermindert. Die oberste Ebene im Stapel muss nicht berechnet werden, sie hat immer die Indexnummer 0.

```
alert(activeDocument.artLayers[activeDocument.artLayers.length-1]);
```

7.2 Die einzelne Ebene

Das Objekt `ArtLayer` ist für Änderungen an genau einer Ebene zuständig. Auch die Textebene aus dem nächsten Kapitel gehört dazu. Ob mit der Maus oder per Skript: Ebenen werden zur Bearbeitung aktiviert. JavaScript kennt dafür die Eigenschaft `activeLayer` des Objekts `Document`. Dieser Eigenschaft wird die Indexnummer oder den Name der gewünschten Ebene zugewiesen. Die Ebene bleibt aktiv, bis die entsprechende Anweisung eine andere Ebene als aktiv kennzeichnet oder eine neue leere Ebene angelegt wird.

Auch wenn sich das Objekt für die Bearbeitung der einzelnen Ebene `ArtLayer` nennt, werden Sie nicht auf den Begriff treffen. Hier wird immer der Begriff `activeLayer` für die aktive Ebene benutzt.

- Markieren Sie im Dokument *Blume.psd* die oberste Ebene. Lassen Sie sich mit der ersten Zeile des kleinen Skripts über die Indexnummer den Namen der nicht aktivierten untersten Ebene ausgeben.
- Aktivieren Sie mit der zweiten Zeile die unterste Ebene per Skript. Speichern und führen Sie das Skript aus. Die Änderung für die aktive Ebene können Sie auf der Palette *Ebenen* mitverfolgen.

```
alert(activeDocument.artLayers[4]);
activeDocument.activeLayer = activeDocument.artLayers[4];
```

7.2.1 Wichtige Eigenschaften der Ebenen

Die Eigenschaften von Ebenen dürfen Sie abfragen und ändern. Die Eigenschaft `isBackgroundLayer` gibt an, ob es sich um die Ebene *Hintergrund* handelt. Ohne eine Ebene mit dieser Eigenschaft im Dokument kann eine Datei zum Beispiel nicht in jedem Dateiformat gespeichert werden.

- Erfragen Sie mit der ersten Zeile zunächst die Eigenschaft für die unterste Ebene im Dokument *Blume.psd*. Das Ergebnis lautet kurz *false*. Bei der untersten Ebene im Dokument, die Sie gerade aktiviert haben, handelt es sich also nicht um die Ebene mit der Eigenschaft *Hintergrund*.

```
alert(activeDocument.activeLayer.isBackgroundLayer);
```

- Ändern Sie das mit der nächsten Zeile. Achten Sie darauf, was auf der Palette *Ebenen* abläuft: Die Ebene verliert den Namen *Blumenhintergrund* und nennt sich jetzt *Hintergrund*.

```
activeDocument.activeLayer.isBackgroundLayer = true;
```

- Die gerade umgewandelte Ebene wird nach ihrem Ebenentyp befragt. Die Ausgabe auf dem Dialogfenster lautet *LayerKind.NORMAL*.

```
alert(activeDocument.activeLayer.kind);
```

- Markieren Sie die oberste Ebene im Dokument *Blume.psd*. Schreiben Sie einen Text, und legen Sie auf diese Weise eine Textebene an. Die Textebene soll die aktive Ebene sein und der Ebenentyp erneut ermittelt werden. Diesmal lautet das Ergebnis *LayerKind.TEXT*.

```
activeDocument.activeLayer = activeDocument.artLayers[0];
alert(activeDocument.activeLayer.kind);
```

In der Dokumentation zu JavaScript wird zur Eigenschaft `kind` eine ganze Liste von Ebenentypen angegeben. Erfragen dürfen Sie den Wert der Eigenschaft für jeden Ebenentyp. Den Ebenentyp festlegen dürfen Sie nur für die einfache Ebene und die Textebene mit `LayerKind.NORMAL` und `LayerKind.TEXT`.

So wählen die drei nächsten Zeilen eine Ebene mit dem Namen *FRITZ* aus (Textebene mit dem entsprechenden Inhalt), zeigen den Wert der Eigenschaft an und wandeln die Textebene in eine normale Ebene um: Die Textebene wird gerastert.

```
activeDocument.activeLayer = activeDocument.artLayers["FRITZ"];
alert(activeDocument.activeLayer.kind);
activeDocument.activeLayer.kind = LayerKind.NORMAL;
```

Geben Sie der Ebene einen Namen

Ebenfalls wichtig ist der Name der Ebene. Sie können den Namen der aktiven Ebene abfragen oder der Ebene einen anderen Namen geben. Vorsicht: Geben Sie der Ebene *Hintergrund* einen neuen Namen, wird daraus eine normale Ebene.

▷ Ermitteln, ändern und prüfen Sie die Änderung des Namens der aktiven Ebene:

```
alert(activeDocument.activeLayer.name);
activeDocument.activeLayer.name = "HUGO"
alert(activeDocument.activeLayer.name);
```

Weisen Sie einen Namen zu, handelt es sich um eine Zeichenkette, die Sie in der Eigenschaft `activeLayer` unterbringen. Diese Zeichenkette gehört daher unbedingt in Hochkommas.

Die Abmessungen der Ebenen feststellen

Die Abmessung einer Ebene muss nicht mit den Abmessungen des Dokuments übereinstimmen: Es zählt der mit nicht transparenten Pixeln bedeckte Bereich. Die Abmessungen einer Ebene lagern in der Eigenschaft `bounds`. Diese Eigenschaft lässt sich mit dem Skript nur auslesen.

▷ Untersuchen Sie die Eigenschaft `bounds` mit der folgenden Zeile an den unterschiedlichen Ebenen der Datei *Blume.psd*. Sie erhalten jeweils ein anderes Ergebnis angezeigt, da die Ebenen unterschiedlich gefüllt sind.

```
alert(activeDocument.activeLayer.bounds);
```

Die Eigenschaft `bounds` beschreibt zwei Punktpaare: die linke, obere Ecke (x,y) und die rechte untere Ecke (x,y). Die Abmessungen bilden den mit nicht transparenten Pixeln bedeckten rechteckigen Bereich. Das angehängte und durch den Punkt abgetrennte Schlüsselwort `value` verwertet den Zahlenwert der Eigenschaft ohne die Angabe der Einheiten. Die einzelnen Werte erreichen Sie über die Indexangaben in den eckigen Klammern.

Das Schlüsselwort `value` wird bei Skripts für Photoshop 7 nicht angehängt, da es zu falschen Ergebnissen führt.

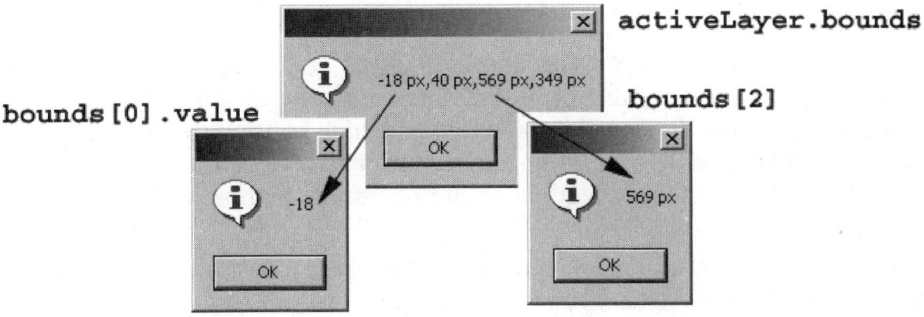

Abbildung 7.4: Lösen Sie die Eigenschaft bounds in ihre Bestandteile auf

▷ Erweitern Sie Ihre Untersuchung: Fügen Sie die folgenden Zeilen in Ihr Skript ein, speichern und testen Sie erneut. Jetzt werden einzelne Angaben der Eigenschaft `bounds` angezeigt.

```
alert(activeDocument.activeLayer.bounds[0].value);
alert(activeDocument.activeLayer.bounds[1].value);
alert(activeDocument.activeLayer.bounds[2]);
alert(activeDocument.activeLayer.bounds[3]);
```

7.2.2 Die Stapelreihenfolge organisieren

Neu angelegte Ebenen erfordern schon einmal eine neue Reihenfolge auf der Palette *Ebenen*. Das Ziel der Verschiebung innerhalb des Ebenenstapels lässt sich genau angeben. Sind Sets ebenfalls auf der Palette *Ebenen*, sind auch diese als Ziel möglich, die Ebene wird dann in das Set hinein verschoben. Ebenen werden mit der Methode `move()` im Ebenenstapel verschoben.

Wird die neue Ebene an die unterste Position im Ebenenstapel verschoben, landet sie oberhalb einer vorhandenen Ebene *Hintergrund*.

▷ Legen Sie im Dokument eine neue Ebene an. Die wird ganz oben im Stapel der Palette *Ebenen* landen. Schieben Sie mit der zweiten Zeile die neue Ebene an die unterste Position im Ebenenstapel. Die dritte Zeile verschiebt die aktive Ebene vor eine benannte Ebene.

```
activeDocument.artLayers.add();
activeDocument.activeLayer.move(activeDocument,
  ElementPlacement.PLACEATEND);
activeDocument.activeLayer.move(activeDocument.
  artLayers["Sonnenblume 2"], ElementPlacement.PLACEAFTER);
```

Für die Position benötigen Sie ein Objekt, auf das sich die Verschiebung beziehen soll. Für die Angaben `PLACEATEND` und `PLACEATBEGINNING` muss dabei das aktive Dokument herhalten. Für die Anordnung über oder unter einer Ebene geben Sie den Namen oder die Indexnummer der Ebene an.

Die Regeln für das Platzieren von Ebenen gelten ebenfalls, wenn Sie mit der Methode `duplicate()` eine Kopie der aktiven Ebene an einer bestimmten Position auf der Palette *Ebenen* erzeugen. Nur hier können die Angaben zur Position im Stapel auch gleich mitgegeben werden. Die folgende Anweisung dupliziert die aktive Ebene und legt sie an der obersten Position im Ebenenstapel ab.

```
activeDocument.activeLayer.duplicate(activeDocument,
ElementPlacement.PLACEATBEGINNING);
```

7.2.3 Filter-Menü umgesetzt in Methoden der Ebenen

Neben den Eigenschaften finden Sie zum Objekt `ArtLayer` zahlreiche Methoden. Eine besonders umfangreiche Gruppe beschäftigt sich mit den Befehlen aus dem Menü *Filter*. Diese Methoden erkennen Sie fast durchgehend am vorangestellten `applyFiltername`. Einige der Filter werden ohne weitere Angaben ausgeführt (der Filter *Wolken*). Andere Filter benötigen zusätzliche Werte, die Sie der Methode in den runden Klammern beifügen. Die möglichen und sinnvollen Werte ergeben sich aus den Einstellmöglichkeiten der Dialogfenster in Photoshop.

▷ Wenden Sie per Skript den Filter *Wolken* aus dem Menü *Filter · Rendering-Filter* auf eine aktive Ebene an. Markieren Sie die unterste Ebene im Dokument *Blume.psd,* und geben Sie die folgende Zeile ein. Testen Sie das.

```
activeDocument.activeLayer.applyClouds();
```

▷ Ein anderes Beispiel: die Umsetzung des Filters *Verzerrungsfilter · Strudel* benötigt für die Umsetzung den Wert aus dem Eingabefeld *Winkel* des Dialogfensters *Strudel* aus dem Menü *Filter · Verzerrungsfilter.*

```
activeDocument.activeLayer.applyTwirl(296);
```

Bei den Angaben zu den Filtern entnehmen Sie die Werte und deren Reihenfolge für die jeweilige Methode des Objektes `ArtLayer` aus der Datei *JavaScript Reference Guide.pdf* oder den Einträgen auf der beiliegenden CD.

Nicht alle Filter lassen sich derart bequem anwenden. Filter, die nicht als Methode des Objekts `ArtLayer` angeboten werden, werden später im Buch mit dem ScriptListener aufgezeichnet, in einer Funktion untergebracht und angewendet.

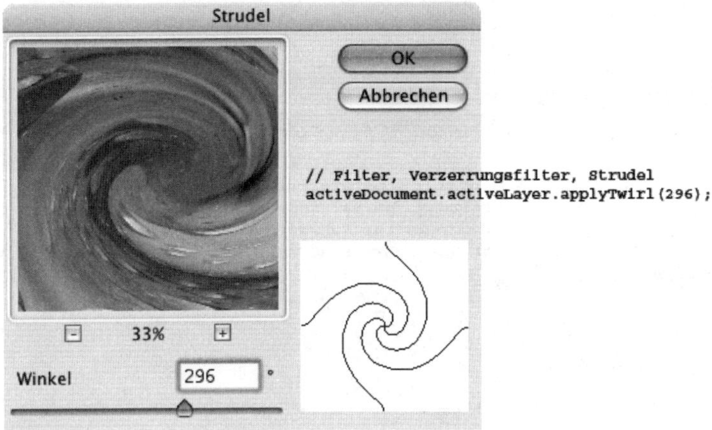

Abbildung 7.5: Die Filtereinstellung und die Methode *applyTwirl()*

7.2.4 Menübefehl Bild, Anpassen umgesetzt in Methoden

Das Menü *Bild* · *Anpassen* ist ebenfalls mit zahlreichen Methoden vertreten. Ein Befehl, der ohne weitere Angaben funktioniert stammt aus dem Menü *Bild* · *Anpassen* und nennt sich *Umkehren*.

```
activeDocument.activeLayer.invert();
```

Tonwertkorrektur im Skript

Anders sieht das für den Befehl *Tonwertkorrektur* beim im Menü *Bild* · *Anpassen* aus. Der besitzt in seinem Dialogfenster gleich fünf Eingabefelder, die wie folgt in die runden Klammern der Methode `adjustLevels()` umgesetzt werden: *Tonwertspreizung* mit den Eingabefeldern Schwarz, Weiß und Gamma gefolgt vom *Tonwertumfang* mit den Eingabefeldern Schwarz und Weiß.

```
activeDocument.activeLayer.adjustLevels(5,200,1,0,255);
```

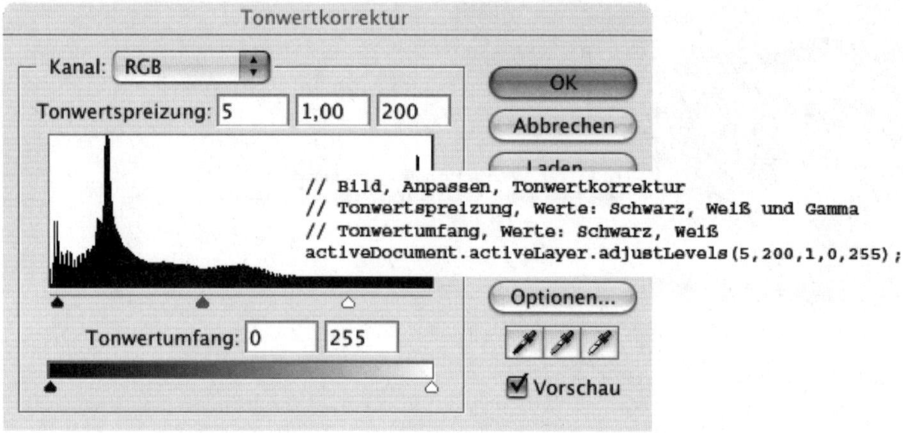

Abbildung 7.6: Tonwertkorrektur im Skript und im Dialogfenster

Gradationskurven im Skript

Wesentlich abenteuerlicher fällt die Ausführung im Menü *Bild · Anpassen* für den Befehl *Gradationskurven* aus. Hier werden Paare aus Punkten (Wertepaare aus den Eingabefeldern *Eingabe* und *Ausgabe* an der jeweiligen Stelle des gesetzten Punktes) in einer Variablen abgelegt. Diese Variable wird der Methode in die runden Klammern geschrieben.

▷ Legen Sie für eine derartige Punktdefinition zunächst eine neue Variable (punkte) an. Definieren Sie für den Anfang zwei Punktpaare, die das Bild in eine Negativ-Version umwandeln sollen:

```
var punkte = [[0,255],[255,0]];
activeDocument.activeLayer.adjustCurves(punkte);
```

Die Werte, aus denen Sie die Punktpaare bilden, lesen Sie aus den Eingabefeldern *Eingabe* und *Ausgabe* des aktiven Punktes auf dem Dialogfenster *Gradationskurven* ab. Die dazwischenliegenden Kurven werden automatisch berechnet.

Achten Sie auf die Ausführung der Klammern: Die Variable mit den Punktpaaren erhält ein Array zugewiesen (eckige Klammern). In diesem Array befinden sich weitere Arrays (für jedes Punktpaar eines), die jeweils zwei durch ein Komma getrennte Positionen enthalten. Die einzelnen Arrays werden ebenfalls durch ein Komma voneinander getrennt.

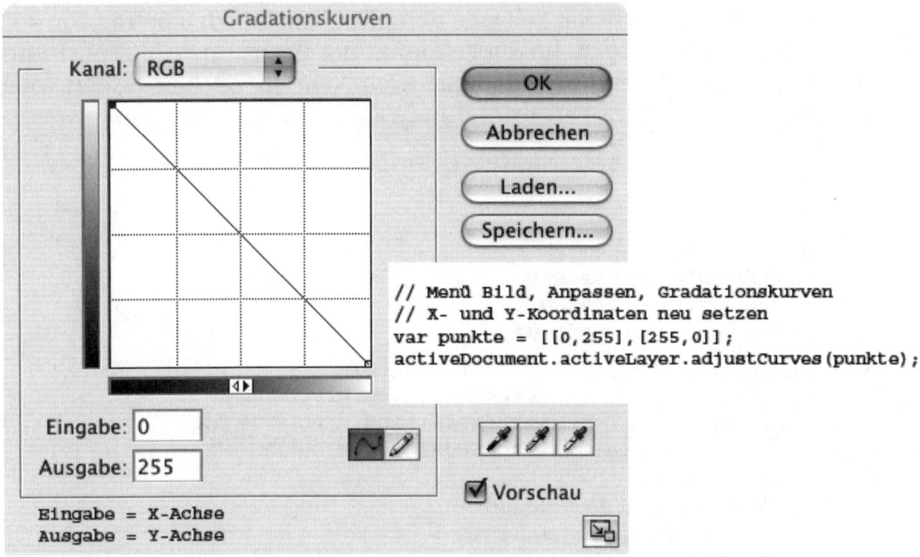

Abbildung 7.7: Die Gradationskurven aus Punkten ermittelt

▷ Ändern Sie die Variable, geben Sie diesmal mehr Punktpaare an.

```
var punkte = [[0,0],[25,189],[193,60],[255,255]];
activeDocument.activeLayer.adjustCurves(punkte);
```

Weitere Methoden aus dem Menü *Anpassen* finden Sie in der Datei *JavaScript Reference Guide.pdf* und teils übersetzt auf der CD zum Buch.

7.2.5 Methoden zum Bearbeiten-Menü

Andere Methoden gehören zum Menü *Bearbeiten*. Unter *Bearbeiten · Transformieren* bearbeiten Sie nur die aktive Ebene, während im Menü *Bild* das gesamte Dokument gleichzeitig mit allen Ebenen geändert wird.

Die Ebene *Hintergrund* lässt sich von den Befehlen im Menü *Bearbeiten · Transformieren* nicht beeinflussen. Ob es sich um die Ebene *Hintergrund* handelt, wird im Skript später geprüft. Bei Bedarf wird die Ebene *Hintergrund* erst einmal zur Bearbeitung umgewandelt.

▶ Öffnen Sie diesmal das Bild *Düne.tif* aus dem Verzeichnis *Beispiele*. Wandeln Sie die Ebene *Hintergrund* in eine normale Ebene um.

```
activeDocument.activeLayer.isBackgroundLayer = true;
```

- Drehen Sie mit der nächsten Zeile die aktuelle Ebene um den Betrag von 45°, drehen Sie um den oberen, linken Eckpunkt der Ebene (die Ankerposition). Gedreht wird gegen den Uhrzeigersinn, wenn kein Vorzeichen gesetzt wird. Die Angabe des Drehwinkels erfolgt in Grad.

```
activeDocument.activeLayer.rotate(45, AnchorPosition.TOPLEFT);
```

Abbildung 7.8: Ankerpositionen auf der Optionsleiste und im Skript

Ein weitere Methode aus dem Menü *Bearbeiten · Transformieren* betrifft das Skalieren des Inhalts einer Ebene. Hier werden zwei Werte für die Skalierung und der Ankerpunkt, um den herum skaliert wird, angegeben. Skaliert wird in Prozentwerten.

```
activeDocument.activeLayer.resize(90, 50, AnchorPosition.MIDDLECENTER);
```

Die dritte Methode aus dem Bereich *Bearbeiten · Transformieren* bildet das Verschieben. Verschoben wird von der aktuellen Position des Inhalts der Ebene aus in die gewünschte Richtung.

```
activeDocument.activeLayer.translate(90, 50);
```

7.2.6 Das Photoshop-Koordinatensystem

Ob Sie Dokumente erstellen, Ebeneninhalte bewegen oder die Textgröße festlegen, die Maßangaben basieren auf dem Koordinatensystem von Photoshop. Das Koordinatensystem mit der X-Achse (waagerecht) und der Y-Achse (senkrecht) zeigt sich an den Linealen im Dokument. Der Nullpunkt des Koordinatensystems als Schnittpunkt beider Achsen wird in der Grundeinstellung oben links im Dokument angenommen (0,0). Bewegt wird mit den Angaben für beide Achsen als Koordinatenpaar. Mit positiven Werten wird nach rechts und unten bewegt.

JavaScript interessiert sich nicht für den Nullpunkt, sondern bewegt Ebeneninhalte ausgehend von der aktuellen Position. Ebenen werden in der Einheit Pixel verschoben, unabhängig von der aktuell eingestellten Einheit der Lineale. Das rechnet Photoshop intern um. Textebenen werden wie einfache Ebenen verschoben.

▷ Das lässt sich testen. Öffnen Sie das Dokument *verschieben.psd.* Stellen Sie die Lineale im Dokument auf die Einheit *Zoll.* Aktivieren Sie die Ebene mit dem Quadrat, und führen Sie das Skript aus. Da wird nicht um 50 eingestellte Einheiten verschoben sondern um 50 Pixel. Das zeigen die Hilfslinien im Dokument.

```
activeDocument.activeLayer.translate(50,50);
```

▷ Wiederholen Sie den Befehl, der Ebeneninhalt wird erneut um den angegebenen Betrag verschoben, also von der aktuellen Position.

7.2.7 Maßeinheiten aus den Voreinstellungen

Maßeinheiten werden über das Objekt `Preferences` festgelegt. Dabei unterscheiden sich die Einheiten der Lineale von denen für den Text. Mögliche Werte zu diesen Einheiten finden Sie in der Datei *voreinstellungen.js.*

```
preferences.rulerUnits = Units.PIXELS;
preferences.typeUnits = TypeUnits.POINTS;
```

Möchten Sie für einzelne Arbeiten die Einheiten einstellen, sichern Sie vorher die aktuellen Einheiten. Erst dann stellen Sie die Einheiten wie gewünscht ein. Nach Ausführung der Arbeit, für die Sie die Einheiten umgestellt haben, setzen Sie die Einheiten auf die vorherigen Einstellungen zurück.

▷ Stellen Sie im Dokument die Linealeinheiten auf *Zoll.* Speichern Sie mit dem Skript die aktuellen Linealeinheiten in einer Variablen (`vorhandene Einheiten`), ändern Sie die Einheiten, und stellen Sie die vorherigen Einheiten wieder her. Lassen Sie das gespeicherte Skript laufen, und beobachten Sie die Lineale.

```
vorhandeneEinheiten = preferences.rulerUnits;
preferences.rulerUnits = Units.PIXELS;
// Ebeneninhalt über Anweisungen ändern
preferences.rulerUnits = vorhandeneEinheiten;
```

Den Inhalt der Ebene verschieben

Oft wird per Skript aus einem Dokument ein Inhalt in ein anderes kopiert. Der neue Inhalt bedeckt nicht die gesamte Ebene, er landet in der Mitte des aktuellen Dokuments auf einer eigenen Ebene. Die Position ist in den seltensten

Fällen auch gleich die gewünschte Position. Dieser Inhalt wird daher per Skript an die gewünschte Zielposition des Dokuments geschoben. Für die Lösung gilt: Zuerst wird die aktuelle Position des Inhalts über die Eigenschaft `bounds` ermittelt und dann die Ebene um den gewünschten Wert verschoben.

Statt Ebenen zu verschieben, werden Sie später im Buch den neuen Inhalt in eine vorher festgelegte schwebende Auswahl setzen. Das hat den Vorteil, dass der neue Inhalt sofort an der richtigen Position landet.

- Statt einen Inhalt ins Dokument zu kopieren, verschieben Sie einfach die Ebene des Bildes *Düne.tif* um den Betrag aus dem Skript nach rechts unten (die erste Zeile).
- Legen Sie den ersten Wert der Eigenschaft `bounds` aus dem Wertepaar für die linke obere Ecke in eine Variable. Wiederholen Sie das für den zweiten Wert der Eigenschaft `bounds` in einer zweiten Variablen.
- Bewegen Sie die Ebene diesmal mit der Angabe der beiden gerade angelegten Variablen und ein negatives Vorzeichen in die andere Richtung. Testen Sie das Skript: Erst wird die Ebene nach rechts unten geschoben und dann wieder auf ihre alte Position gesetzt.

```
activeDocument.activeLayer.translate(90, 50);
bewegX = activeDocument.activeLayer.bounds[0].value;
bewegY = activeDocument.activeLayer.bounds[1].value;
activeDocument.activeLayer.translate(-bewegX , -bewegY );
```

7.2.8 Methode für die Ebenenstile

Ebenenstile sind eine Methode des Objekts `ArtLayer`. Ein direkter Zugriff auf das Dialogfenster *Ebenenstil* und seine Einstellungen ist in JavaScript nicht vorgesehen. Erst nachdem Sie die Einstellungen zu einem Stil auf der Palette *Stile* unter einem Namen zusammengefasst haben, greift die Methode `applyStyle()`. Als Wert wird der gesamte Name des Stils als Zeichenkette in die runden Klammern gesetzt.

```
// einen Ebenenstil auf die aktive Ebene anwenden
activeDocument.activeLayer.applyStyle("Farbziel (Button)");
```

Der in den Klammern angegebene Ebenenstil muss vor der Ausführung des Skripts in der Palette *Stile* geladen sein. Fügen Sie in Ihr Skript die entsprechende Meldung ein, weisen Sie in einem Dialogfenster zu Beginn des Skripts unbedingt auf diese Vorarbeit hin.

7.3 Ebenensets

Organisiert werden Ebenen in Sets. Ebenen und Sets haben teils gemeinsame Eigenschaften, die den Möglichkeiten auf der Palette *Ebenen* entsprechen. Der Vorteil von Ebenen in einem Set: Auf die im Set befindlichen Ebenen lassen sich etliche Befehle gemeinsam anwenden. Seit der Version CS Sets dürfen Sie Sets auch ineinander verschachteln.

Da sich auf der Palette *Ebenen* mehrere Sets befinden können, gibt es für die Verwaltung der Sets mit `LayerSets` eine collection. Das Set wird zunächst als leeres Set mit der Methode `add()` angelegt. Dabei werden der Methode wie auch bei der Ebene keine weiteren Angaben mitgegeben. Eigenschaften für das Set wie die Füllmethode werden nachträglich gesetzt.

▷ Legen Sie ein neues Set im Dokument *Blume.psd* an. Testen Sie das Skript: Das neue Set erscheint unter dem Namen *Set* mit einer angehängten Nummer. Lassen Sie das Skript mehrfach ablaufen.

```
activeDocument.layerSets.add();
```

▷ Ergänzen Sie das Skript mit der zweiten Zeile. Die Ausführung des Skripts entfernt alle Sets, die Ebenen verbleiben auf der Palette *Ebenen*.

```
activeDocument.layerSets.removeAll();
```

Änderungen an der Reihenfolge der Sets auf der Palette *Ebenen* führen Sie ähnlich wie bei den Ebenen durch. Hier wird statt der Angabe der Ebene dann das Set benannt, das eine andere Position auf der Palette *Ebenen* erhalten soll:

```
activeDocument.layerSets[1].move(activeDocument,
    ElementPlacement.PLACEATEND);
```

Legen Sie eine neue Ebene direkt im Set an, oder verschieben Sie die Ebene nachträglich in das Set.

```
// eine Ebene in das angegebene Set verschieben:
activeDocument.artLayers[2].move(activeDocument.layerSets[0],
    ElementPlacement.INSIDE);
```

Möchten Sie eine Ebene in ein verschachteltes Set bewegen, nimmt die Ebene den ganzen Weg durch die Hierarchie der Verschachtelung. So verschieben Sie die Ebene `artLayers[2]` nachträglich in Set 2, das in Set 1 liegt:

```
activeDocument.artLayers[2].move(activeDocument.layerSets["Set 1"].layerSets
    ["Set 2"], ElementPlacement.INSIDE);
```

Legen Sie in dem verschachtelten Set auch gleich eine neue Ebene an. Die Hierarchiestufen werden nacheinander aufgeführt und durch einen Punkt getrennt.

```
activeDocument.layerSets["Set 1"].layerSets["Set 2"].artLayers.add();
```

Auch wenn Sie einzelne Ebenen mit den Befehlen aus JavaScript miteinander verketten können, ist das Set für die gemeinsame Bearbeitung im Skript die weniger fehlerbehaftete Lösung.

7.4 Ebenen und Sets: Objekt Layers

Ebenen und Sets teilen sich die Palette *Ebenen*, deren gesamter Inhalt über das Objekt `Layers` verwaltet wird. Bei dem Objekt handelt es sich um eine collection. Einzelne Ebenen oder Sets werden daher über eine Indexnummer angesprochen, die nicht zwischen Ebene und Set unterscheidet.

▷ Legen Sie im Dokument *Blume.psd* zwei neue Sets an. Ermitteln Sie alle Einträge auf der Palette *Ebenen* unterschieden nach ihrer Zugehörigkeit. Da sollten 5, 2 und 7 verteilt auf drei Dialogfenster erscheinen.

```
alert(activeDocument.artLayers.length);
alert(activeDocument.layerSets.length);
alert(activeDocument.layers.length);
```

Das Objekt `Layers` findet eher Verwendung, wenn nicht zwischen Ebenen und Sets unterschieden wird. Auch mit diesem Objekt kann das einzelne Element der Palette *Ebenen* über die Indexnummer erreicht werden.

7.5 Ebenen und Schleifen

Skripte können nicht nur auf ganze Ordnerinhalte zugreifen, sondern auch jede einzelne Ebene eines aktiven Dokuments automatisch ändern. Hilfreich ist der Aufbau des Ebenenstapels mit seinen Indexnummern. Diese sind fortlaufend und eignen sich daher besonders gut dazu, in einer Schleife benutzt zu werden.

Nehmen wir an, Sie haben Ihr Logo geändert, es mit einem neuen Ebenenstil versehen. Eine Ebene mit dem Namen *Logo* wird in allen angegebenen Dokumenten gesucht und mit diesem geänderten Stil versehen. Mit den Indexnummern können Sie, wie gleich gezeigt wird, gezielt Ebenen im Dokument ein- und ausschalten und von diesen Kombinationen der sichtbaren Ebenen einzelne neue Dokumente erzeugen.

Die gemeinsame Umsetzung von Schleifen und bedingten Anweisungen für ganze Ebenenstapel wird an mehreren Beispielen gezeigt.

7.5.1 Ebenennamen und Anzeige in der Schleife

Lassen Sie sich mit einem kleinen Skript nacheinander die Namen der Ebenen des aktiven Dokuments ausgeben. Gleichzeitig wird für jede Ebene ermittelt, ob deren Inhalt gerade angezeigt wird. Ist das der Fall, soll die Anzeige deaktiviert werden und umgekehrt.

▷ Nehmen Sie das Bild *Blume.psd* aus dem Verzeichnis *Beispiele*. Schalten Sie für einige der Ebenen die Anzeige des Inhalts aus.

▷ Tragen Sie das Skript in den Editor ein, speichern und testen Sie es. Am Ende des Skripts sollte die Anzeige der Ebenen vertauscht sein.

```
for (var i = 0; i < activeDocument.artLayers.length; i++) {
 alert(activeDocument.artLayers[i].name);
 if   (activeDocument.artLayers[i].visible == true)
       activeDocument.artLayers[i].visible = false;
 else
       activeDocument.artLayers[i].visible = true;
}
```

Bei jedem Durchlauf der Schleife wird die Indexnummer der Ebene mit der Zählvariablen `i` aufgerufen. Der stetig steigende Wert von `i` sorgt dafür, dass immer die nächste Ebene im Ebenenstapel angesprochen wird. Da die Indexnummern bei 0 starten, wird der Wert auch gleich als Startvariable in der Schleife gesetzt. Die Datei finden Sie unter *sichtbarkeitTauschen.js*.

7.5.2 Sichtbare Ebenen im Dialogfenster

Das vorherige Beispiel hat die Sichtbarkeit der Ebenen umgedreht. Diesmal wird in der Schleife für jede Ebene festgestellt, ob sie auf sichtbar gestellt ist. Ist das der Fall, soll der Ebenenname in einer Liste gesammelt werden. Der Inhalt der Liste wird in einem Dialogfenster angezeigt.

```
var Liste = "";
for (var i = 0; i < activeDocument.artLayers.length; i++) {
   if (activeDocument.artLayers[i].visible) {
      Liste += activeDocument.artLayers[i].name + "\n";
   }
}
alert("Sichtbare Ebenen:" + "\n" + Liste);alert("Sichtbare Ebenen:" +
"\n" + Liste);
```

Das Sammeln der Ebenennamen innerhalb der `if`-Anweisung wird für eine Anwendung durch andere Anweisungen ersetzt, die wie im nächsten Beispiel dann wirklich nur für die sichtbaren Ebenen gelten. Das Skript finden Sie unter *sichtbareAufDialogfenster.js*.

7.5.3 Zwei Ebenen ergeben ein neue Datei

Fassen wir die kleinen Skriptschnipsel zu einer größeren Aufgabe zusammen. Ein geöffnet vorliegendes Dokument hat mehrere Ebenen mit verschiedenen Bildinhalten. Auf jede der Ebenen soll derselbe bereits im Dokument befindliche Text eingefügt werden. Die Textebene, der zugehörige Bildinhalt und der Inhalt der untersten Ebene sollen ebenfalls gezeigt werden und in einer neuen Datei landen, die jedoch nicht gespeichert wird.

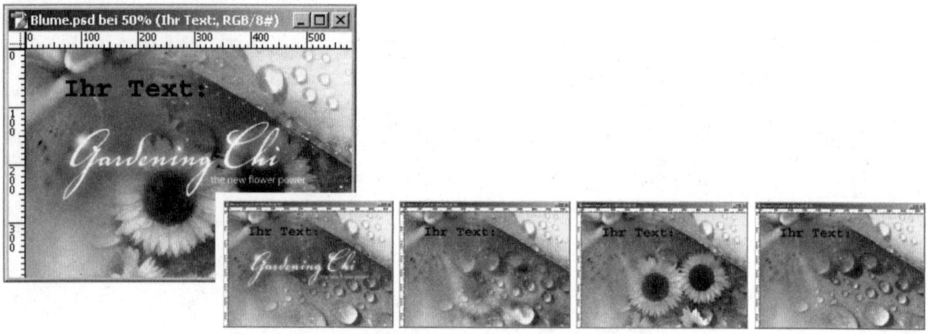

Abbildung 7.9: Neue Dokumente aus den verschiedenen Ebenen

Ein wichtiges Werkzeug zur Lösung dieser Aufgabe ist die Anzeige des Ebeneninhalts, um nur den Text, eine der Ebenen mit dem Bildinhalt und die unterste Ebene gleichzeitig anzuzeigen. Vorhandene Sonderebenen (hier die Einstellungsebene) dürfen dabei nicht ausgeblendet werden, da sonst ihre Wirkung verloren geht. Einen Text sollen die Einstellungsebenen natürlich nicht erhalten.

- Legen Sie im Dokument *Blume.psd* unbedingt als oberste Ebene eine Textebene mit beliebigem Inhalt an. Diese Ebene hat automatisch die Indexnummer [0].

- Das Skript lässt sich in drei Abschnitte unterteilen. Starten Sie damit, die Einstellungen des Originaldokuments einzusammeln und in Variablen zu legen. Das kennen Sie schon vom Anlegen eines neuen Dokuments:

```
dokuB = activeDocument.width;
dokuH = activeDocument.height;
dokuAufl = activeDocument.resolution;
dokuName = activeDocument.name;
dokuModus = activeDocument.NewDocumentMode;
dokuHG = DocumentFill.TRANSPARENT;
bitTiefe = activeDocument.bitsPerChannel;
```

- Der nächste Teil des Skripts soll die Textebene (Indexnummer [0]), Einstellungsebenen und die unterste Ebene anzeigen. Andere Ebenen mit Bildinhalten werden ausgeblendet. Tragen Sie das Skript in den Editor ein, speichern und testen Sie den aktuellen Stand.

```
for (i = 1; i < activeDocument.artLayers.length - 1; i++){
 if (activeDocument.artLayers[i].kind == LayerKind.NORMAL){
   activeDocument.artLayers[i].visible = false;
 }
}
```

Die Werte im Schleifenkopf schließen die oberste (`i = 1`) und die unterste Ebene (`activeDocument.artLayers.length - 1`) von der weiteren Behandlung aus. Beide Ebenen sollen immer gezeigt werden. Die anderen Ebenen werden auf ihren Ebenentyp hin geprüft. Die Anzeige der Ebene wird ausgeschaltet, wenn es sich um eine Ebene mit Bildinhalt handelt (so bleibt auch die Sonderebene eingeschaltet).

▷ Nachdem jetzt nur noch die gewünschten Ebenen angezeigt werden, erfolgt in der nächsten Schleife die eigentliche Umsetzung, nicht ohne erneut auf den Ebenentyp zu prüfen. Ist diese Bedingung erfüllt, werden die Anweisungen in der `if`-Anweisung umgesetzt.

```
for (i = 1; i < activeDocument.artLayers.length; i++){
    if (activeDocument.artLayers[i].kind == LayerKind.NORMAL){
        activeDocument.artLayers[i].visible = true;
        activeDocument.artLayers[i].copy (true);
        documents.add(dokuB, dokuH, dokuAufl, dokuName, dokuModus,dokuHG);
        activeDocument = documents[1];
        activeDocument.bitsPerChannel = bitTiefe ;
        activeDocument.paste();
        activeDocument.flatten();
        // Unterbrechung: betrachten Sie den Inhalt des Dokuments
        alert("Achten Sie auf den Ebeneninhalt");
        activeDocument.close(SaveOptions.DONOTSAVECHANGES);
        activeDocument.artLayers[i].visible = false;
    }
}
```

Das Skript schaltet die erste erlaubte Ebene auf sichtbar. Der Inhalt aller eingeblendeten Ebenen (Text, Bildebene und unterste Ebene), landet mit der Methode `copy(true)` in der Zwischenablage. Ein Dokument mit denselben Abmessungen und Eigenschaften wie das Original wird erstellt und zum aktiven Dokument. In das jetzt aktive Dokument wird der Inhalt aus der Zwischenablage kopiert. Der Dokumentinhalt wird auf eine Ebene reduziert.

Damit Sie die zusammenkopierten Inhalte in aller Ruhe betrachten können, wird eine Meldung ausgegeben, bevor das neue Dokument geschlossen wird. Statt der Meldung wird in der Anwendung später ein Speicherbefehl eingefügt.

In dieser Version wird das neue Dokument nicht gespeichert, sondern per Befehl geschlossen. Das Original wird automatisch wieder zum aktiven Dokument, die gerade eingeschaltete Ebene wieder ausgeschaltet. Das Skript liegt in der Datei *ebenenZusammenKopieren.js.*

7.5.4 Der Trick mit den Füll- und Inhaltsebenen

Füll- und Einstellungsebenen lassen sich per Methode nicht erzeugen, was für uns bedeutet, dass wir nach einem anderen Weg suchen. Nehmen wir an, auf eine Bildserie soll der *Fotofilter* aus dem Menü *Bild · Anpassen* angewendet werden.

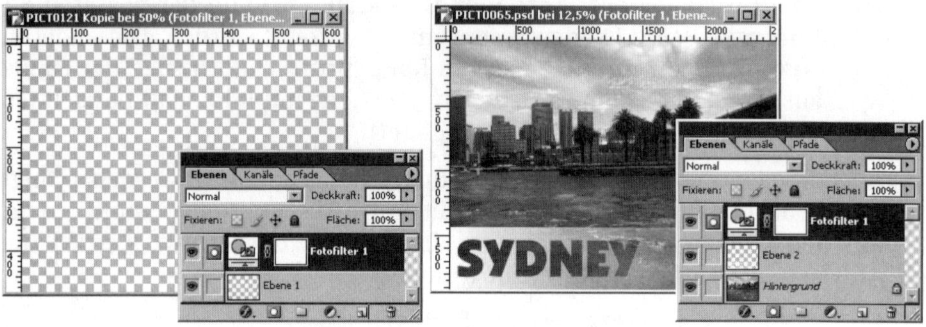

Abbildung 7.10: Füll- oder Einstellungsebenen duplizieren

- Schließen Sie alle Dokumente, und legen Sie für einen einfachen Test ein Dokument mit beliebigen Abmessungen an.
- Wählen Sie im Menü *Ebene · Neue Einstellungsebene* den Eintrag *Fotofilter*. Bestätigen Sie das Dialogfenster *Neue Ebene* mit *OK*. Als Filter wählen Sie aus dem Dialogfenster *Fotofilter*, das sich jetzt zeigt, den Eintrag *Sepia* und stellen die Dichte auf *100 %* ein.
- Das Dokument mit der Einstellungsebene hat die Indexnummer `[0]`. Öffnen Sie ein Bild der Bildserie. Das hat die Indexnummer `[1]`.
- Tippen Sie die Zeile in den Editor, und speichern Sie das Skript.

```
activeDocument.activeLayer.duplicate(documents[1]);
```

- Aktivieren Sie das Bild mit der Einstellungsebene - es muss das aktive Dokument werden - und rufen Sie das Skript auf. Sie können mitverfolgen, wie die Einstellungsebene in das neue Dokument eingefügt wird.

Als Feinarbeit würde man bei Dokumenten mit mehreren Ebenen die Füllebene, die ja einen Namen mitbringt, über den sie angesprochen werden kann, im Ebenenstapel über die Ebene mit dem Inhalt verschieben, auf den sie angewendet werden soll.

> Die Abmessung, was die Einstellungsebenen angeht, darf beliebig ausfallen, da sich ihre Wirkung über die gesamte Ebene erstreckt. Soll ein Bereich nicht einbezogen werden, wird er in der Ebenenmaske zur Einstellungsebene festgelegt.

8 Arbeiten mit Textebenen

Nachdem Sie jetzt wissen, wie sich die Eingaben für das Dialogfenster *Datei-Informationen* per Skript automatisieren lassen, befinden sich diese Informationen sicher auch in Ihren Dokumenten. Lassen Sie doch Ihren Namen und den Copyright-Vermerk auf die Bilder eintragen, die Sie weiterreichen.

Möchten Sie die Bilder zur Ansicht versenden, erweitern Sie die Arbeitsfläche um einen schmalen Bereich, und lassen Sie den Dateinamen automatisch in diesem Bereich einfügen. Auf diesem Weg erspart sich der Betrachter den Umweg über die Dateiverwaltung, wenn er sich auf den Dateinamen eines Bildes beziehen möchte. Auf dem Dokument ausgedruckt ist der Dateiname ebenso hilfreich.

Selbst bei der Schriftgestaltung kann JavaScript Sie unterstützen. Das Aussehen der Schrift legen Sie natürlich selbst fest. Entschließen Sie sich jedoch, in einer Vielzahl von Dokumenten zum Beispiel die Überschriften neu zu gestalten, können Sie die Umsetzung der Änderungen an JavaScript übergeben.

8.1 Eine neue Textebene entsteht

Textebenen legen Sie in Photoshop automatisch an, wenn Sie einen Text schreiben. Die Gestaltung des Textes legen Sie vorher fest, oder Sie ändern die Texteigenschaften später. JavaScript teilt die Umsetzung einer Textebene in drei Schritte ein: Zuerst wird eine neue einfache Ebene angelegt. Diese wird in einem zweiten Schritt in eine Textebene umgewandelt. Jetzt kommt das Objekt `TextItem` als Zusatz zu `activeLayer` ins Spiel. Auf die umgewandelte Ebene wird mit der Eigenschaft `contents` von `TextItem` der Inhalt gesetzt und die Schrift gestaltet.

▷ Öffnen Sie ein beliebiges Dokument. Setzen Sie die drei Schritte für eine Textebene in einem Skript um. Testen Sie das Skript: der Text wird links oben im Dokument angelegt.

```
activeDocument.artLayers.add();
activeDocument.activeLayer.kind = LayerKind.TEXT;
activeDocument.activeLayer.textItem.contents = "Der neue Text";
```

Beenden Sie Photoshop, werden die letzten Einstellungen zu den Schrifteigenschaften gespeichert. Das wird nicht immer die Schriftgestaltung sein, mit der Sie zum Beispiel Ebenen automatisiert beschriften. Da hilft nichts:

Möchten Sie Überraschungen vermeiden, setzen Sie die Eigenschaften zur Schriftgestaltung vor Einfügen des neuen Textes.

8.1.1 Von Punkttext zu Mengentext und umgekehrt

JavaScript unterscheidet über die Eigenschaft `kind` von `TextItem` zwischen Punkttext und Mengentext. Wechseln Sie zwischen den Texttypen, wenn Sie nur für den entsprechenden Texttyp besondere Eigenschaften anwenden möchten:

```
activeDocument.activeLayer.textItem.kind = TextType.PARAGRAPHTEXT;
activeDocument.activeLayer.textItem.kind = TextType.POINTTEXT;
```

Den Wandel einer Textebene in eine normale Ebene führen Sie entweder direkt über die Eigenschaft `kind` der Ebene oder über die Methode `rasterize()` durch. Das Ergebnis in beiden Fällen: Der Textinhalt wird in Bildpunkten umgesetzt, die Ebene wird zur einfachen Ebene.

```
activeDocument.activeLayer.kind = LayerKind.NORMAL;
activeDocument.activeLayer.rasterize(RasterizeType.TEXTCONTENTS);
```

8.1.2 Textebenen in einen Arbeitspfad oder eine Form umwandeln

`TextItem` verfügt gerade einmal über zwei Methoden. Ein Text kann zum Formobjekt werden, wenn Sie den Menübefehl *Ebene · Text* und *In Form konvertieren* einsetzen. Das erledigt JavaScript mit der Methode `convertToShape()`.

```
activeDocument.activeLayer.textItem.convertToShape();
```

Aus den Textzeichen wird im Menü *Ebene · Text* mit der Wahl von *Arbeitspfad erstellen* ein Arbeitspfad. JavaScript kennt für den Befehl die Methode `createPath()`.

```
activeDocument.activeLayer.textItem.createPath();
```

Weitere Methoden werden nicht benötigt, da die Textebene wie eine normale Ebene behandelt wird, wenn es nicht darum geht, speziell auf Text zugeschnittene Eigenschaften zu ändern.

8.2 Textebene mit JavaScript gestalten

Die Einstellungen zum Text aus der Optionsleiste bilden nur einen Ausschnitt aus den Gesamteinstellungen der Paletten *Zeichen* und *Absatz*. Deren Einstellungen werden in JavaScript als Eigenschaften von `TextItem` umgesetzt, von denen einige an dieser Stelle behandelt werden.

Weitere Eigenschaften entnehmen Sie entweder der Datei *JavaScript Reference Guide.pdf* oder in teils übersetzter Ausgabe der Datei *textItemObjekt.js* auf der CD zu diesem Buch.

8.2.1 Textposition und Schriftgröße

Ein neuer Text wird ohne weitere Angaben scheinbar in einer beliebigen Schrift erzeugt und erhält einen Platz in der oberen linken Ecke des Dokuments. Mit der Eigenschaft `position` kann der Text, wenn es sich um Punkttext handelt, gezielt in das Dokument eingefügt werden. Die Position wird als Array mit dem Inhalt eines Punktepaar angegeben, das einen bestimmten Punkt auf der Textlinie kennzeichnet: ein kleines schwarzes Quadrat.

```
activeDocument.activeLayer.textItem.position = ([50,50]);
activeDocument.activeLayer.textItem.justification =
Justification.CENTER;
```

Die Textposition für Punkttext bestimmt das kleine schwarze Quadrat auf der Schriftlinie. Stellen Sie zentrierten Text ein, wandert das Quadrat auf der Schriftlinie in die Mitte. Auch die Angabe der Position bezieht sich dann auf die Mitte der Schriftlinie.

Abbildung 8.1: Der Beginn der Schriftlinie im schwarzen Quadrat

JavaScript setzt mit der Eigenschaft `size` von `TextItem` die Größe der Buchstaben um. Die Einheit, in der diese Eigenschaft umgesetzt wird, stellen Sie im Dialogfenster *Voreinstellungen* ein.

8.2.2 Der Text und das Farbobjekt

Möchten Sie eine Textfarbe zuweisen,benötigen Sie das Objekt `SolidColor`. Zunächst wird eine Kopie des Objektes angelegt. Dem Objekt wird je nach Farbmodell der entsprechende Anteil der Farbe zugewiesen. Das fällt jedes Mal an, wenn Sie eine neue Farbe einsetzen. Das Prinzip ist denkbar einfach:

- Sie legen eine Kopie des Farbobjekts an (`new SolidColor()`) und geben der Kopie einen Namen (`newColor`).
- Je nach Farbmodus, aus dessen Farbbereich Sie eine Farbe nutzen möchten, wird der Anteil der entsprechenden Farbe in der Kopie des Farbobjekts abgelegt.
- Über die Eigenschaft `color` von `textItem` wird die Farbe dem Text auf der Textebene zugewiesen.

```
var newColor = new SolidColor();
newColor.cmyk.cyan = 20;
newColor.cmyk.magenta = 100;
newColor.cmyk.yellow = 30;
newColor.cmyk.black = 0;
activeDocument.activeLayer.textItem.color = newColor;
```

Die Umsetzung von Farben mit dem Objekt `SolidColor` für andere Farbsysteme entnehmen Sie der Datei *farbObjekte.js.* Das Prinzip der Farbzusammenstellung bleibt gleich, andere Farbsysteme verwenden eben andere Bestandteile.

8.2.3 Schriften unter JavaScript

Zur Schriftgestaltung gehört die Angabe der Schriftfamilie. Weisen Sie der Textebene eine Schriftfamilie zu, müssen Sie erst den PostScript-Namen der Schrift in Erfahrung bringen, der nicht unbedingt mit dem Eintrag in der Schriftliste aus der Leiste *Optionen* übereinstimmt.

JavaScript geht davon aus, dass jeder Schriftzug mit eigenen Eigenschaften auch auf einer eigenen Ebene liegt. Gemischte Eigenschaften auf einer Textebene werden von JavaScript nicht vorgesehen.

- Die auf der aktuellen Textebene verwendete Schrift wird über die Eigenschaft `font` von `TextItem` ermittelt. Lassen Sie diese Zeilen im Skript ablaufen, und vergleichen Sie das Ergebnis mit dem Namen aus der Schriftliste in der Leiste *Optionen.*

```
alert(activeDocument.activeLayer.textItem.font);
activeDocument.activeLayer.textItem.font = "Myriad-Roman";
```

In meiner Schriftliste wurde *Myriad* als verwendete Schrift für die Textebene angezeigt. Auf dem Dialogfenster ausgegeben wurde *Myriad-Roman.* Da JavaScript eher sehr genau ist, kann das nicht passen. Beim Zuweisen der Schrift per Skript wurde der Name *Myriad* dann auch nicht erkannt. Das Ersetzen der Schriftart auf einem Dialogfenster wurde angeboten, was innerhalb der Automatisierung nicht erwünscht ist. Erst das Zuweisen des PostScript-Namens änderte die Schrift ohne Probleme.

Die Schriften auf dem Rechner, nicht aber deren Eigenschaften, gehören tatsächlich direkt zum Objekt `Application`. Schließlich lässt sich das *Text-Werkzeug* auch ohne geöffnetes Dokument aktivieren, und eine neue Schriftfamilie in der Leiste *Optionen* kann festgelegt werden.

▷ Lassen Sie mit dem folgenden Skript alle von Photoshop gefundenen Schriften mit vorgestellten Ziffern und Gleichheitszeichen voneinander abgegrenzt auf einem Dialogfenster ausgeben.

```
var Liste = "";
for (var i = 0; i < fonts.length; i++) {
   Liste += i + " " + fonts[i].name + " === ";
}
alert("Installierte Schriften:" + "\n" + Liste);
```

In einem Dialogfenster erhalten Sie die Ausgabe der installierten Schriften. Sie finden das Skript unter *installierteSchriftenAuflisten.js.*

Ermitteln Sie den PostScript-Namen

Über die wie gerade ermittelten Nummern in der Liste kann die Position der Schrift und so auch der PostScript-Name ermittelt werden. Genau diesen setzen Sie dann für die Zuweisung der Schriftfamilie ein.

▶ Erstellen Sie einen Schriftzug in der gewünschten Schriftfamilie. Lassen Sie sich mit dem vorherigen Skript die installierten Schriften auflisten. Suchen Sie hier die zu der Schriftfamilie gehörende Nummer.

▶ Tragen Sie die folgenden Zeilen in ein Skript ein. Testen Sie das Skript, wird Ihnen zur gewünschten Schriftnummer über die vierte Zeile des Skripts auch der von Photoshop verwendete PostScript-Name angezeigt. Sie finden die Zeilen in der Datei *schriftNamen.js.*

```
alert(fonts[64]);
alert(fonts[64].name);
alert(fonts[64].family);
alert("Gesuchter Name: " + fonts[64].postScriptName);
alert(fonts[64].style);
```

8.3 Die Texteingabe automatisieren

Nachdem Sie die grundlegenden Sprachelemente von JavaScript für den Umgang mit Schrift kennen, wird das in kleinen Skriptschnitzeln umgesetzt. Das könnten weitere Bausteine für die Skriptbibliothek werden.

8.3.1 Gleiche Textinhalte austauschen

Das Skript für das erste Beispiel soll alle Textebenen oder besser deren Inhalt gegen einen neuen Inhalt tauschen. Im Dokument befinden sich neben den Textebenen auch noch zwei leere Ebenen. Daher muss das Skript (*ebenenInhaltTauschen.js*) ermitteln, ob die aktuelle Ebene überhaupt eine Textebene ist.

- Öffnen Sie das Dokument *textTausch.psd*. Starten Sie das Skript damit, den neuen Inhalt der Textebene in eine Variable (`neuerInhalt`) zu legen. Fügen Sie einen Namen Ihrer Wahl zwischen die Hochkommas ein.
- Das Skript spricht mit der `for`-Schleife alle Ebenen nacheinander an. Dazu wird die Variable `ebene` angelegt. Die Abbruchbedingung ergibt sich aus der Anzahl der Ebenen im Dokument abzüglich des Wertes 1: Die Ebene *Hintergrund* soll gar nicht erst geprüft werden.
- Erweitern Sie das Skript um die Prüfung, ob es sich um eine Textebene handelt. Trifft das zu, ändern Sie in den Inhalt der Textebene.

```
var neuerInhalt = "Autor: Paulchen Panther";
for (var ebene = 0; ebene < (activeDocument.artLayers.length-1);
ebene++) {
   if (activeDocument.artLayers[ebene].kind == LayerKind.TEXT) {
       activeDocument.artLayers[ebene].textItem.contents = neuerInhalt;
   }
}
```

8.3.2 Datei-Informationen auf die Ebene geben

Das zweite Beispiel verwendet einen Eintrag aus dem Dialogfenster *Datei-Informationen · Kameradaten* eines Bildes aus der Digitalkamera. Das Skript finden Sie unter *exifAngabeAufNeuerEbene.js*.

- Öffnen Sie ein Bild aus einer Digitalkamera, und ermitteln Sie, welche Position aus dem EXIF Sie für das Datum und die Zeit benötigen. Ein Beispiel zum Thema EXIF finden Sie in Kapitel 6 in diesem Buch.
- Weisen Sie im Skript zunächst einer Variablen den gewünschten Inhalt zu. Lassen Sie eine neue Ebene anlegen und in eine Textebene umwandeln.
- Legen Sie Schriftgestaltung und Position des Textes auf der Ebene fest.
- Geben Sie mit der letzten Zeile die gewünschten Kameradaten auf der Textebene als Inhalt an.

PHOTOSHOP 7

```
neuerText = "Aufgenommen am: " + activeDocument.info.exif[8];
// eine neue, leere Ebene anlegen und zur Textebene wandeln;
activeDocument.artLayers.add();
activeDocument.activeLayer.kind = LayerKind.TEXT;
// Inhalt angeben und den Schriftzug ausführen
schriftArt = fonts[10].postScriptName;
activeDocument.activeLayer.textItem.font = schriftArt;
activeDocument.activeLayer.textItem.size = 14;
```

```
activeDocument.activeLayer.textItem.position = ([10,25]);
activeDocument.activeLayer.textItem.contents = neuerText;
```

Statt des Aufnahmezeitpunktes könnten Sie auch jeden anderen Eintrag aus dem Dialogfenster *Datei-Informationen* abfragen und hier einfügen. Ändern Sie dazu nur die Eigenschaft des Objekts `DocumentInfo`. Das funktioniert aber nur, wenn Sie die Eingabefelder in diesem Dialogfenster auch gewissenhaft ausfüllen.

```
activeDocument.info.author = "Ihr eigener Name"
neuerText = activeDocument.info.author;
```

8.3.3 Texte abhängig von der Schriftgröße ändern

Schriften erhalten je nach Aufgabe eine andere Größe. So wird eine Überschrift immer wesentlich größer ausfallen als Zwischenüberschriften oder Mengentext. Diese Größenunterschiede lassen sich ausnutzen, wenn es darum geht, zum Beispiel nur die Überschriften in einem Dokument nach ihrem Inhalt oder der Gestaltung zu ändern. Sie bestimmen im Skript einfach durch einen Vergleich der Schriftgröße, welcher Text geändert wird. Alle Ebenen außer der Ebene *Hintergrund* werden berücksichtigt. Mit der ersten `if`-Anweisung wird auf die Textebene geprüft. Ist die Bedingung erfüllt, wird auf die Größe der Schrift hin geprüft. Sie finden das Skript in der Datei *textebeneNachGroesseAendern.js.*

▷ Öffnen Sie die Datei *textTausch2.psd.* Tragen Sie das folgende Skript ein, und testen Sie es erst einmal. Im Ergebnis werden genau zwei Textebenen in der Schriftgröße geändert.

```
for (var i=0; i < activeDocument.artLayers.length - 1; i++) {
   if (activeDocument.artLayers[i].kind == LayerKind.TEXT) {
      if (activeDocument.artLayers[i].textItem.size >= 25) {
        activeDocument.artLayers[i].textItem.font = "ArialMT";
        activeDocument.artLayers[i].textItem.size = 50;
      }
   }
}
```

8.3.4 Textinhalte vergleichen und ändern

Möchten Sie nur bestimmte Textinhalte tauschen, wandeln Sie die `if`-Anweisung entsprechend ab. Hier wird eine Zeichenkette auf Übereinstimung geprüft; achten Sie auch auf vorhandene Leerzeichen im Text. Das Skript finden Sie in der Datei *textEbeneNachInhaltAendern.js.*

▷ Öffnen Sie die Datei *textTausch3.psd,* und ändern Sie die `If`-Anweisung aus dem vorherigen Beispiel ab.

```
for (var i=0; i < activeDocument.artLayers.length; i++) {
   if (activeDocument.artLayers[i].kind == LayerKind.TEXT) {
      if (activeDocument.artLayers[i].textItem.contents ==
            "Autor: Hubert Hastich") {
         activeDocument.artLayers[i].textItem.contents =
            "Autor: Fritz Freund";
      }
   }
}
```

8.3.5 Einen Textschatten anlegen

JavaScript kann mehr als nur Textinhalte tauschen. Stellen Sie sich vor, alle Bilder für eine umfangreiche Präsentation sollen überarbeitet werden, und die Überschriften (jeweils die einzige Textebene) einen Schatten erhalten. Dabei soll der Schattenabstand natürlich automatisch an die Schrifthöhe angepasst werden.

Abbildung 8.2: Passt sich im Abstand an: der Schatten von JavaScript

- Der Schatteneffekt wird zuerst an einer einzelnen Datei ausprobiert. Öffnen Sie die Datei *Schriftschatten.psd,* oder legen Sie einen eigenen Schriftzug an. Aktivieren Sie die Textebene.
- Das Skript teilt sich in drei Bereiche. Tippen Sie den ersten Teil ein, und testen Sie das Ergebnis. Sie erhalten eine nach rechts unten verschobene zweite Textebene. Mit der Methode `duplicate()` wird eine Kopie der Ebene angelegt. Da die neue Ebene beim Duplizieren in eine Variable (`kopie`) gelegt wurde, kann auch gleich mit der Variablen weitergearbeitet werden. Die kopierte Ebene wird mit der Methode `translate()` versetzt.

```
var kopie = activeDocument.activeLayer.duplicate();
kopie.moveAfter(activeDocument.activeLayer);
activeDocument.activeLayer = kopie;
kopie.translate(4,4);
```

- Funktioniert der erste Teil, legen Sie im Skript ein neues Farbobjekt an. Das Objekt erhält für jeden Farbanteil den Wert 0 und wird über `TextItem` und dessen Eigenschaft `color` auf den Schriftzug angewendet.

```
var newColor = new SolidColor();
newColor.rgb.red = 0;
newColor.rgb.green = 0;
newColor.rgb.blue = 0;
activeDocument.activeLayer.textItem.color = newColor;
```

- Sie möchten aus dem Menü *Filter · Weichzeichnungsfilter* den Filter *Gaußscher Weichzeichner* benutzen, deshalb rastern Sie die Ebene. Auf die gerasterte Ebene wird der Filter angewendet.

```
kopie.rasterize(RasterizeType.TEXTCONTENTS);
kopie.applyGaussianBlur(3.5);
```

Damit ist der Schatten fertig. Das Farbobjekt wurde angelegt, falls der Originalschriftzug bunt vorliegt, der Schatten aber in schwarzer Farbe ausgeführt werden soll. Das erspart gleich eine Abfrage nach der vorhandenen Schriftfarbe. Um das Skript herum könnten jetzt die Dokumente geöffnet, die Schriftebene ausgewählt und die Schrift gestaltet werden. Das Ergebnis liegt in der Datei *schriftSchattenGaussianblur.js* vor.

Optimieren des Schattens

Bisher wäre das auch mit einer Aktion lösbar. Ändern Sie das, versetzen Sie den Schatten abhängig von der Schriftgröße.

- Fügen Sie oberhalb des bisherigen Skripts zwei neue Variablen ein. In der Variablen `schriftHoch` wird die ermittelte aktuelle Schriftgröße abgelegt. Der Wert der Variablen `abstand` wird durch die Division der Schrifthöhe durch den Wert 25 bestimmt.

```
var schriftHoch = activeDocument.activeLayer.textItem.size;
var abstand = schriftHoch / 25;
```

- Suchen Sie im Skript nach der Zeile mit der Methode `translate()`, und setzen Sie die Variable `abstand` an die Stelle der festen Werte ein.

```
kopie.translate(abstand,abstand);
```

- Verkleinern oder vergrößern Sie Ihr Schriftmuster, und lassen Sie das Skript erneut ablaufen. Der Abstand des Schattens passt sich an die Schriftgröße an. Das Skript finden Sie unter *schriftSchattenGaussianblur2.js.*

In die Berechnung müsste man eigentlich auch den Faktor für den *Gaußschen Weichzeichner* einbeziehen. Wo er weniger zu streuen hat, könnte auch ein geringerer Wert eingesetzt werden.

8.3.6 Mehrere Textebenen mit Schatten versehen

Mit dem folgenden Beispiel möchte ich Ihnen einen Vorgeschmack darauf geben, wie Ihnen die Funktionen mehr Möglichkeiten an die Hand geben, noch flexibler mit Texten im Zusammenspiel mit JavaScript zu arbeiten. Das Beispiel basiert auf unserem Skript mit dem Schatten, das ein wenig erweitert wird. Da macht es nichts, dass Sie die Funktionen erst im Kapitel 9 ausführlich kennen lernen. Fügen Sie die notwendigen Skriptteile einfach an den ausgewiesenen Stellen hinzu.

Diesmal befinden sich mehrere Textebenen im Dokument. Jeder Schriftzug soll mehrmals einen Schatten erhalten. Werden bei jedem Durchlauf die Farben für den Schatten geändert, vermischen sich dessen Farben.

- Öffnen Sie die Datei *obstText.psd.* Enthalten sind drei Textebenen und die Ebenen *Hintergrund.* Aktivieren Sie die oberste Ebene.
- Fügen Sie die folgenden Zeilen oberhalb des Skripts für den Schatten ein. Mit der Zeile `schatten()` wird die Funktion aufgerufen.

PHOTOSHOP CS2

```
for (var i = 0; i < activeDocument. artLayers.length; i++) {
   if (activeDocument.artLayers[i].kind == LayerKind.TEXT) {
     activeDocument.activeLayer = activeDocument. artLayers [i];
     schatten();
   }
   else continue;
}
```

Diesmal wird mit dem Schlüsselwort `continue` gearbeitet. Ist die Bedingung nicht erfüllt, soll die Schleife einfach ohne noch etwas auszuführen bis zum Ende durchlaufen und dann wieder ablaufen. So wird ohne viel Aufwand nach der nächsten Textebene gesucht.

Unterschied `break` und `continue`: `continue` beendet die Schleife nicht, sondern weist das Skript an, zum Ende der Schleife zu gehen. Für die `for`-Schleife bedeutet das, dass der Zähler der Variablen erhöht und die Bedingung erneut getestet wird. Es scheint, der Ablauf werde normal fortgesetzt. Mit `break` wird die Schleife verlassen und noch restliche Skriptteile außerhalb der Schleife ausgeführt.

- Ebenfalls oberhalb des Schattenskripts wird eine Zeile für die Funktion eingefügt. Übernehmen Sie die erste Zeile mit allen Klammern. Unterhalb des Skripts fügen Sie eine schließende geschweifte Klammer ein. Die hält die Funktion zusammen. Sie finden das ganze Skript in der Datei *schatten-MehrereEbenen.js.*

```
function schatten(){
var schriftHoch = activeDocument.activeLayer.textItem.size;
// unser Schattenskript in einer Funktion
kopie.applyGaussianBlur(3.5);
}
```

- Aktivieren Sie die oberste Ebene in der Palette *Ebenen,* und starten Sie das Skript mehrfach.

Abbildung 8.3: Nach mehreren Durchläufen der Schattenschleife

Der Wechsel der aktiven Ebenen, die Suche nach der nächsten Textebene, lässt sich auf der Palette *Ebenen* verfolgen. Möchten Sie eine andere Farbe für den Schatten, tauschen Sie die Werte im Farbobjekt aus.

9 Funktionen

Hinter dem Begriff Funktion versteckt sich nichts anderes als eine Anweisung. Diese Anweisung kann aus einem oder aus mehreren Befehlen bestehen, und sie kann von fast beliebigen Stellen im Programm ausgeführt werden.

Vordefinierte Funktionen aus JavaScript kennen Sie bereits: die Methoden. Das sind genau auf die Objekte zugeschnittene Anweisungen, die JavaScript mitbringt. Die Methoden lösen genau festgelegte Aufgaben. Ihr Einfluss auf die Arbeit der Methode beschränkt sich auf das Mitgeben von Werten. Das bekannteste Beispiel ist die Methode `alert()`.

Weicht die Aufgabe, die Sie umsetzen möchten, von dem ab, was JavaScript anbietet, schreiben Sie eigene Funktionen. Dann fassen Sie wie im ersten Beispiel dieses Kapitels Anweisungen zusammen, was zu mehr Übersichtlichkeit führt. Oder Sie schreiben eine Funktion, mit der Bilder auf vorgegebene Abmessungen skaliert werden. Auch dafür kennt JavaScript keine Methode.

Unterstützung beim Schreiben von eigenen Funktionen erhalten Sie durch den ScriptListener, der Arbeitsschritte aufzeichnet. Die aufgezeichneten Schritte wandeln Sie mit wenigen Handgriffen in Funktionen um, die Sie immer wieder einsetzen können. Auf diesem Weg werden Sie eine Funktion schreiben, mit der Sie präzise Raster aus beliebig vielen Hilfslinien erstellen.

9.1 Eigene Funktionen anlegen

Funktionen haben einen genau vorgeschriebenen Aufbau. Jede Funktion besteht aus drei Teilen: Funktionsaufruf, Funktionskopf und Funktionskörper.

- Mit dem Funktionsaufruf wird die Funktion gestartet. Erreicht das Skript den Aufruf, sucht JavaScript nach der Funktion und führt die dort enthaltenen Anweisungen aus. Der Funktionsaufruf besteht aus dem Namen der Funktion, gefolgt von einem Paar runder Klammern. Der Aufruf gehört natürlich an die Stelle im Skript, an der die Arbeitsschritte der Funktion ausgeführt werden sollen.
- Der Funktionskopf beginnt mit dem Schlüsselwort `function`, gefolgt vom Funktionsnamen, den Sie selbst festlegen. Dem Namen folgen zwei runde Klammern.
- An den Funktionskopf schließt sich mit einem Paar geschweifter Klammern der Funktionskörper an. Zwischen die geschweiften Klammern gehören die Anweisungen, die nach dem Aufruf der Funktion der Reihe nach ausgeführt werden.

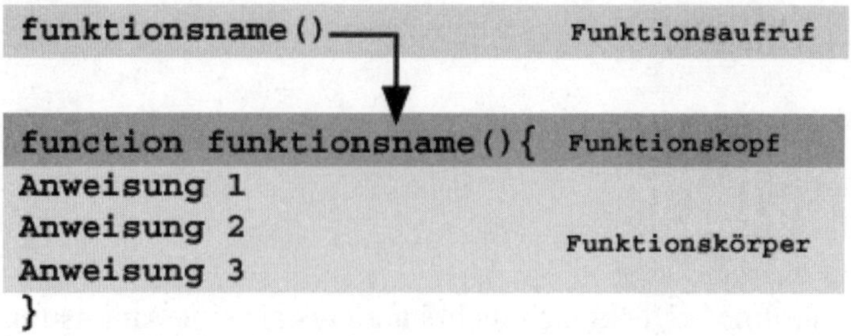

Abbildung 9.1: Allgemeine Struktur einer Funktion

Der Funktionsname unterliegt den Namensvorschriften für die Namen von Variablen. Gerade im Hinblick auf den Einsatz einer Funktion in einer umfassenden Funktionsbibliothek sollte er die Aufgabe treffend beschreiben.

9.1.1 Dokumenteinstellungen als Funktion

In Kapitel 2 haben Sie bereits einige Angaben aus dem Dialogfenster *Voreinstellungen* gesammelt und ein neues Dokument mit notwendigen Einträgen aus dem Dialogfenster *Datei-Informationen* gefüllt. Das wird übersichtlicher, wenn Sie die zusammengehörenden Abschnitte mit einer kleinen Funktion umsetzen.

- ▷ Öffnen Sie die Datei *neuesDokumentGesamt.js*. Tragen Sie den ersten Funktionsaufruf mitsamt den runden Klammern oben im Dokument ein. Die Funktion wird gleich erstellt.
- ▷ Setzen Sie die Zeile für das neue Dokument unter den ersten Funktionsaufruf, denn ein Dokument wird angelegt, bevor Informationen eingetragen werden.
- ▷ Fügen Sie den zweiten Funktionsaufruf für die Informationen hinzu, auch das gibt gleich eine eigene Funktion.

```
voreinstellungen();
documents.add (200, 200, 150, "Projekt Start", NewDocumentMode.RGB,
   DocumentFill.TRANSPARENT);
dateiInformationen();
```

- ▷ Jetzt folgt der erste Funktionskopf mit dem Schlüsselwort `function`, dem Funktionsnamen und den runden Klammern. Setzen Sie auch gleich die öffnende geschweifte Klammer dahinter. Unter die letzte Zeile für die Eigenschaften des Objekts `Preferences` setzen Sie die schließende geschweifte Klammer.
- ▷ Fassen Sie auch die Angaben für das Objekt `DocumentInfo` zu einer Funktion zusammen.

```
function voreinstellungen(){
   preferences.rulerUnits = Units.PIXELS;
   preferences.colorChannelsInColor = true;
   preferences.askBeforeSavingLayeredTIFF = true;
   preferences.beepWhenDone = true;
}
function dateiInformationen() {
   activeDocument.info.author = "HUBERT HASTICH";
   activeDocument.info.copyrighted = CopyrightedType.COPYRIGHTEDWORK;
   activeDocument.info.ownerUrl = "www.nixgut.com";
}
```

▷ Speichern und testen Sie Ihre ersten eigenen Funktionen. Sie erhalten als Ergebnis ein neues Dokument. Kontrollieren Sie die *Voreinstellungen* und die *Datei-Informationen*, da sollten die Einträge umgesetzt sein.

Der Vorteil gegenüber der Version aus dem Kapitel 2: Einstellungen und Einträge werden zwischen den geschweiften Klammern zusammengehalten. Wird der Funktionskopf mitsamt Funktionskörper am Ende des Skripts platziert, gestaltet sich der Skriptverlauf übersichtlicher. Die Übersichtlichkeit erleichtert wieder die Nachvollziehbarkeit bestehender Skripte. Am Ende dieses Kapitels zeige ich Ihnen, wie Sie diese Funktionen zumindest ab Photoshop CS in eigenen Dateien auslagern und die Funktionen so die Bestandteile einer Skriptbibliothek bilden. Wichtig ist hier stets die Reihenfolge der Funktionsaufrufe: Diese muss unbedingt der Reihenfolge der gewünschten Umsetzung der Anweisungen entsprechen.

9.1.2 Bilder an Abmessungen anpassen

Das Verzeichnis *Beispiele* von Photoshop entspricht der alltäglichen Situation auf vielen Rechnern: Zahlreiche Dokumente liegen in unterschiedlichen Formaten vor, gemischt mit Verzeichnissen. Sie möchten nur die PSD-Dokumente aus diesem Verzeichnis je nach Formatlage auf ganz bestimmte Abmessungen bringen. Die geänderten Dokumente möchten Sie im Format JPEG für den Einsatz im Internet speichern.

Schreiben Sie ein Skript, dessen Funktionen genau diese verschiedenen Arbeiten übernimmt. Mit dem Skript wird der Ordner mit den gewünschten Dateien ausgewählt. Die Namen der enthaltenen Dateien des Ordners werden eingelesen und auf die Dateiendung hin untersucht. Alle PSD-Dateien aus dem ausgewählten Ordner werden geöffnet und auf die Formatlage geprüft. Abhängig vom Ergebnis der Prüfung werden die Bilder in den Abmessungen geändert. Die geänderten Dokumente werden im Format JPEG in einem neuen Ordner gespeichert. Das Skript finden Sie unter dem Namen *bildGroesseProportional_ok.js*.

▷ Beginnen Sie das Skript mit der Auswahl der Dateien im Dialogfenster und dem Anlegen des Verzeichnisses für die bearbeiteten Dokumente.

```
var selectedFolder = Folder.selectDialog("Verzeichnis suchen:", "~");
inhalt = selectedFolder.getFiles();
// ein Zielverzeichnis für die kleinen Bilder
var zielPfad = selectedFolder.fsName;
var zielVerzeichnis = new Folder(zielPfad + "/JPEG");
zielVerzeichnis.create();
```

- Lassen Sie Dateien in einer Schleife auf das Dateiformat hin prüfen. Nach bestandener Prüfung werden die Dokumente geöffnet.

```
for (var i = 0; i < selectedFolder.getFiles().length; i++) {
   if (inhalt[i] instanceof File) {
     datName = inhalt[i].name;
     endung = datName.split(".");
     nachName = endung[1];
     if(nachName == "psd") {
       // Dateiname ermitteln, Datei mit File Objekt öffnen
       dateinamePSD = inhalt[i].fsName;
       speicherName = inhalt[i].name;
       datArbeit = File(dateinamePSD);
       open(datArbeit);
```

- Ermitteln Sie die Abmessungen des gerade geöffneten Dokuments, damit JavaScript anschließend die Formatlage prüfen kann. Rufen Sie anschließend die Funktion für die Größenänderung auf.

```
       var dukuBreit = activeDocument.width.value;
       var dokuHoch = activeDocument.height.value;
       // Zur Fallunterscheidung der Formatlage
       hochQuer();
```

- Nachdem das Dokument neue Abmessungen hat, wird es auf das Speichern im Format JPEG vorbereitet, damit während des Skriptablaufs auch wirklich kein Dialogfenster erscheint.

```
       activeDocument.flatten();
       activeDocument.changeMode(ChangeMode.RGB);
       activeDocument.channels.removeAll();
       activeDocument.bitsPerChannel = BitsPerChannelType.EIGHT;
```

- Rufen Sie die Funktion zum Speichern auf, und schließen Sie das im neuen Format gespeicherte Dokument.

```
       speichernKlein();
       activeDocument.close();
     }
   }
}
```

- Den Abschluss bilden die aufgerufenen Funktionen aus der `if`-Anweisung. Gestartet wird mit der Formatunterscheidung, abhängig davon wird aus der Funktion `hochQuer()` heraus eine weitere Funktion aufgerufen.

```
function hochQuer() {
   if (dukuBreit > dokuHoch) {
     querFormatKleiner();
```

```
  }
  else {
    hochFormatKleiner();
  }
}
```

- Die Funktionen für die Änderung der Abmessung, die Sie aus der Funktion `hochQuer()` heraus aufrufen, lauten:

```
function querFormatKleiner(){
   if(dukuBreit > 100){
     activeDocument.resizeImage( 100, undefined, 72,
        ResampleMethod.BILINEAR);
   }
   if(dukuBreit < 100){
     activeDocument.resizeImage( 100, undefined, 72,
        ResampleMethod.BILINEAR);
   }
}
function hochFormatKleiner(){
   if(dokuHoch > 100){
     activeDocument.resizeImage( undefined, 100, 72,
        ResampleMethod.BILINEAR);
   }
   if(dokuHoch < 100){
     activeDocument.resizeImage( undefined, 100, 72,
        ResampleMethod.BILINEAR);
   }
}
```

- Legen Sie mit der letzten Funktion fest, wie die geänderten Dokumente mit individuellen Optionen im JPEG-Format gespeichert werden.

```
function speichernKlein() {
   if (documents.length > 0) {
     var myFile = new File(zielVerzeichnis + "/" + speicherName);
     saveOptionen = new JPEGSaveOptions;
     saveOptionen.embedColorProfiles = false;
     saveOptionen.formatOptions = FormatOptions.PROGRESSIVE;
     saveOptionen.matte = MatteType.FOREGROUND;
     saveOptionen.quality = 5;
     saveOptionen.scans = 3;
     activeDocument.saveAs(myFile, saveOptionen);
   }
}
```

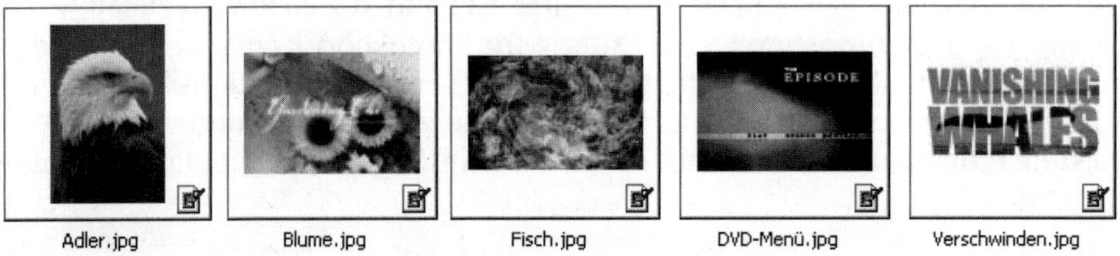

Abbildung 9.2: Das Ergebnis für Photoshop CS

Die Funktion `hochQuer()` ermittelt die Formatlage und ruft in Abhängigkeit vom Ergebnis jeweils eine der beiden Funktionen `querFormatKleiner()` oder `hochFormatKleiner()` auf, die für die neue Bildgröße verantwortlich sind. Jede der Funktionen kann ein Bild vergrößern oder verkleinern.

Bei Bildern aus Photoshop CS kann es beim Öffnen in Photoshop 7 zu Problemen kommen. Immerhin wird jedes der Bilder geöffnet, was in Photoshop 7 bedingt durch fehlende Funktionen nicht immer möglich ist. Wenden Sie das Skript auf das Verzeichnis *Beispiele* an, das für Ihre Version von Photoshop gedacht ist, wenn Sie Unterbrechungen des Ablaufs im Skript vermeiden möchten. Das Skript für die Beispiel von Photoshop 7 finden Sie in der Datei *bildgroesseProportional_ok_v7.js.*

9.2 Skripte aufzeichnen mit dem ScriptListener

Ähnlich wie Aktionen zeichnet der ScriptListener in Photoshop durchgeführte Arbeitsschritte auf. Das Ergebnis der Aufzeichnung landet in einer speziellen Textdatei mit dem Namen *ScriptingListenerJS.log.* Während Sie die einzelnen Bausteine der Aktionen als meist recht verständliche Einträge auf der Palette *Aktionen* einsehen können, erzeugt der ScriptListener eine auf den ersten Blick unverständliche Ansammlung von Skriptzeilen.

Auf den nächsten Seiten möchte ich Ihnen dabei helfen, diese Skriptzeilen zu bändigen. Einmal im Griff ist der ScriptListener ein besonders hilfreiches Werkzeug, mit dem Sie nahezu alle Ihre Ideen umsetzen können.

Bitte nicht verwechseln: Skriptfähigkeit bedeutet, dass Sie überhaupt JavaScript in Photoshop ausführen können. Im Verzeichnis *Zusatzmodule · Adobe Photoshop Only · Automatisieren* finden Sie die Datei *Skriptunterstützung.8li.* Diese Datei ist für die Skriptfähigkeit von Photoshop CS zuständig. Skriptfähigkeit wird in Photoshop 7 vor der Ausführung des ersten Skripts wie im Anhang beschrieben installiert. Ohne Skriptfähigkeit laufen auch selbst geschriebene Skripte nicht.

Der ScriptListener geht einen Schritt weiter. Es handelt sich um ein zusätzliches PlugIn, das für Photoshop CS ebenso wie für Photoshop 7 eingerichtet werden muss, wenn Sie Ihre Skripte eben nicht selbst schreiben, sondern aufzeichnen lassen möchten. Da hier kleine Unterschiede zwischen Windows und OS X bestehen, wird die Einrichtung für den ScriptListener auf beiden Systemen gezeigt.

Besprechen Sie die Installation mit dem verantwortlichen Netzwerker, wenn die Rechte auf Ihrem Rechner eingeschränkt sind.

9.2.1 Den ScriptListener installieren (WIN2000 / XP)

Der ScriptListener ist ein einfaches PlugIn für Photoshop. Sie finden die Datei in Ihrem Photoshop-Verzeichnis *Skript Handbuch · Hilfsprogramme* unter dem Dateinamen *ScriptListener.8li.*

- Photoshop wird zunächst geschlossen. Neue PlugIns werden nämlich nur beim Start des Programms eingelesen.
- Kopieren Sie die Datei *ScriptListener.8li.* Wechseln Sie in Ihrem Photoshop Verzeichnis (wie auch immer Sie das genannt haben) ins Verzeichnis *Zusatzmodule · Adobe Photoshop Only* und dann ins Verzeichnis *Automatisieren.* Dort fügen Sie die kopierte Datei ein.
- Starten Sie jetzt Photoshop, denn Ihr Betriebssystem kann mit diesen PlugIns noch nichts anfangen.
- Sehen Sie auf Laufwerk *C* an der Wurzel nach: Dort sollte sich die Datei *ScriptingListenerJS.log* eingefunden haben. Öffnen Sie die Datei in einem Editor, und lassen Sie sich von der geringen Anschaulichkeit der Skripte überzeugen.
- Schließen Sie die Datei, und führen Sie ein paar Befehle in dem geöffneten Photoshop aus. Öffnen Sie die Log-Datei erneut, und sehen Sie selbst: Fast alle ausgeführten Aktionen wurden heimlich aufgezeichnet und hintereinander gehängt.

Für das Löschen des Inhalts der Log-Datei sind Sie zuständig. Bemerken Sie, dass Ihr Rechner beim Ausführen von Photoshop immer langsamer wird, liegt das am ununterbrochenen Einsammeln der Befehle in die Log-Datei. Löschen Sie deren Inhalt zwischenzeitlich.

Schalten Sie den ScriptListener auf langsamen Rechnern bei Bedarf ein. Entfernen Sie das PlugIn für den ScriptListener (nicht die Datei *Skriptunterstützung.8li*) aus dem Verzeichnis *Automatisieren*, wenn Sie die Ergebnisse der Aufzeichnungen nicht mehr benötigen.

9.2.2 Den ScriptListener installieren (Mac)

Arbeiten Sie auf einem Mac, gehen Sie zunächst vor wie bei der PC-Variante. Nach dem Start von Photoshop sollte sich auf Ihrem Desktop ein neues Dateisymbol zeigen: *ScriptingListenerJS.log.*

Die Suche nach der Datei entfällt. Ein Doppelklick (die geeignet Maus vorausgesetzt) öffnet die Datei im Programm *Konsole.* Hier werden die Aufzeichnungen auf dem Mac gesammelt.

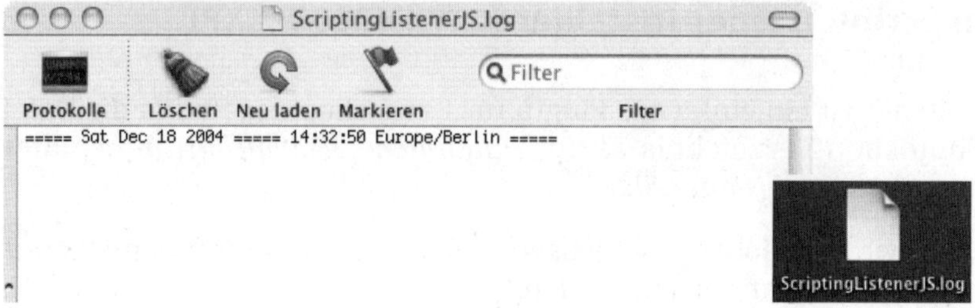

Abbildung 9.3: ScriptListener in der Anwendung *Konsole* und auf dem Desktop(Mac)

Ein Skript vorsätzlich aufzeichnen (Mac)

Da fast jeder Vorgang aus Photoshop aufgezeichnet wird, werden Sie die Log-Datei mit den Skripten selten leer antreffen. Daher gilt: Für einzeln aufzuzeichnende Anweisungen sind ein paar Vorarbeiten fällig.

Das Aufzeichnen unter Windows unterscheidet sich nur darin, dass Sie vor der Aufzeichnung die Log-Datei im *Editor* öffnen, den Inhalt löschen und die Datei wieder schließen. Erst wenn die Log-Datei geschlossen ist, werden aufgezeichnete Befehle eingetragen.

- Für das erste Beispiel ist Photoshop geöffnet und alle Dokumente geschlossen. Das sollte als Vorbereitung ausreichen.
- Öffnen Sie die Log-Datei im Dialogfenster der Anwendung *Konsole,* und klicken Sie auf die Schaltfläche *Löschen.* Bis auf die oberste Zeile verschwindet das Skript. Die Log-Datei bleibt geöffnet.
- Aktivieren Sie Photoshop. Wählen Sie *Datei* · *Neu* und tragen Sie auf dem Dialogfenster *Neu* ein paar Angaben ein, die Sie sich gut merken können.
- Schließen Sie das Dialogfenster mit einem Klick auf die Schaltfläche *OK:* Das Dokument wird angelegt. Im Hintergrund können Sie verfolgen, wie diese Anweisung in der Log-Datei umgesetzt wird.
- Markieren Sie den Inhalt des Dokuments im Fenster der *Konsole,* und kopieren Sie ihn in die Zwischenablage.
- Öffnen Sie spätestens jetzt Ihren Editor für Ihre Skripte. Legen Sie auch gleich ein neues Dokument für das Skript an.
- Fügen Sie das Skript aus der Zwischenablage in das geöffnete Dokument ein, und speichern Sie es unbedingt (auch auf dem Mac) mit der Dateiendung JS für JavaScript.
- Steht bei Ihnen auch das Datum in der ersten Zeile, löschen Sie diese Zeile. Speichern Sie nach dieser Änderung erneut, damit diese Änderung auch wirksam und bei der Ausführung des Skripts umgesetzt wird.
- Schließen Sie das neu angelegte Dokumentfenster in Photoshop wieder. Wählen Sie im Menü *Datei* · *Skripten* und *Durchsuchen.* Haben Sie das

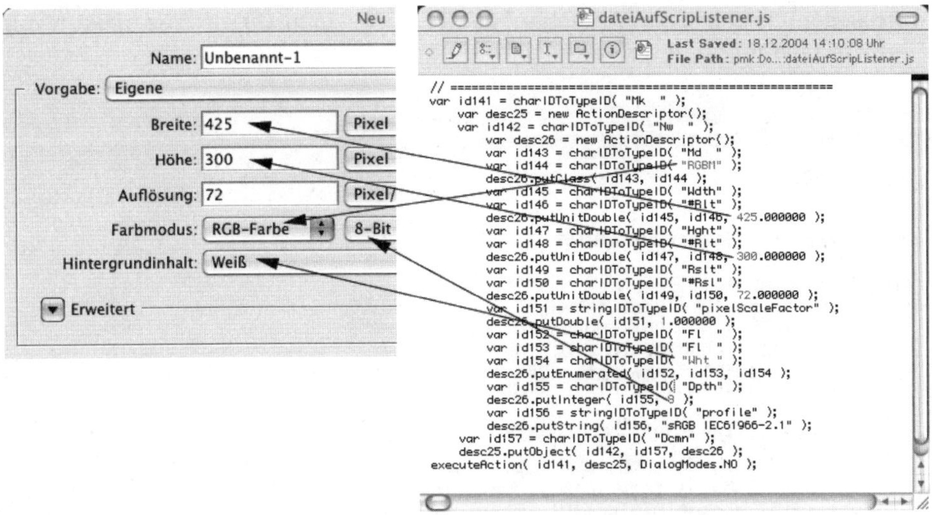

Abbildung 9.4: Das Dialogfenster in JavaScript umgesetzt

Skriptdokument gefunden, markieren Sie es, und klicken Sie wie bisher auf die Schaltfläche *Laden*.

▷ Ein neues, leeres Dokument mit den vorher festgelegten Eigenschaften wird angelegt. Wiederholen Sie das Aufrufen des Skripts mehrfach, und Sie erhalten weitere Dokumente mit denselben Abmessungen. Das ist zunächst nur ein winziger Fortschritt zum Dialogfenster *Neu*, aber nicht besonders flexibel. Deswegen wird nachher noch optimiert.

Sehen Sie nach, ob Sie die Einstellungen im Dialogfenster *Neu* im Skript wiedererkennen. So habe ich für die Dokumentbreite den Wert im Dialogfenster auf 425 eingestellt – und es findet sich der Wert `425.00000` im Skript, darüber steht die Abkürzung („`Wdth`"), die JavaScript hier intern benutzt. Weitere Vergleiche zeigen, dass sich die Werte vom Dialogfenster *Neu* auch an einer bestimmten Stelle im Skript wiederfinden. Alle Werte sind fest eingetragen; wird das Skript aufgerufen, fallen darauf basierende Dokumentfenster identisch aus. Das werden wir gleich in einer Funktion flexibler umsetzen.

9.3 Funktionen und der ScriptListener

Die Zeilen aus dem ScriptListener gehören in einen Funktionskörper. Der zeigt durch die geschweiften Klammern auch gleich an, was da zusammengehört. Mit einem sinnvollen Funktionsnamen ausgestattet, wird aus den undurchschaubaren Zeilen ein Beispiel für einen Baustein für Ihre Skriptbibliothek.

▷ Formen Sie die Zeilen aus dem ScriptListener zu einer kompletten Funktion um. Speichern und testen Sie den Versuch mehrfach. Jeder Test erzeugt dasselbe Ergebnis. Vergleichen Sie die Datei *dateiAufScriplistener2.js* mit Ihrer Lösung.

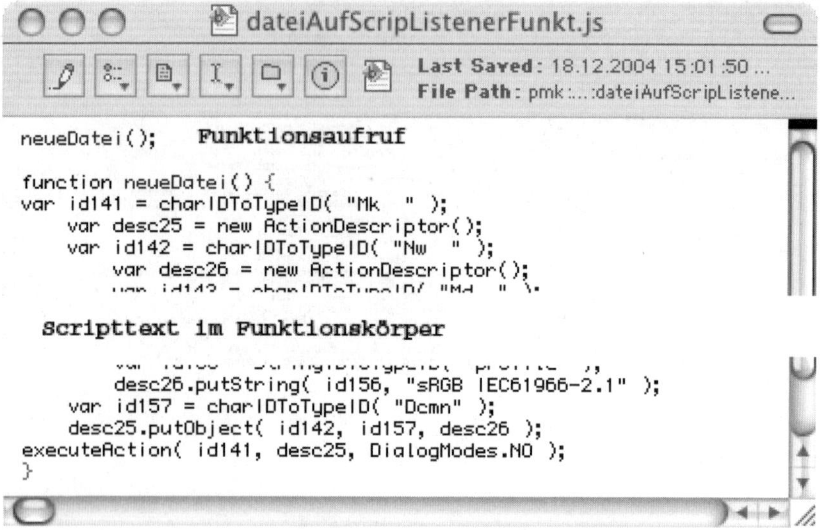

Abbildung 9.5: Vorbereitung: Das Skript wird erst einmal in ein Funktionsgerüst gesteckt

Der Baustein kann in einer eigenen Datei gespeichert werden. Wie Sie eine Funktion als externe Skriptdatei in ein Skript einbauen, wird am Ende des Kapitels noch ausführlich gezeigt.

9.3.1 Funktionen und Parameter

Allein das Skript zu einer Funktion umzubauen reicht uns nicht. Unser gerade erstelltes Beispiel wird flexibel, wenn Werte übergeben werden. Ein Ihnen aus Kapitel 2 bereits bekanntes Beispiel für die Wertübergabe ist die Methode `add()`, mit der Sie ein neues Dokument nach Ihren Wünschen anlegen können. Für die wunschgemäße Ausführung der Eigenschaften des neuen Dokuments sind auch in diesem Fall die übergebenen Werte (Parameter) zuständig.

Parameter übergeben

Parameter verwenden Sie auch für Ihre eigenen Funktionen. Die Parameter gehören in diesem Fall in den Funktionskopf. Die beiden runden Klammern fassen die Werte ein. Die Anzahl der Parameter ist beliebig, einzelne Werte werden jeweils durch ein Komma getrennt. Beim Aufruf müssen die hier angegebenen Parameter schon mit den Variablen aus dem Funktionskörper übereinstimmen. Die Werte übergeben Sie im Funktionsaufruf.

```
funktionsName( w 1,w 2, w 3)

function funktionsName(v 1, v 2, v 3){
    Anweisung1 v 1
    Anweisung2
    Anweisung3
    Anweisung4 v 2
    Anweisung5 v 3
}
```

Abbildung 9.6: Funktionsstruktur mit Parameterübergabe

Parameter sind temporäre Variablen, deren Gültigkeit auf den Inhalt des Funktionskörpers beschränkt ist. Die Parameter dürfen innerhalb eines Funktionskopfes unterschiedliche Werttypen haben (Zahlenwerte, Zeichenketten). Das ist beim Erzeugen des Dokumentfensters recht auffällig.

Auf die meisten Variablen können Sie im gesamten Skript zugreifen. Eine Ausnahme bilden die innerhalb einer Funktion mit dem Schlüsselwort `var` angelegten Variablen. Mit `var` deklarierte Variablen in Funktionen gelten nur für Befehle in den geschweiften Klammern. Legen Sie eine Variable ohne das Schlüsselwort `var` in der Funktion an, gilt sie auch im gesamten Skript, sie wird zur globalen Variablen.

Vom Skript aus dem ScriptListener zur Funktion

Das Skript wird optimiert, damit es die Einstellungen umsetzt, die individuell für jedes neue Dokument gelten. Eine Änderung der Funktion muss her.

- Sie haben die Funktion erstellt und gespeichert. Jetzt wird das Skript untersucht, ob und wo sich Variablen einsetzen lassen.
- Suchen Sie nach bekannte Werten (*425* war zum Beispiel ein Eintrag im Dialogfenster *Neu*), die sich in Variablen ausdrücken lassen. Gefundene Werte werden im Funktionskörper durch Variablen ersetzt.
- Jede eingetragene Variable wird sofort in den Funktionskopf zwischen die runden Klammern eingetragen. Trennen Sie die einzelnen Variablen durch ein Komma voneinander.
- Sind die Werte in Variablen umgesetzt und diese im Funktionskopf eingetragen, werden im Funktionsaufruf die Werte für die Variablen in die runden Klammern gesetzt.

Dabei gilt: Wurde der von einer Variablen ersetzte Wert als Zahl ausgeführt (wie `425.00000`), gehört in den Funktionsaufruf auch eine Zahl (250). Ein in Hochkommas gesetzter Wert ("`Wht`") wird auch jetzt in Hochkommas ("`Trns`") gesetzt. Alle Werte werden wieder durch ein Komma getrennt.

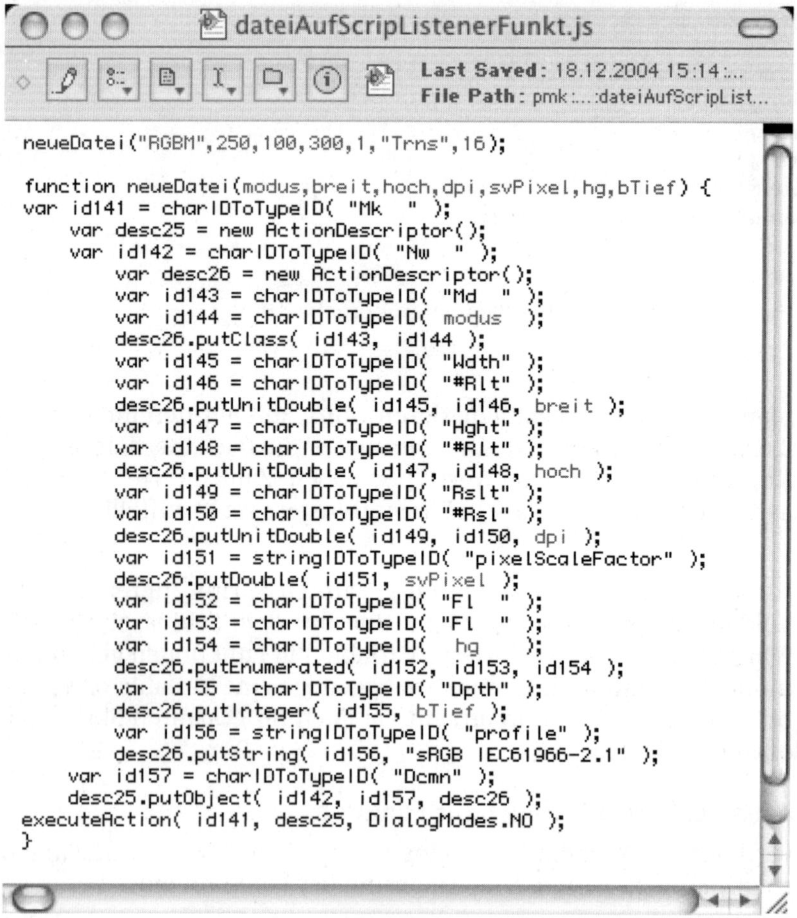


```
neueDatei("RGBM",250,100,300,1,"Trns",16);

function neueDatei(modus,breit,hoch,dpi,svPixel,hg,bTief) {
var id141 = charIDToTypeID( "Mk  " );
    var desc25 = new ActionDescriptor();
    var id142 = charIDToTypeID( "Nw  " );
        var desc26 = new ActionDescriptor();
        var id143 = charIDToTypeID( "Md  " );
        var id144 = charIDToTypeID( modus  );
        desc26.putClass( id143, id144 );
        var id145 = charIDToTypeID( "Wdth" );
        var id146 = charIDToTypeID( "#Rlt" );
        desc26.putUnitDouble( id145, id146, breit );
        var id147 = charIDToTypeID( "Hght" );
        var id148 = charIDToTypeID( "#Rlt" );
        desc26.putUnitDouble( id147, id148, hoch );
        var id149 = charIDToTypeID( "Rslt" );
        var id150 = charIDToTypeID( "#Rsl" );
        desc26.putUnitDouble( id149, id150, dpi );
        var id151 = stringIDToTypeID( "pixelScaleFactor" );
        desc26.putDouble( id151, svPixel );
        var id152 = charIDToTypeID( "Fl  " );
        var id153 = charIDToTypeID( "Fl  " );
        var id154 = charIDToTypeID(  hg    );
        desc26.putEnumerated( id152, id153, id154 );
        var id155 = charIDToTypeID( "Dpth" );
        desc26.putInteger( id155, bTief );
        var id156 = stringIDToTypeID( "profile" );
        desc26.putString( id156, "sRGB IEC61966-2.1" );
    var id157 = charIDToTypeID( "Dcmn" );
    desc25.putObject( id142, id157, desc26 );
executeAction( id141, desc25, DialogModes.NO );
}
```

Abbildung 9.7: Das umgebaute Skript als Funktion mit Werteübergabe

- Haben Sie das sorgfältig umgesetzt, wird das geänderte Skript gespeichert und getestet. Hat sich kein Fehler eingeschlichen, wird ein neues Dokument mit den im Funktionsaufruf stehenden Werten angelegt.

- Vor dem nächsten Einsatz ändern Sie maximal die Werte im Funktionsaufruf, und das Skript ist fertig. Speichern Sie es unter einem sinnvollen Namen, bildet es auch gleich einen Baustein für die Skriptbibliothek.

Möchten Sie andere Arbeiten aus Photoshop aufzeichnen und umschreiben, nehmen Sie möglichst ausgefallene Werte zur Zeit der Aufzeichnung. Ausgefallene Werte fallen Ihnen in den vielen Zeilen aus dem ScriptListener wesentlich eher auf, Variablen lassen sich einfacher setzen.

Statt Wertänderungen im Funktionsaufruf können Sie wie später gezeigt eigene Dialogfenster basteln, die neue Werte an diese Funktion weitergeben. Das ist für dieses Beispiel nicht erforderlich, das Dialogfenster *Neu* gibt es ja bereits.

9.3.2 Warum überhaupt den ScriptListener nutzen?

Beim Betrachten des generierten Skripts aus dem ScriptListener kommt schnell die Frage auf, ob das überhaupt Sinn macht. Unser Skript haben wir mit dem Objekt `Documents` und der Methode `add()` schon schneller geschrieben (eine Zeile genügt). Vergleichen Sie den Funktionsaufruf mit dem selbst erstellten Skript für ein neues Dokument, fällt Ihnen sicher die Ähnlichkeit auf.

Das gilt aber nicht für alle Arbeiten aus Photoshop. Nicht alle Befehle lassen sich mit dem normalen Sprachumfang von JavaScript kurz und bündig umsetzen. So verfügen einige Filter über keinen eigenen Befehl, sondern müssen aufgezeichnet werden. Auch das nächste Beispiel, mit dem sich ein ganzes Raster aus Hilfslinien sehr flexibel anlegen lässt, ist nur mit dem ScriptListener umsetzbar.

Ein gleichmäßiges Raster aus Hilfslinien

Hilfslinien ziehen Sie entweder aus den Linealen, oder Sie setzen sie Hilfslinie für Hilfslinie mühsam über das Menü *Ansicht* · *Neue Hilfslinie*. Für ein Hilfslinienraster ist das denkbar ungünstig. Ein Skript automatisiert den Vorgang.

JavaScript selbst bietet keine Methode für das Anlegen von Hilfslinien. Das Objekt `Preferences` ist gerade einmal zuständig für deren Erscheinungsbild. Der ScriptListener tritt in Aktion. Sein Skript wird das Löschen aller im Dokument vorhandener Hilfslinien automatisch vornehmen und eine horizontale und eine vertikale Hilfslinie anlegen.

Eine gesetzte Hilfslinie können Sie mit JavaScript nicht mehr ansprechen, es gibt einfach noch kein Objekt für die Hilfslinien. Korrekturen an einzelnen Hilfslinien sind nicht möglich.

- ▷ Legen Sie ein beliebiges Dokument an, und lassen Sie die Lineale in der Maßeinheit Pixel anzeigen. Löschen Sie den Inhalt der Log-Datei.
- ▷ Ziehen Sie eine senkrechte Hilfslinie auf das Dokument. Merken Sie sich in etwa die Position. Achten Sie auf die Umsetzung in der Log-Datei. Dort wird (in der Linealeinheit Pixel) die Hilfslinie genau beschrieben.
- ▷ Kopieren Sie das Skript der Log-Datei in Ihren Editor, und tragen Sie über dem Skriptblock in einer Kommentarzeile die Aufgabe des Skripts ein.
- ▷ Löschen Sie den Inhalt der Log-Datei, und wiederholen Sie den Vorgang für die waagerechte Hilfslinie. Auch dieser Skriptblock wird übernommen und darf eine Kommentarzeile erhalten.

- Der Inhalt der Log-Datei wird erneut gelöscht. Im nächsten Schritt wird der Befehl *Ansicht · Hilfslinien löschen* angewendet. Übertragen Sie diesen Skriptblock ganz oben an den Anfang Ihres Skripts in den Editor.

- Speichern und testen Sie das Skript. Im Ergebnis werden zunächst alle Hilfslinien gelöscht und dann zwei neue gesetzt. Das funktioniert und kann jetzt in Funktionen eingebaut werden.

Hilfslinien löschen als Funktion

Der Skriptblock mit dem Befehl *Hilfslinien löschen* wird zur ersten Funktion. Das hat den Vorteil, dass sich das Erstellen der Hilfslinien besser kontrollieren lässt.

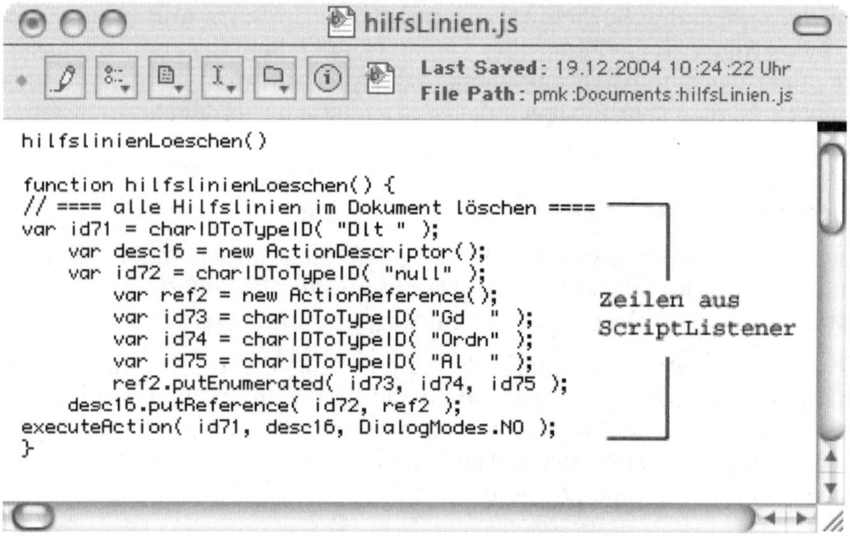

Abbildung 9.8: Diese Funktion löscht alle Hilfslinien

- Die eigene Funktion dazu nennen Sie `hilfslinienLoeschen()`. Weitere Angaben in den Klammern werden nicht benötigt.

- Tragen Sie oberhalb des bisher eingesammelten Skripts den Funktionsaufruf mit dem Funktionsnamen und den runden Klammern ein.

- Um den Skriptblock, der die Hilfslinien löschen soll, wird der Funktionskörper aufgebaut. Tippen Sie oberhalb des Skriptblocks das Schlüsselwort `function` ein. Der Funktionsname mit den runden Klammern folgt nach einem Leerzeichen. Damit JavaScript auch weiß, was da zusammengehört, werden die Skriptzeilen in die geschweiften Klammern eingefügt.

- Speichern und testen Sie das Skript, es funktioniert wie vorher. Zunächst werden alle Hilfslinien entfernt und dann gleich wieder angelegt.

Senkrechte Hilfslinien mit einer Funktion anlegen

Jetzt geht es an die Funktion für die senkrechten Hilfslinien. Diese sollen später ein gleichmäßiges Raster bilden. Dazu wird zunächst das Skript aus dem ScriptListener in eine Funktion gesetzt. Diese wird um eine Schleife ergänzt. Die ermittelte Breite des aktuellen Dokuments bestimmt die maximale Anzahl der Hilfslinien. Auch der Abstand der Hilfslinien voneinander wird in dieser Schleife festgelegt.

- Sie benötigen einen erneuten Funktionsaufruf, diesmal für senkrechte Linien. Fügen Sie diesen Funktionsaufruf `senkrechteHilfslinienSetzen()` direkt unterhalb des ersten ein.
- Den Namen aus dem Funktionsaufruf nutzen Sie zusammen mit dem Schlüsselwort `function` für den Funktionskopf. Anschließend wird der entsprechenden Skriptblock in den Funktionskörper gefasst. Vergessen Sie die geschweiften Klammern nicht. Der erste Teil der Funktion steht.

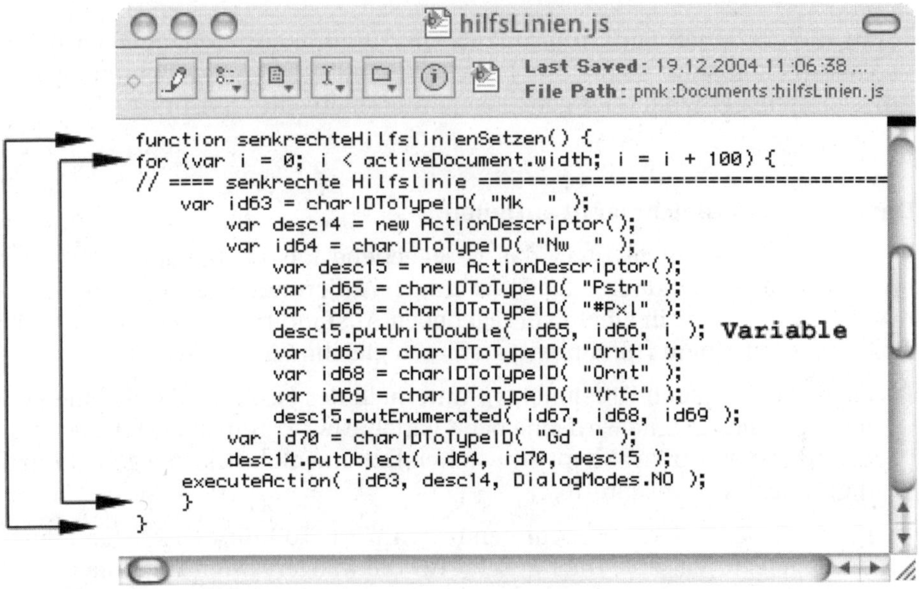

Abbildung 9.9: Funktion mit eingebauter `for`-Schleife

- Schaffen Sie eine freie Zeile direkt unterhalb des Funktionskopfes. Hier wird der Schleifenkopf einer `for`-Schleife eingetragen.
- Die Zählvariable im Schleifenkopf lautet `i`. Sie startet mit dem Wert 0. Als Abbruchbedingung lassen Sie JavaScript die Breite des Dokuments (`activeDocument.width`) ermitteln. Der Abstand der Hilfslinien (hier 100) voneinander bildet den Wert, um den i bei jedem Durchlauf im Schleifenkopf erhöht wird.
- Suchen Sie in den Zeilen aus dem ScriptListener nach dem Wert für die Position der Hilfslinie, und ersetzen Sie diese durch die Variable `i`.

- Der Schleifenkörper liegt innerhalb des Funktionskörpers und umfasst den Skriptblock. Ohne vorherigen Tippfehler sollte das jetzt funktionieren.

Senkrechte werden zu waagerechten Hilfslinien

Ein paar kleine Änderungen und aus der Funktion, die senkrechte Hilfslinien anlegt, wird eine Funktion speziell für waagerechte Hilfslinien.

- Die Funktion für die waagerechten Hilfslinien wird entsprechend angelegt. In der `for`-Schleife wird diesmal natürlich die Dokumenthöhe (`activeDocument.height`) als Abbruchbedingung benutzt. Speichern und testen Sie das Skript.

Soll das Skript eine der drei Funktionen nicht ausführen, wird der Funktionsaufruf am Anfang des Skripts auskommentiert. Die Abstände der Hilfslinien ändern Sie im Skript in den Schleifenköpfen. Die Datei in der einfachen Form finden Sie unter dem Namen *rasteraushilfslinien.js.*

Statt die einzelnen Funktionsaufrufe auszukommentieren, speichern Sie später in Photoshop CS die drei Funktionen in einzelnen Dateien und rufen diese Dateien einzeln oder gemeinsam innerhalb eines Skripts auf.

Das Dokument gleichmäßig aufteilen

Passt das Dokument nicht in das vorgegebene Raster, bleiben rechts und unten schmalere Randbereiche. Mit wenigen Änderungen kann JavaScript die Hilfslinien nicht nur in einem vorgegebenen Abstand platzieren, sondern das Dokument mit einem Hilfslinienraster auch gleichmäßig aufteilen.

- Fügen Sie für jeden Hilfslinientyp unterhalb des Funktionskopfs eine Zeile hinzu. In dieser Zeile wird eine neue Variable (`wTeilen`) angelegt. Sie erhält den Wert der von JavaScript ermittelten Dokumentabmessung geteilt durch die Anzahl der Abschnitte.
- Ersetzen Sie im Schleifenkopf den festen Wert `100` für den Abstand durch die angelegte Variable (hier gezeigt für die waagerechten Hilfslinien):

```
function waagerechteHilfslinienSetzen(){
wTeilen = activeDocument.height / 5;
for (var i = 0; i < activeDocument.height; i = i + wTeilen ) {
  // ========== waagerechte Linien ==========
```

- Speichern Sie das Skript unter einem anderen Namen, und testen Sie es. Diesmal sollte kein ungleichmäßiger Randabschnitt entstehen. Sie finden das gesamte Skript unter *rasterAusHilfslinien2.js.*

Hilfslinien lassen sich auch mit einer Aktion anlegen. Dazu müssen Sie aber selbst die Dokumentaufteilung berechnen; wenn ein anderer Abstand nötig wird, müssten Sie die gesamte Aktion neu aufzeichnen.

Optimieren des Skripts

Bis zu dieser Stelle funktioniert das Skript einwandfrei. Für den weiteren Einsatz insbesondere im Hinblick auf die Integration in eine Skriptbibliothek wird das Skript noch optimiert. Dazu werden die Zeilen mit der Aufteilung aus den Schleifen genommen und an den Anfang des Skripts verlegt. Das geänderte Skript finden Sie unter *rasterAusHilfslinien_optimiert.js*.

```
sTeilen = activeDocument.width / 15;
wTeilen = activeDocument.height / 10;
```

Die außerhalb der Funktionen ermittelten Werte werden als Parameter beim Funktionsaufruf übergeben. Der Vorteil: Die Werte lassen sich bereits oben im Skript anpassen, die Funktionen werden gar nicht erst angefasst.

```
senkrechteHilfslinienSetzen(sTeilen);
waagerechteHilfslinienSetzen(wTeilen);
```

Setzen Sie häufig gleichmäßige Raster ein, bietet sich ab Photoshop CS ein eigens erstelltes Dialogfenster an, in das Sie nach dem Aufruf des Skripts nur noch die Anzahl der waagerechten und senkrechten Unterteilungen eintippen. Wie Sie so ein Dialogfenster aufbauen, erfahren Sie in Kapitel 14.

9.4 Der ScriptListener und die Filter

Filter sind kurze Anweisungen, die entweder auf eine schwebende Auswahl oder auf die aktive Ebene insgesamt wirken. Die Filter sind entweder Bestandteil der *Filtergalerie* oder haben eigene Dialogfenster. In JavaScript direkt nutzbare Filter sind Methoden des Objekts `ArtLayer`.

- Die Methode `applyFiltername()` ruft den Filter auf.
- Mögliche Parameter in den runden Klammern der Methode sind abhängig von den Einstellmöglichkeiten des Filters.

```
// Menü Filter, Verzerrungsfilter
// Ozeanwellen mit Wellenlänge und Wellenhoehe
activeDocument.activeLayer.applyOceanRipple(7,15);
```

9.4.1 Regeln für den Einsatz der Filter im Skript

Wenden Sie die Filter direkt in Photoshop an, zeigen sich häufig Dialogfenster mit dem Hinweis, die Ebene müsse vorher gerastert werden. Das ist nicht weiter tragisch, denn Sie können die Dialogfenster mit einem Klick auf die Schaltfläche *OK* schließen, und das Rastern wird automatisch für Sie erledigt. Das sieht für ein Skript anders aus: Hier stören diese Hinweise und es gilt, ein paar Regeln einzuhalten:

- Filter sind nur direkt auf die aktive Ebene, nicht aber auf ein markiertes Set anwendbar. Vor dem Einsatz der Filter im Skript muss immer eine Ebene als aktiv gesetzt werden.
- Sinnvoll ist die Abfrage, ob es sich bei der Ebene um eine Textebene handelt. Textebenen müssen im Skript unbedingt vorher per Anweisung gerastert oder in normale Ebenen gewandelt werden, da sonst das hinweisende Dialogfenster erscheint. Das unterbricht den Ablauf des Skripts.
- Leere Ebenen (Ebenen nur mit transparenten Pixeln) lassen sich ebenfalls nicht nutzen. Ausgenommen ist hier nur die Ebene mit neutraler Farbe (beim Anlegen im Dialogfenster *Neue Ebene* so eingestellt).
- Der Modus des Dokuments sollte ebenfalls abgefragt und bei Bedarf auf *RGB-Farbe* gesetzt werden, da die meisten Filter sonst auch unter der Regie von JavaScript nicht mitspielen.
- Das gilt auch für die Einstellung *Bit pro Kanal* aus dem Menü *Bild, Modus*, da einige Filter bei der Einstellung *16 Bit pro Kanal* nicht mitspielen.

Einen Filter zur Funktion umbauen

Findet sich keine Methode, greift das gerade angewendete Prinzip: Der Filter wird einmal eingesetzt, der Skriptblock in den Editor übernommen, die Funktion darum gebastelt und die Werte durch Variablen ersetzt.

Der Wertebereich der Filter wird durch die Werte in der Anwendung bestimmt. Nehmen Sie einen falschen Wert, passiert entweder gar nichts, der Filter bleibt sich selbst überlassen, oder Sie erhalten eine Fehlermeldung. Als Teil einer Skriptbibliothek sind Hinweise zum Filter sowie der Wertebereich sinnvoll.

```
// Filter, Vergröberungsfilter, Mosaikeffekt
// Zellengröße von von 2 bis 200
mosaik(5);
function mosaik(zellen) {
    var id73 = charIDToTypeID( "Msc " );
    var desc17 = new ActionDescriptor();
    var id74 = charIDToTypeID( "ClSz" );
    var id75 = charIDToTypeID( "#Pxl" );
    desc17.putUnitDouble( id74, id75, zellen );
    executeAction( id73, desc17, DialogModes.NO );
}
```

Der Filter *Vergröberungsfilter · Mosaikeffekt* ändert das Aussehen der Ebene über die Einstellung *Zellengröße*. Der Funktionsaufruf übergibt den Wert 5 für die Größe der Zellen. Im Funktionskopf wird die Variable aufgeführt, die den Wert in den Funktionskörper schickt. Im Funktionskörper wird das als Parameter mit der Variablen `zellen` umgesetzt.

Viele der Filter finden Sie auf der CD zum Buch umgesetzt und übersetzt. Das betrifft die Filter mit der Methode zum Objekt `ArtLayer` ebenso wie mit dem ScriptListener aufgezeichnete Filter.

9.5 Funktionen auslagern und aufrufen

Spätestens die Skriptblöcke aus dem ScriptListener sorgen dafür, dass so ein Skript erheblich an Umfang gewinnt. Eine Möglichkeit besteht darin, die Funktionen an das Ende des Skripts zu legen und nur die Funktionsaufrufe an den benötigten Stellen weiter oben im Skript einzufügen. Das gestaltet zumindest einen Teil des Skripts auf den ersten Blick übersichtlicher. Noch besser ist die Lösung, Skriptteile in eigene Dateien auszulagern.

9.5.1 Externe Dateien mit include einbinden

JavaScript bietet Ihnen seit Photoshop CS die Möglichkeit, externe Skriptdateien oder besser deren Inhalte mit der `include`-Anweisung einzubinden. Trifft JavaScript auf die `include`-Anweisung, sucht es nach der hier angegebenen Datei und arbeitet das enthaltene Skript ab. Sehen wir uns das Verfahren zunächst an einem kleinen Beispiel an.

Photoshop bietet Ihnen die Möglichkeit, im Menü *Ebene* mit *Ebene duplizieren* eine neue Datei mit genau dieser Ebene als Inhalt anzulegen. Das geht offiziell auch mit der Methode `duplicate()`, funktionierte bei mir aber lange nie. Nach etlichen vergeblichen Tests kam ich auf die Idee, es mit dem ScriptListener umzusetzen und dessen Skript in eine Funktion zu setzen. Das dabei erzeugte umfangreiche Skript lässt sich, nachdem es in eine Funktion gesetzt wird, in eine Datei auslagern und mit der `include`-Anweisung einbinden.

- ▶ Öffnen Sie die Datei *ebeneZuNeuerDatei.js*. Es handelt sich um den Skriptblock aus dem ScriptListener, der in eine Funktion gesetzt wurde.
- ▶ Lassen Sie das Skript bei geöffneter Datei *Blume.psd* einmal ablaufen, erhalten Sie ein neues Dokument der aktivierten Ebene.
- ▶ Kopieren Sie den Funktionsaufruf in ein neues leeres Skript, und speichern Sie die Skriptdatei unter dem Namen *ebenenDuplikat.js*. Die eine Zeile des Skripts wird mit der `include`-Anweisung ergänzt:

```
kopiereEbeneInNeuesDokument( "MeineDatei.psd", "EbeneMeinerDatei");
//@include "funktionEbeneDuplizieren.js";
```

- ▶ Die Funktion selbst wird komplett mit allen Klammern aber ohne den Funktionsaufruf in eine eigene Skriptdatei gelegt und unter dem Namen *funktionEbeneDuplizieren.js* gespeichert.

▷ Führen Sie das Skript der Datei *ebenenDuplikat.js* aus. Trifft JavaScript auf die `include`-Anweisung, wird die Funktion aus der Datei *funktionEbene-Duplizieren.js* eingelesen und das enthaltenen Skript ausgeführt.

Zur `include`-Anweisung gehören die beiden Schrägstriche, das direkt folgende Zeichen @ und das Schlüsselwort `include`. Der Dateiname wird als Zeichenkette in Hochkommas angegeben. Bei der Suche nach der einzubindenden Datei hält JavaScript sich an die Vorgaben, die Sie in die `include`-Anweisung schreiben. Sie dürfen auch mehrere `include`-Anweisungen einfügen, die nacheinander durchsucht werden. Am übersichtlichsten ist hier wohl ein Bibliotheksverzeichnis mit allen Skripts, die sich zum Einbinden über eine `include`-Anweisung anbieten.

Mit der `include`-Anweisung wird eine wichtige Forderung umgesetzt, eigens erstellte Funktionen als Bestandteil einer Bibliothek zu nutzen. Dabei kann jede Funktion als eigenständige Datei ausgelagert werden, oder aber mehrere Funktionen werden in ein Dokument gesetzt. Die letzte Lösung ist sicher auf ein Projekt bezogen übersichtlicher, flexibler sind die vielen einzelnen Dateien.

9.5.2 Das alte Skript, Funktionen ausgelagert

Bereits das zweite Beispiel dieses Kapitels bietet im Abschnitt *Bilder an Abmessungen anpassen* ein sehr umfangreiches Skript, das einmal mit selbst geschriebenen Funktionen und ergänzend mit vorgegebenen Methoden arbeitet. Das durch Auslagerung verkürzte Skript kann so aussehen:

```
// Verzeichnis suchen, ein Verzeichnis hier anlegen:
var selectedFolder = Folder.selectDialog("Verzeichnis suchen");
inhalt = selectedFolder.getFiles();
var zielPfad = selectedFolder.fsName;
var zielVerzeichnis = new Folder(zielPfad + "/JPEG");
zielVerzeichnis.create();
// Ein Bild öffnen und die Anweisungen je Dokument ausführen:
for (var i = 0; i < selectedFolder.getFiles().length; i++){
   if (inhalt[i] instanceof File) {
     datName = inhalt[i].name;
     endung = datName.split(".");
     nachName = endung[1];
     if(nachName == "psd") {
       dateinamePSD = inhalt[i].fsName;
       speicherName =  inhalt[i].name;
       datArbeit = File(dateinamePSD);
       open(datArbeit);
       dukuBreit = activeDocument.width.value;
       dokuHoch = activeDocument.height.value;
       //@include "bilioFunktion/formatlage.js";
       //@include "bilioFunktion/abmessungneu.js";
       activeDocument.flatten();
       activeDocument.channels.removeAll();
       activeDocument.changeMode(ChangeMode.RGB);
```

```
        activeDocument.bitsPerChannel = BitsPerChannelType.EIGHT;
        //@include "bilioFunktion/jpegSpeichern.js";
        activeDocument.close();
      }
    }
}
```

▷ Vergleichen Sie das Skript *bildgroesseproportional_include.js* und die zugehörigen Dateien aus dem Verzeichnis *biblioFunktion* mit dem Skript in der Datei *bildGroesseProportional_ok.js.*

In diesem Beispiel wurden alle selbst geschriebenen Funktionen ausgelagert. Die `include`-Anweisungen entnehmen die einzelnen Dateien dem Verzeichnis *biblioFunktion*, das im selben Ordner wie die aufrufende Skriptdatei *bildgroesseproportional_include.js* liegt.

Bei der Anwendung der `include`-Anweisung kommt den Variablen eine wichtige Rolle zu: Die Variablen aus dem aufrufenden und die aus dem aufgerufenen Skript können kollidieren. Das Ergebnis bilden unter Umständen falsch umgesetzte, überschriebene Werte. Einige Variablen müssen Sie mit dem vorgestellten Schlüsselwort `var` bei der Deklaration zu lokalen Variablen wandeln, damit die Variablen nur innerhalb der ausgelagerten Funktion gelten. Andere Variablen müssen ohne das Schlüsselwort `var` als globale Variablen erhalten bleiben, damit sie auch überall gefunden werden.

10 Auswahl & Zwischenablage

Auf den ersten Blick scheint es eher unwahrscheinlich, dass man Auswahlbereiche im Skript umsetzt. Doch der erste Eindruck täuscht. So lassen sich mit dem Skript genau festgelegte Abschnitte eines Bildes auswählen und in neue Dokumente speichern. Wird beim Speichern auch noch das richtige Format gewählt, können diese Ausschnitte in einer HTML-Tabelle eingebunden im Internet eingesetzt werden. Sie ersparen sich auf diesem Weg die Umsetzung von Tabellengrafiken in ImageReady. Mit der Möglichkeit, Auswahlbereiche als Alphakanal zu speichern, treten Skripts auch hier in Konkurrenz zu Aktionen. Viele Schrifteffekte lassen sich erst durch den Einsatz der Kanäle umsetzen. Ein ausführliches Beispiel dazu finden Sie in diesem Kapitel.

10.1 Auswahl per Skript

Eine Auswahl kann im Skript gesetzt und geändert werden. Das Skript beschreibt die Auswahlmarkierung über Punkte, durch die eine gestrichelte Linie läuft. Jeder Punkt beschreibt ein Koordinatenpaar (X- und Y-Achse). Die Reihenfolge, in der eine Auswahlmarkierung über diese Punkte gebildet wird, läuft gegen den Uhrzeigersinn. Der Auswahlbereich wird mit einem mehrdimensionalen Array beschrieben (ein Array, das wieder Arrays enthält).

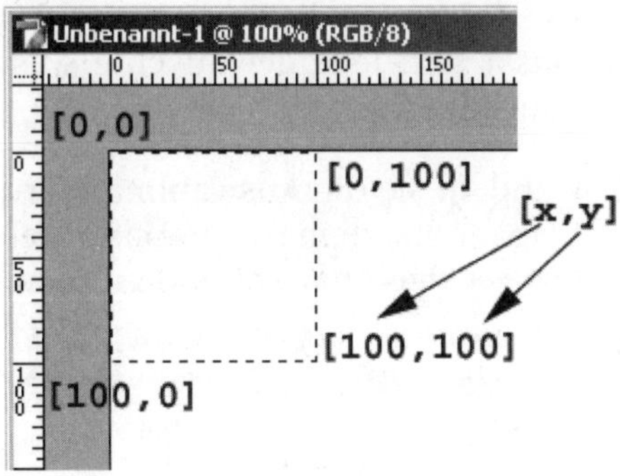

Abbildung 10.1: Die Koordinatenpaare für die Ecken einer Auswahl

Der Versuch, auf eine nicht bestehende Auswahl zuzugreifen, führt in jedem Fall zu einer Fehlermeldung. Das vermeiden Sie durch einen sorgfältigen Aufbau des Skripts: Legen Sie einfach eine neue Auswahl an, bevor Sie auf eine Auswahl zugreifen. Im neu geöffneten Dokument schwebt nichts, und eine neue Auswahl ersetzt eine vorhandene ohne Nachfrage. So entfällt die Abfrage, ob eine Auswahl im Dokument schwebt. Das erfahren Sie nur über einen Trick, den Sie beim Thema *Fehler und Fehler abfangen* finden.

10.1.1 Eine Auswahl anlegen

Die Auswahl ist direkt dem aktiven Dokument zugeordnet, sie gilt dabei für die jeweils aktive Ebene. Daher erfordert die Arbeit mit der Auswahl immer ein aktives Dokument, das zuvor angelegt wird. Soll die Auswahl für eine bestimmte Ebene gelten, wird diese vorher im Skript aktiviert.

- Öffnen Sie ein Dokument, und tragen Sie die beiden Zeilen in ein neues Skript ein. Dabei wird erst eine Variable (`Auswahl`) angelegt und mit den Punktangaben gefüllt, denn das fördert die Übersicht. Dann wird diese Variable der Methode `select()` als Wert übergeben.

```
var Auswahl = [[0,0],[0,100],[100,100],[100,0]];
activeDocument.selection.select(Auswahl);
```

- Lassen Sie das Skript ablaufen, wird oben links in der Ecke eine quadratische Auswahl erstellt.

  Die Punktangaben zeigen das Array, erkennbar an den eckigen Klammern. Jedes Punktepaar bildet ein Array, alle Punktepaare zusammen ergeben das ganze Array in den beiden äußeren eckigen Klammern. Verfolgen Sie die Reihenfolge der Koordinatenangabe. Auf diesem Weg lässt sich jede gewünschte Auswahlfigur mit beliebigen Eckpunkten umsetzen.

- Wandeln Sie die Auswahlmarkierung ab, löschen Sie das letzte Koordinatenpaar aus dem Array. Das Ergebnis ist ein Dreieck. Das Skript für eine neue eckige Auswahl finden Sie in der Datei *auswahlAnlegen.js.*

```
var Auswahl = [[0,0],[0,100],[100,100]];
activeDocument.selection.select(Auswahl);
```

Auch mit dem Skript hebt eine neue Auswahl eine im Dokument schwebende Auswahl auf.

10.1.2 Kreisauswahl als Funktion

Eine eckige Figur kann man sich in Punkten umgesetzt einfach vorstellen. Was aber, wenn es sich um einen Kreis handelt? Einen Befehl zum Anlegen der Kreisauswahl wie die Schaltfläche *Auswahlellipse-Werkzeug* gibt es nicht. In diesem Fall wird mit dem ScriptListener aufgezeichnet und sein Skript in eine Funktion eingebaut.

- ▷ Öffnen Sie die Datei *kreisAuswahl.js*. In dieser Datei befindet sich das vollständig aufgezeichnete Skript für eine kreisrunde Auswahl. Der Funktionsaufruf ist auskommentiert. Kopieren Sie den Funktionsaufruf in die Zwischenablage.
- ▷ Legen Sie ein neues Skript an, und fügen Sie den kopierten Funktionsaufruf diesmal ohne Kommentarzeichen ein. Ergänzen Sie für Photoshop CS das Skript um eine `include`-Anweisung, mit der Sie die Datei *kreisAuswahl.js* aufrufen. Speichern Sie das neue Skript im selben Verzeichnis wie die eingebundene Datei. Testen Sie das Skript an einem geöffneten Dokument.

```
rundeAuswahl(0, 0,100,100);
//@include "kreisAuswahl.js"
```

Es handelt sich bei den vier Werten um die äußersten Punkte auf dem Kreis, der Bezugspunkt ist dabei der aktuelle Nullpunkt der Lineale. Dessen Position lässt sich per Skript nicht erfassen und auch nicht ändern. Wenn Sie den Nullpunkt nicht mit der Maus an eine andere Stelle im Dokument setzen, befindet er sich links oben im Dokument. Die Punktreihenfolge lautet: Oben, Links, Unten und Rechts. Stellen Sie sich einfach Hilfslinien vor, die durch den jeweiligen Punkt verlaufen.

Abbildung 10.2: Kreisauswahl (0,0,60,60) mit versetztem Nullpunkt

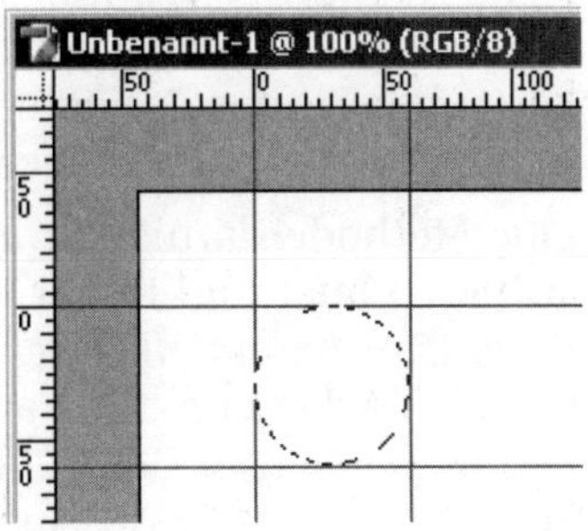

10.1.3 Methoden des Objekts Selection

Zur Änderung von Auswahlbereichen stellt Ihnen JavaScript zahlreiche Methoden zur Verfügung. Auch hier gilt: Zunächst wird das aktive Dokument aufgeführt, gefolgt vom Objekt `Selection` und der entsprechenden Methode ergänzt mit runden Klammern.

```
activeDocument.selection.selectAll();
```

Den Befehl *Alles auswählen* setzen Sie mit der Methode `selectAll()` um. Mit der Methode `deselect()` wird die Auswahl aufgehoben. Das entspricht dem Menüeintrag *Auswahl · Auswahl aufheben.* Den Befehl *Auswahl umkehren* setzen Sie mit `invert()` um. Den Befehlen *Erweitern* und *Verkleinern* aus dem Menü *Auswahl · Auswahl verändern* wird der Wert mitgegeben, um den die Auswahl geändert wird.

```
activeDocument.selection.expand(20);
activeDocument.selection.contract(20);
```

Den Inhalt einer bestehenden Auswahl fügen Sie mit der Methode `copy()`in die Zwischenablage ein. Übergeben Sie der Methode den Wert `true`, wird auch der Inhalt der darunter liegenden sichtbaren Ebenen mit kopiert.

```
activeDocument.selection.copy(true);
```

Einen Auswahlbereich verschieben Sie mit oder ohne den eingefassten Inhalt. Dazu finden sich zwei Methoden. In beiden Fällen gehört in die runden Klammern ein Punktepaar für die X- und die Y-Achse.

```
activeDocument.selection.translate(50,100);
activeDocument.selection.translateBoundary(50,100);
```

Den Inhalt der Auswahl entfernen Sie mit der Methode `clear()`:

```
activeDocument.selection.clear();
```

10.1.4 Eine Auswahl über transparente Pixel laden

Eine sehr wichtige Möglichkeit, an eine Auswahl zu kommen, finden Sie im Menü *Auswahl · Auswahl laden.* In der Grundeinstellung finden Sie im Dialogfenster *Auswahl laden* in der Liste *Kanal* den Eintrag *Ebenenname Transparenz.* Bestätigen Sie das Dialogfenster, ist der mit nicht transparenten Pixeln bedeckte Inhalt der aktuellen Ebene in der Auswahl.

Eine Methode dafür gibt es nicht, aber den ScriptListener. Der Befehl liegt aufgezeichnet und in der Funktion `transparenteAuswahl()` ruhend in der Datei *transparentenBereichAuswaehlen.js* vor. Kopieren Sie die Funktion, und setzen Sie den Funktionsaufruf an die richtige Stelle. Entfernen Sie die Kommentarzeichen in der Zeile unterhalb des Funktionsaufrufs, wird über die Methode `invert()` die Auswahl auch gleich umkehrt.

```
transparenteAuswahl()
// activeDocument.selection.invert();
function transparenteAuswahl() {
  // Script aus dem ScriptListener
}
```

Natürlich können Sie die Funktion mit der transparenten Auswahl auch in eine Datei fügen, die Sie mit der `include`-Anweisung einbinden. Das funktioniert aber erst ab Photoshop CS.

Schriftkontur mit Abstand

Kombinieren Sie jetzt einige der Auswahlbefehle, und erzeugen Sie eine Schriftkontur mit einem frei wählbaren Abstand zur Schrift. Das Skript ist eine direkte Umsetzung einer Aufgabe aus meinem Buch *Photoshop CS* aus dem Franzis Verlag, die Datei mit dem Skript finden Sie unter *schriftKonturAbstand.js.*

Abbildung 10.3: Das Skript erzeugt Kontur und Schatten

- Öffnen Sie die Datei *schriftKonturSchatten.psd,* und aktivieren Sie hier die Textebene. Laden Sie die Datei *schattenschrift.asl* aus dem Verzeichnis *bildMaterial* und hier *AktionenGradationskurve* auf die Palette *Stile.*
- Für die Auswahl der Buchstaben nutzen Sie die Funktion mit der transparenten Auswahl aus dem vorherigen Abschnitt. Tragen Sie den Funktionsaufruf ein.
- Steht die Auswahl, wird eine neue Ebene angelegt. Die Auswahl gilt der neuen Ebene. Erweitern Sie die Auswahl mit der Methode `expand()`. Tragen Sie in die runden Klammern den Betrag ein, um den die Auswahl erweitert wird.

```
transparenteAuswahl();
activeDocument.artLayers.add();
activeDocument.selection.expand(9);
```

- Die Auswahl soll eine Kontur erhalten. Legen Sie eine Kopie des Farbobjekts `SolidColor` an. Stellen Sie die Farbe für das Objekt ein. Die hier benutzten Werte ergeben die Farbe Blau.

```
var fillColor = new SolidColor();
fillColor.rgb.red = 33;
fillColor.rgb.green = 51;
fillColor.rgb.blue = 185;
```

- Sie haben nun alle Informationen für den Befehl *Bearbeiten · Kontur füllen.* Der wird über die Methode `stroke()`umgesetzt. Der erste Wert in den Klammern ist die Variable mit dem Farbobjekt. Das entspricht dem Feld *Farbe* im Dialogfenster *Kontur füllen.* Die nächsten Angaben gelten für das Eingabefeld *Breite,* die Option *Position,* die Liste *Füllmethode* und zuletzt die Option *Transparente Bereiche schützen* im Dialogfenster *Kontur füllen.*

```
activeDocument.selection.stroke(fillColor, 5, StrokeLocation.INSIDE,
  ColorBlendMode.NORMAL, 100, false);
```

- Die letzte Anweisung wendet den Stil mit dem Namen *Schattenschrift* an. Den habe ich auf der Palette *Stile* angelegt. Verwenden Sie den mitgelieferten Stil *Schattenschrift*, oder legen Sie selbst einen Stil an und geben ihm den Namen, den Sie im Skript verwenden möchten.

```
activeDocument.activeLayer.applyStyle("Schattenschrift");
```

- Den Abschluss bildet die zu Beginn aufgerufene Funktion. Die liegt am Ende, das Skript wird übersichtlicher.

```
function transparenteAuswahl() {
  // Script aus dem ScriptListener
}
```

Das Skript flexibler ausgestalten

Das Skript wird flexibler, wenn Sie die folgenden Zeilen an den Anfang setzen. Da wird die Texthöhe ermittelt und durch 20 dividiert. Das ergibt den Abstand der Kontur. Die Variable `abstand` wird der Methode `expand()` in den runden Klammern statt des Zahlenwerts mitgegeben. Auch die Breite der Kontur wird durch eine Variable (`breite`) ersetzt, die Sie ebenfalls berechnen lassen und statt des Wertes in die Methode `stroke()` einfügen. Variieren Sie die Werte der Variablen passend zur gewählten Schrift.

```
var schriftHoch = activeDocument.activeLayer.textItem.size;
var abstand = schriftHoch / 20;
var breite = abstand / 2;
```

10.1.5 Dokumentbereiche auf Ebenen kopieren (slicen)

Einen nützlichen Befehl zum Aufteilen eines Bildes in gleichmäßige Stücke wie *Slices unterteilen* aus ImageReady gibt es in Photoshop bisher nicht. Helfen wir nach, indem wir uns einen eigenen Befehl basteln.

- Öffnen Sie die Datei *Adler.psd* aus dem Verzeichnis *Beispiele*. Diese Datei wird in sechs Teile zerlegt. Dabei wird für jeden Teil eine Auswahl erstellt und deren Inhalt auf die neue Ebene gelegt.
- Legen Sie zunächst die Anzahl der Teile in zwei Variablen (`xTeile`, `yTeile`) fest. Ermitteln Sie auch gleich die Abmessungen des aktiven Dokuments, und verstauen Sie diese Werte ebenfalls in Variablen (`x`, `y`).

```
xTeile = 2;
yTeile = 3;
x = activeDocument.width.value / xTeile;
y = activeDocument.height.value / yTeile;
```

- Ermitteln Sie in der verschachtelten Schleife die Position für die Auswahl, und rufen Sie die Funktion zum Kopieren des Auswahlinhaltes auf. Jede Schleife erhält ihre eigene Zählvariable. Die erste Schleife (`yTeile`) setzt die Anzahl der Zeilen um, die zweite die Anzahl der Spalten (`xTeile`).

```
for (var j = 0; j < yTeile; j++) {
   for (var i = 0; i < xTeile; i++) {
      var posiX = x * i;
      var posiY = y * j;
      abschnittKopieren()
   }
}
```

Abbildung 10.4: Das in Ebenen unterteilte Dokument

- Tragen Sie jetzt das Kernstück des Skripts ein. In der Funktion wird der Name der Ebene in eine Variable (hgName) gelegt. Der Name wird benötigt, um das Auswahlstück jeweils von genau dieser Ebene zu kopieren. Dann werden die Punkte für die Auswahl in eine Variable eingetragen (arbeitsAuswahl). Die Auswahl wird mit den Werten der Variablen angelegt und kopiert. Da die Auswahlmarkierung auch bei der neuen Ebene noch an der richtigen Stelle besteht, kopiert man den Inhalt auch gleich in diese Auswahl. Für die nächste Auswahl wird dann wieder die Ebene mit dem Namen hgName aktiviert, der das nächste Bildstück entnommen wird.

```
function abschnittKopieren() {
  hgName = activeDocument.activeLayer.name;
  var arbeitsAuswahl = [[posiX,posiY], [posiX,posiY+y],
    [posiX+x,posiY+y], [posiX+x,posiY]];
  activeDocument.selection.select(arbeitsAuswahl);
  activeDocument.selection.copy(false);
  activeDocument.paste(false);
  activeDocument.activeLayer = activeDocument.layers[hgName];
}
```

Möchten Sie das Dokument anders unterteilen, ändern Sie lediglich die Werte der Variablen xTeile und yTeile. Das könnte auch über ein Dialogfenster erfolgen. Die einzelnen Ebenen können Sie mit einer weiteren Funktion Ebene für Ebene in eine neue Datei kopieren und diese Datei im gewünschten Format speichern.

10.2 Kanäle, die besondere Auswahl

Untersuchen Sie die verschiedensten Aktionen für Schrifteffekte, werden Sie feststellen, dass hier gespeicherte Kanäle benutzt werden, um weich auslaufende Auswahlkanten mit dem Filter *Gaußscher Weichzeichner* zu erzeugen. Diese Art der Umsetzung ermöglicht es Ihnen, die Ausführung einer weich auslaufenden Auswahl wesentlich individueller zu steuern als dies mit dem Befehl *Weiche Auswahlkante* möglich ist. Setzen Sie JavaScript ein, kann eine beliebigen Anzahl von Ebenen mit beliebigem Inhalt in einem oder mehreren Dokumenten diesen Effekt erhalten.

10.2.1 Diese Kanäle finden Sie in den Dokumenten

Jedes Dokument besitzt abhängig vom gewählten Farbmodus eine bestimmte Anzahl von Standardkanälen. Im Modus RGB zum Beispiel sind das die Kanäle Rot, Grün und Blau. Zusammengesetzt werden die Kanäle im Composite-Kanal, über den das ganze Bild bearbeitet wird. Löschen Sie einen der Standardkanäle, wird auch der Composite-Kanal gelöscht.

Neue Kanäle legen Sie entweder direkt auf der Palette *Kanäle* an, oder Sie speichern eine Auswahl in einem Kanal. Kanäle sind dem Dokument direkt untergeordnet, sie benötigen ein geöffnetes Dokument. Die Kanäle sind zur collection `Channels` zusammengefasst, über die Sie alle Kanäle auf der Palette *Kanäle* verwalten.

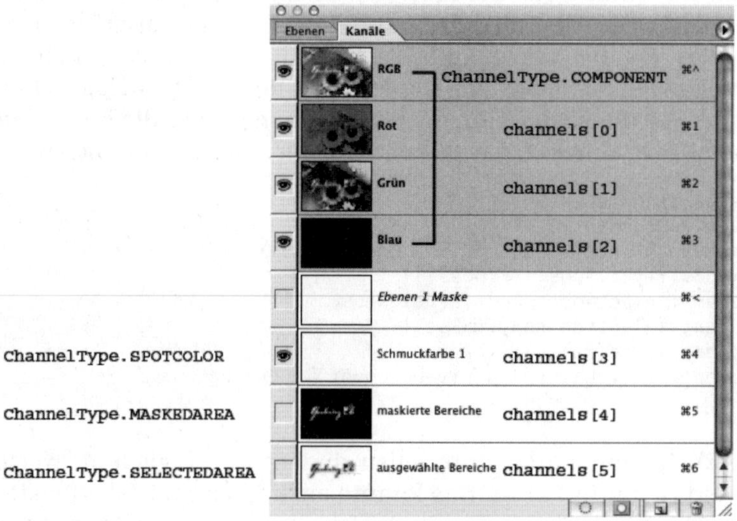

Abbildung 10.5: Kanaltypen und die collection channels

10.2.2 Kanäle verwalten

Neue Kanäle legen Sie mit der Methode `add()`direkt auf der Palette *Kanäle* an, ein Wert wird nicht mitgegeben. Mit der Methode `removeAll()` werden alle nicht zu den Standardkanälen des Farbmodus gehörenden Kanäle gelöscht. Über die Eigenschaft `length` wird die Anzahl der vorhandenen Kanäle ermittelt.

```
activeDocument.channels.add();
activeDocument.channels.removeAll();
alert(activeDocument.channels.length);
```

Eine Sonderstellung nimmt der temporäre Kanal der Ebenenmaske ein. Er wird nur angezeigt, wenn eine Ebene mit Ebenenmaske aktiv ist. Eine Ebenenmaske entsteht automatisch, wenn Füll- oder Einstellungsebenen erzeugt werden. Der temporäre Kanal der Ebenenmaske wird weder mit der Methode `removeAll()` gelöscht noch bei der Ermittlung der Anzahl der Kanäle über die Eigenschaft `length` berücksichtigt.

10.2.3 Kanaleigenschaften und Methoden

Im Unterschied zu den Ebenen können Sie mit der Maus und der ⇧-Taste einen oder mehrere Kanäle markierten. Markierte Kanäle lassen sich über die Eigenschaft `avtiveChannels` vom Objekt `Documents` ermitteln:

```
alert(activeDocument.activeChannels);
```

Der Kanaltyp wird über die Eigenschaft `kind` vom Objekt `Channel` ermittelt oder zugewiesen. Die verfügbaren Kanaltypen richten sich nach der Aufgabe, für die sie angelegt werden.

```
activeDocument.channels[4].kind = ChannelType.SPOTCOLOR;
alert(activeDocument.channels[4].kind);
```

JavaScript kennt die folgenden Kanaltypen, die Sie in der Abbildung zu Beginn des Abschnitts 10.2 wiederfinden:

`ChannelType.MASKEDAREA`: Gespeicherte Auswahl oder selbst angelegter Kanal, Palette *Kanäle, Kanal-Optionen · Farbe kennzeichnet, Maskierte Bereiche* (ausgewählter Bereich Weiß, transparent).

`ChannelType.SELECTEDAREA`: Gespeicherte Auswahl oder selbst angelegter Kanal, Palette *Kanäle, Kanal-Optionen · Farbe kennzeichnet, Ausgewählte Bereiche* (ausgewählter Bereich Schwarz deckend).

`ChannelType.SPOTCOLOR`: Schmuckfarbenkanal.

`ChannelType.COMPONENT`: Die zum Bild gehörenden Standardkanäle, je nach Farbmodus (RGB, CMYK, Lab Modus). Der Composite-Kanal wird beim Ermitteln der Anzahl nicht berücksichtigt.

Helligkeitswerte ermitteln

Die Farben der Bilder werden in den Kanälen umgesetzt. Die Eigenschaft `histogram` beschreibt die Verteilung der Helligkeitswerte des angezeigten (sichtbaren!) Kanals. Im Kanal werden 256 Helligkeitswerte umgesetzt. Gezählt wird hier, wie oft ein Helligkeitswert im angezeigten Kanal vorhanden ist. Bei einem Dokument von 10 x 10 Pixel, das ganz in Schwarz gehalten ist, zeigt das Dialogfenster nach dem Abfragen der Eigenschaft `histogram` genau einmal den Wert 100 und 255 Positionen mit dem Wert 0. Mit dieser Eigenschaft, die sich nur abfragen lässt, könnte man ermitteln, ob auch wirklich nur schwarze und weiße Pixel im Bild vorhanden sind.

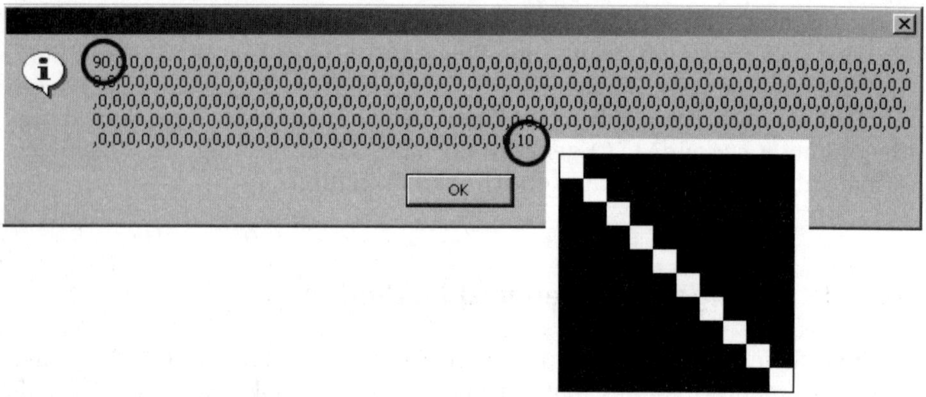

Abbildung 10.6: Nur schwarze (90) und weiße (10) Pixel im Dokument

Die Sichtbarkeit eines Kanals wird über die Eigenschaft `visible` ein- oder ausgeschaltet. Für Änderungen an der Eigenschaft `histogram` muss die Eigenschaft `visible` für den Kanal auf den Wert `true` gesetzt werden.

Einen Kanal sprechen Sie entweder über seine Position auf der Palette *Kanäle* oder über seinen Namen an. Den Namen müssen Sie vorher festlegen.

```
activeDocument.channels[4].name = "Mein Name";
alert(activeDocument.channels[2].name);
```

Das Objekt `Channel` bietet Ihnen drei eigene Methoden an. Mit `duplicate()` erzeugen Sie eine Kopie des Kanals und mit `remove()` wird der angesprochene Kanal entfernt. Die Methode `merge()` mischt einen Schmuckfarbenkanal in den Composite-Kanal (Palette *Kanäle, Kanal-Optionen, Schmuckfarbenkanal mischen*). Dabei wird der Schmuckfarbenkanal von der Palette *Kanäle* entfernt.

```
activeDocument.channels[3].duplicate();
activeDocument.channels[3].remove();
activeDocument.channels[3].merge();
```

Speichern Sie ein Dokument im Skript in einem Dateiformat, das keine Kanäle kennt, und entfernen Sie alle vorhandenen Kanäle, bevor Sie den Aufruf zum Speichern und zum Schließen benutzen.

10.2.4 Auswahl speichern und laden

Einige Kanäle sind gespeicherte Auswahlbereiche: die Alphakanäle. Die Alphakanäle lassen sich auf das Dokument laden und dabei mit schwebenden Auswahlbereichen verrechnen. Zwei Einträge sind für die gespeicherte Auswahl zuständig: *Auswahl laden* und *Auswahl speichern*. Beide öffnen ein Dialogfenster, über das Kanäle angelegt oder vorhandene Kanäle geändert werden.

- Legen Sie ein neues Dokument und dort mit der Maus eine schwebende Auswahl an. Die schwebende Auswahl benötigen Sie immer, wenn Sie eine Auswahl speichern möchten.
- Jetzt wird ein neuer Kanal angelegt. Der Kanal wird in die Variable (`neuKanal`) gelegt. Erst in den neu angelegten Kanal wird die Auswahl gespeichert und erhält auch gleich einen Namen.

```
neuKanal = activeDocument.channels.add();
activeDocument.selection.store(activeDocument.channels[neuKanal.name =
  "HUGOseins"]);
```

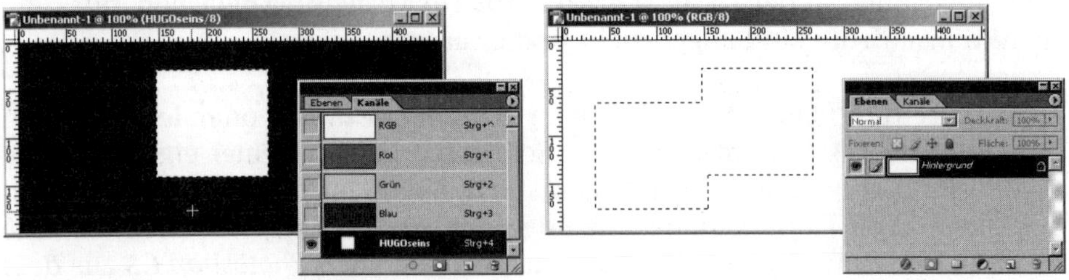

Abbildung 10.7: Die schwebende Auswahl wird per Skript im Kanal gespeichert

- Die Auswahl ist gespeichert. Wechseln Sie auf die Ebene, und verschieben Sie die Auswahl im Dokument an eine neue Position.
- Ergänzen Sie das Skript mit der nachfolgenden Zeile. Löschen oder kommentieren Sie die beiden vorherigen Zeilen einfach aus.

```
activeDocument.selection.load (activeDocument.channels["HUGOseins "],
  SelectionType.REPLACE, false);
```

Der Wert `false` steht für die Option *Umkehren* auf dem Dialogfenster *Auswahl laden*. Möchten Sie die Auswahl direkt umkehren, wenn sie geladen wird, tauschen Sie den Wert `false` gegen den Wert `true` aus.

Wie mit der Auswahl verfahren wird, legt die Eigenschaft `selectionType` fest. Da steht `REPLACE` für *Neue Auswahl;* `EXTEND` für *Der Auswahl hinzufügen;* `DIMINISH` gehört zu *Von Auswahl subtrahieren* und `INTERSECT` zu *Auswahlschnittmenge bilden.*

Metallische Schriftkontur aus der Auswahl

Bei der täglichen Arbeit mit Photoshop können Sie auf einen angeklickten Kanal viele der Befehle anwenden, die Ihnen auch für die Ebenen zur Verfügung stehen. Das ist mit JavaScript so direkt nicht möglich. In diesem Fall wird die fehlende Methode durch den ScriptListener ersetzt und das Ergebnis in einer Funktion ausgewertet. Was Sie dennoch erreichen können, zeigt das folgende Beispiel, bei dem eine metallische Kontur um einen Schriftzug gelegt wird.

Abbildung 10.8: Kanalarbeit mit Unterstützung des ScriptListeners

Um das Skript im Buch nicht auf zu viele Seiten auszudehnen, wurden die Funktionen in der Datei *schriftkonturAusAuswahl.js* belassen, nur die Funktionsaufrufe sind abgedruckt und erläutert.

- Vorbereitung: Öffnen Sie die Datei *bananenText.psd,* oder legen Sie ein vergleichbares Dokument an. Der Schriftzug liegt auf einer eigenen Ebene und ist bereits gerastert. Die gerasterte Ebene ist markiert und hat den Namen *SCOTT* erhalten, den Sie übernehmen. Das Skript ist ebenfalls eine direkte Umsetzung einer Aufgabe aus meinem Buch *Photoshop CS* aus dem Franzis Verlag, die Datei mit dem Skript finden Sie unter *schriftkonturAusAuswahl.js.*
- Kopieren Sie die selbst erstellten Funktionen aus der Datei *schriftkonturAusAuswahl.js* in Ihr Dokument, und schieben Sie diese Textblöcke im Editor ganz weit nach unten.

  Testen Sie die einzelnen Abschnitte. Die Wirkung der Funktionen lässt sich so leichter nachvollziehen und Tippfehler lassen sich eingrenzen.

- Der Inhalt der Ebene *SCOTT* wird mit der Funktion `transparenteAuswahl()` in eine Auswahlkontur gefasst. Tragen Sie den Funktionsaufruf ein. Die schwebende Auswahl wird zum Kanal: Dazu wird ein neuer Kanal angelegt und die Auswahl unter dem Namen `Original` gespeichert. Der Kanal wird dupliziert und erhält den Namen `Wert 1`.

```
transparenteAuswahl();
neuKanal = activeDocument.channels.add();
activeDocument.selection.store(activeDocument.channels[neuKanal.name =
"Original"]);
activeDocument.channels[3].duplicate();
activeDocument.channels[4].name = "Wert 1";
```

▷ Die Auswahl wird aufgehoben und die Funktion `gaussKanal()` aufgerufen. Ohne es zu merken, verlassen Sie den Befehlsbereich der Kanäle. Der Filter *Gaußscher Weichzeichner* ist nicht als Methode für die Kanäle vorgegeben, er wird über den ScriptListener ausgeführt. Anschließend wird die Funktion `verschieben()` aufgerufen, die Umsetzung des Filters *Verschiebungseffekt.*

```
activeDocument.selection.deselect();
gaussKanal(3);
verschieben(2,2);
```

▷ Der Kanal mit dem Namen `Original` wird erneut dupliziert und erhält den Namen `Wert 2`. Der neue Kanal wird unten in der Palette *Kanäle* angehängt, daher auch `channels[5]`. Auch auf diesen Kanal wird die Funktion `gaussKanal()` angewendet und der Filter *Verschiebungseffekte* mit der Funktion `verschieben()` aufgerufen, hier mit negativen Werten.

```
activeDocument.channels[3].duplicate();
activeDocument.channels[5].name = "Wert 2";
gaussKanal(3);
verschieben(-2,-2);
```

▷ Das Dialogfenster *Kanalberechnungen* oder besser die Werte, die dort eingetragen wurden, sind zur Funktion `kanalBerechnen()` geworden, aufgezeichnet mit dem ScriptListener. Es folgt die Funktion `umkehren()`, die Sie im Menü *Bild, Anpassen* finden. Auch die Funktion `autoTonwert()` ist das Ergebnis einer Aufzeichnung..

```
kanalBerechnen();
umkehren();
autoTonwert()
```

▷ Der gesamte Inhalt des Kanals wird über das ganze Dokument ausgewählt, der Inhalt der Auswahl in die Zwischenablage kopiert. Die Funktion `zurEbene()` führt den Wechsel von der Palette *Kanäle*, auf der Sie bisher arbeiteten, zur Palette *Ebenen* durch. Auch das ist eine Aufzeichnung.

```
activeDocument.selection.selectAll();
activeDocument.selection.copy();
zurEbene();
```

▷ Der Inhalt der Zwischenablage wird als neue Ebene eingefügt, die auch gleich den Namen `Silberkontur` erhält. In der Variablen `punkte` landen die Werte aus dem Dialogfenster *Gradationskurven*. Jeder Punkt, der dort gesetzt wird, ergibt Array als Punktepaar, alle zusammen werden in ein Array gelegt. Die Variable mit den Punkten wird mit der Methode `adjustCurves()` umgesetzt.

```
activeDocument.paste();
activeDocument.activeLayer.name = "Silberkontur";
var punkte = [ [0,0], [45,223], [64,128], [95,25], [127,129], [158,231],
[190,122], [219,27], [255,255]];
activeDocument.activeLayer.adjustCurves(punkte);
```

▷ Eine neue Ebene wird angelegt und mit `Deckflaeche` benannt. Auf diese Ebene wird die Auswahl mit dem Namen `Original` geladen.

```
activeDocument.artLayers.add();
activeDocument.activeLayer.name = "Deckflaeche";
activeDocument.selection.load(activeDocument.channels["Original"]);
```

▷ Vordergrund- und Hintergrundfarbe werden festgelegt und jeweils in ein Farbobjekt abgelegt. Dann wird die so festgelegte Farbe zugewiesen. Aus beiden Farben wird mit dem ScriptListener ein Verlauf erzeugt. Der wird mit der Funktion `verlauf()` aufgerufen. Fällt der Verlauf nicht aus wie gewünscht, wird er erneut aufgezeichnet und das Skript in der Funktion `verlauf()` ausgetauscht.

```
var solidColor = new SolidColor;
solidColor.rgb.red = 208;
solidColor.rgb.green = 25;
solidColor.rgb.blue = 60;
foregroundColor = solidColor;
var solidColor2 = new SolidColor;
solidColor2.rgb.red = 255;
solidColor2.rgb.green = 255;
solidColor2.rgb.blue = 255;
backgroundColor = solidColor2;
verlauf();
```

▷ Die Auswahl wird mit der Methode `invert()` umgekehrt und mit `contract()` verkleinert. Die Ebene `Silberkontur` wird aktiviert, der Inhalt der Auswahl mit der Methode `clear()` entfernt und die Auswahl wieder umgekehrt. Ein neuer Kanal wird angelegt und die Auswahl darin gespeichert. Sein Name lautet `Kante`.

```
activeDocument.selection.invert();
activeDocument.selection.contract(5);
activeDocument.activeLayer = activeDocument.artLayers["Silberkontur"];
activeDocument.selection.clear();
activeDocument.selection.invert();
neuKanal = activeDocument.channels.add();
activeDocument.selection.store(activeDocument.channels[neuKanal.name =
  "Kante"]);
```

▷ Sie befinden sich wieder auf der Palette *Kanäle*. Die Auswahl `Original` wird wieder geladen und der Inhalt entfernt. Die Auswahl wird aufgehoben.

```
activeDocument.selection.load(activeDocument.channels["Original"]);
activeDocument.selection.clear();
activeDocument.selection.deselect();
```

Die Ebene SCOTT wird für den Schatten aktiviert, mit der Funktion `verschieben()` nach rechts unten bewegt und mit der Funktion `gauss Kanal()` weichgezeichnet.

```
activeDocument.activeLayer = activeDocument.artLayers["SCOTT"];
verschieben(12,12);
gaussKanal(9);
```

Die Ebene `Deckflaeche` wird aktiviert und eine neue Ebene angelegt. Sie erhält den Namen Randebene. Der Kanal `Kante` wird auf diese Ebene geladen.

```
activeDocument.activeLayer = activeDocument.artLayers["Deckflaeche"];
activeDocument.artLayers.add();
activeDocument.artLayers.name = "Randebene";
activeDocument.selection.load(activeDocument.channels["Kante"]);
```

Ein neues Farbobjekt (`solidColor3`) für die Randkontur wird angelegt und die Auswahl gefüllt. Anschließend wird diese Ebene mit der Füllmethode *Überlagern* versehen und die Auswahl aufgehoben.

```
var solidColor3 = new SolidColor;
solidColor3.rgb.red = 17;
solidColor3.rgb.green = 14;
solidColor3.rgb.blue = 127;
activeDocument.selection.fill(solidColor3)
activeDocument.activeLayer.blendMode = BlendMode.OVERLAY;
activeDocument.selection.deselect();
```

Es fällt sicher auf, dass einige der selbst erstellten Funktionen aus dem Script-Listener Werte aufnehmen und andere nicht. Benötigt man eine Funktion nur einmal, reicht es aus, das Skript aus dem ScriptListener zu übernehmen, in einen Funktionskörper zu laden und diese Funktion aufzurufen. Bei mehrfachem Gebrauch werden Variablen im Bereich des Skripts des ScriptListeners und im Funktionskopf gesetzt. Beim Funktionsaufruf werden die gewünschten Werte übergeben.

Eine Übersicht zu den Themen Auswahl und Kanal finden Sie in der Datei *kanaele.js* und *auswahl.js* sowie in der Datei *JavaScript Reference Guide.pdf*.

10.3 Zwischenablage in Skripten nutzen

Die Methoden `copy()`, `paste()` und `cut()` sind die Kommandos für die Arbeit mit der Zwischenablage. Dabei fügt `copy()` einen Inhalt in die Zwischenablage ein, belässt das Original aber unverändert. Mit `cut()` entfernen Sie die Bereiche aus dem Original, die in die Zwischenablage eingefügt werden. Wieder ins Dokument eingefügt wird mit `paste()`.

Die Methode `copy()`gehört ebenso zu den Ebenen wie zum Auswahlbereich. Fügen Sie den Wert `true` in die runden Klammern von `copy(true)` ein, werden die Inhalte aller sichtbaren Ebenen berücksichtig. Das entspricht dem Befehl *Bearbeiten · Auf eine Ebene reduziert kopieren.*

```
activeDocument.activeLayer.copy();
activeDocument.selection.copy();
```

Auch die Methode `cut()` gehört zu den Ebenen und zum Auswahlbereich. Dabei wird entweder der Inhalt der gesamten Ebene oder der Inhalt eines Auswahlbereiches aus dem Dokument genommen und in die Zwischenablage gelegt.

```
activeDocument. activeLayer.cut();
activeDocument.selection.cut();
```

Eingefügt wird immer als ganze Ebene. Wurde ein Auswahlbereich kopiert, werden die nicht zur Auswahl gehörenden Bereich als transparente Pixel umgesetzt. Mit der Methode `paste()` wird innerhalb des Dokuments an dieselbe Position auf eine neue Ebene kopiert. Wird die Kopie in einem anderen Dokument eingefügt, landet sie genau in der Mitte und wird oft noch verschoben.

```
activeDocument.paste();
```

Möchten Sie den Inhalt der Zwischenablage mit der Methode `paste()` in eine schwebende Auswahl einfügen, nutzen Sie als Übergabewert in den runden Klammern den Wert `true`. Dabei wird gleich eine Ebenenmaske erzeugt, was dem Befehl *Bearbeiten · In die Auswahl einfügen* entspricht.

```
activeDocument.paste(true);
```

10.3.1 Positionsangabe mit dem Auswahlbereich

Wieder stellt sich eine neue Aufgabe: In ein Dokument sollen Bilder aus jeweils drei anderen Dokumenten unterschiedlicher Abmessung eingefügt werden. Das Gesamtdokument wird mit nummerierten Dateinamen gespeichert. Statt die eingefügten Bereiche mühselig im neuen Dokument zu positionieren, wird hier für jeden Bereich eine schwebende Auswahl im Skript erzeugt, in die ein Dokumentinhalt eingesetzt wird. Sie finden das Skript in der Datei *bilderIn-AuswahlKopieren.js.*

Die Auflösung aller beteiligter Dokumente muss gleich sein, da in der Auflösung eingefügt wird, die in der Zieldatei vorgefunden wird. Stimmt die Abmessung der eingefügten Bereiche nicht, prüfen Sie die Bildauflösung.

Vorbereitungen für das Skript:

- Ein Master-Dokument (*bilderEinpassenVorlage.psd*) wird angelegt. Die Aufteilung der Flächen können Sie auch ohne Bilder mit einfachen farbigen Flächen wie in der folgenden Abbildung ausprobieren.
- Die Flächen werden mit Hilfslinien eingefasst. Alle Punkte für die Auswahlbereiche ergeben sich aus den Schnittpunkten des Hilfslinienrasters.
- Für jeden Auswahlbereich gilt es, die vier Punkte der Ecken des Auswahlbereichs aus dem Raster abzulesen. Diese Punkte werden in Variablen gelegt.
- In getrennten Ordnern benötigen Sie die Bilder in den Abmessungen der Auswahlbereiche. Ein weiterer Ordner nimmt die fertigen Dokumente auf.
- Sind die Vorbereitungen abgeschlossen, schließen Sie das Master-Dokument.

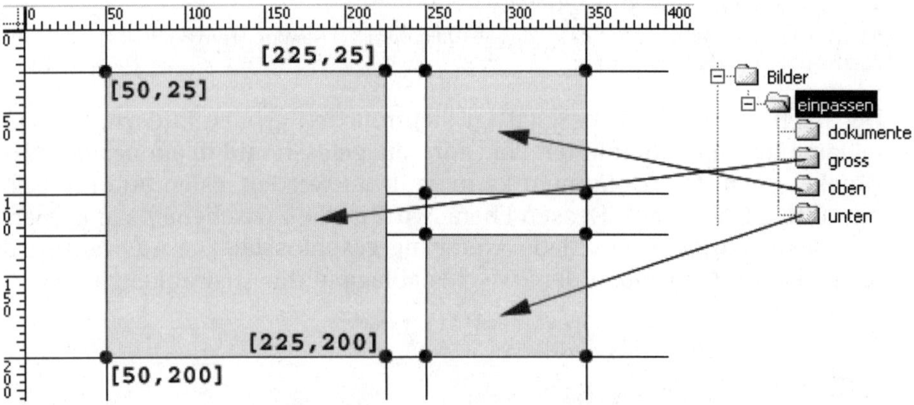


```
var quader = [[50,25],[50,200],[225,200],[225,25]];
```

Abbildung 10.9: Schnittpunkte für die Auswahl im Dokument und im Skript

▷ Sie beginnen Ihr Skript mit vier Aufrufen des Dialogfensters *Nach einem Ordner durchsuchen*. Geben Sie im Text für den oberen Bereich des Dialogfensters den Ordner an, der angeklickt werden soll. Geben Sie ein Verzeichnis für das Dialogfenster vor oder auch nicht.

```
var verzeichnisGross = Folder.selectDialog("Verzeichnis Gross
auswählen:?);
verzeichnisGrossInhalt = verzeichnisGross.getFiles();
var verzeichnisOben = Folder.selectDialog("Verzeichnis Oben
auswählen:?);
verzeichnisObenInhalt = verzeichnisOben.getFiles();
var verzeichnisUnten = Folder.selectDialog("Verzeichnis Unten
auswählen:");
verzeichnisUntenInhalt = verzeichnisUnten.getFiles();
var speichernDat = Folder.selectDialog("Verzeichnis Dokumente
auswählen:");
```

Vorsicht bei so vielen Dialogfenstern nacheinander: Auch wenn die Dialogfensterbeschriftung dem Anwender jedes Mal das Verzeichnis nennt, bleibt es fraglich, ob jeder Anwender das auch wirklich genau liest. Hält er sich nicht an die Reihenfolge, wählt er ein falsches Verzeichnis. Zweifeln Sie an der sorgfältigen Auswahl der Verzeichnisse durch den Anwender, tragen Sie Pfade besser direkt in das Skript ein.

- Für die Bearbeitung aller Bilder benötigen Sie eine Schleife. In diesem Fall wird die Anzahl der Durchläufe von mir vorab festgelegt. Sie können aber auch die Anzahl der vorhandenen Dateien aus einem der drei Verzeichnisse benutzen. Bei jedem Durchlauf der Schleife wird ein neues Dokument angelegt, in das die Bilder kopiert werden. Die Farbe des Hintergrundes wird an dieser Stelle nicht festgelegt, das kann warten.

```
for (var i = 0; i < 3; i++){
documents.add(450, 250, 72, "SammelDokument", NewDocumentMode.RGB,
DocumentFill.TRANSPARENT);
```

- Der nächste Abschnitt beschäftigt sich mit den großen Bildern. Der Dateiname mit dem kompletten Pfad wird ausgelesen und in ein neues `File`-Objekt gelegt. Das Dokument kann geöffnet werden, es ist automatisch das aktive Dokument. Dessen Ebene wird in die Zwischenablage kopiert und das Dokument ohne jede Änderung geschlossen. Die Auswahl wird festgelegt und der Inhalt der Zwischenablage in die Auswahl eingefügt.

```
    datName = verzeichnisGrossInhalt[i].fsName;
    aufArbeit = new File(datName);
    open(aufArbeit);
    activeDocument.activeLayer.copy();
    activeDocument.close();
    var quader = [[50,25],[50,200],[225,200],[225,25]];
    activeDocument.selection.select(quader);
    activeDocument.paste(true);
```

- Es folgen die Anweisungen für das Bild rechts oben. Daher kann das Skript übernommen werden, wenn die Variablen sorgfältig ausgetauscht werden.

```
    datName = verzeichnisObenInhalt[i].fsName;
    aufArbeit = new File(datName);
    open(aufArbeit);
    activeDocument.activeLayer.copy();
    activeDocument.close();
    var oben = [[250,25],[250,100],[350,100],[350,25]];
    activeDocument.selection.select(oben);
    activeDocument.paste(true);
```

- Den nächsten Abschnitt bilden die Anweisungen für das Bild rechts unten. Auch das Skript kann übernommen werden. Die Variablen werden erneut getauscht.

```
    datName = verzeichnisUntenInhalt[i].fsName;
    aufArbeit = new File(datName);
    open(aufArbeit);
```

```
activeDocument.activeLayer.copy();
activeDocument.close();
var unten = [[250,125],[250,200],[350,200],[350,125]];
activeDocument.selection.select(unten);
activeDocument.paste(true);
```

- Alle einzufügenden Bilder sind einkopiert und wieder geschlossen. Im Dokument liegen drei zusätzliche Ebenen mit zugehörigen Ebenenmasken über einer transparenten Ebene. Fassen Sie das zu einer Ebene zusammen: Der nicht von den eingefügten Bildern bedeckte Hintergrund wird in der aktuell eingestellten Hintergrundfarbe ausgeführt. Die stellen Sie entweder vorher ein, oder Sie legen jetzt noch schnell die Hintergrundfarbe im Skript fest.

```
activeDocument.flatten();
```

- Das Dokument wird in dem Ordner gespeichert, den Sie als vierten Ordner per Dialogfenster ausgesucht haben. Der Dateiname wird aus dem ermittelten Verzeichnis, einem Namen, einem Trennzeichen gefolgt vom Wert der Zählvariablen und der Dateiendung gebildet. Das ganze gelangt in ein `File`-Objekt. Zum Schluss wird das Dokument geschlossen, der nächste Durchlauf kann starten.

```
var myFile = new File(speichernDat + "/" + "Dokument" + "_" + [i] +
".psd");
activeDocument.saveAs(myFile);
activeDocument.close();
}
```

Erweitern Sie das Skript: Lassen Sie die Anzahl der Dokumente in den Verzeichnissen ermitteln und auf Übereinstimmung prüfen. Auch eine vorgeschaltete Prüfung auf die Abmessungen der Bilder und deren Auflösungen kann sinnvoll sein.

Abbildung 10.10: Das Dokument aus dem ersten Durchlauf

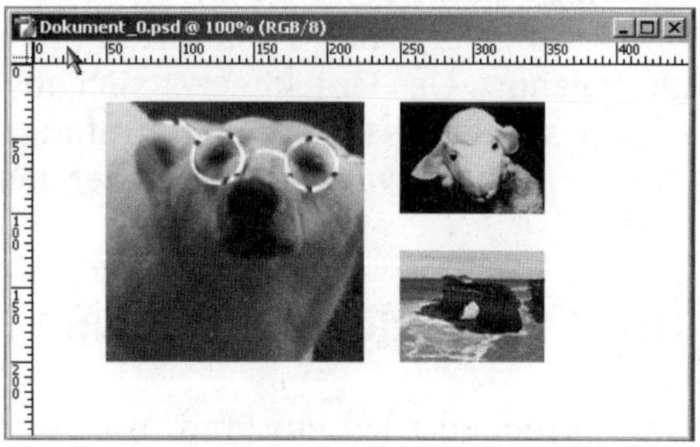

10.3.2 Die Zwischenablage freischaufeln

Der Inhalt der Zwischenablage bleibt erhalten, bis er gegen einen neuen Inhalt getauscht oder das System heruntergefahren wird. Direkt der Anwendung untergeordnet ist die Methode `purge()`, die im Menü *Bearbeiten · Entleeren* erscheint. Die Einträge werden mit der Eigenschaft PurgeTarget umgesetzt. Mit der folgenden Zeile wird der Inhalt der Zwischenablage gelöscht und der Eintrag *Entleeren, Zwischenablage* abgeblendet, er kann nun nicht mehr gewählt werden.

```
purge(PurgeTarget.CLIPBOARDCACHE);
```

Dabei entspricht ALLCACHES dem Eintrag *Entleeren · Alle*, HISTORYCACHES dem Eintrag *Entleeren · Protokolle* und UNDOCACHES dem Eintrag *Entleeren · Rückgängig*.

10.4 Pfade

Auch Pfade und Pfadpunkte lassen sich mit JavaScript umsetzen. Dabei ist das Objekt PathItem direkt dem Objekt Document untergeordnet, PathPoint für die Punkte eines Pfades wieder PathItem. Hier gilt ebenfalls: Die Pfade auf der Palette *Pfade* gehören zur collection PathItems, deren einzelne Elemente über die Indexnummer in den eckigen Klammern angesprochen wird.

Die Anzahl der im Dokument enthaltenen Pfade wird über die Eigenschaft length ermittelt. Mit dieser Eigenschaft wird auf vorhandene Pfade getestet, wenn in Formaten gespeichert werden soll, die keine Pfade enthalten. In diesem Fall müssten alle vorhanden Pfade mit der Methode removeAll() aus dem Dokument gelöscht werden, bevor das Dokument gespeichert und geschlossen wird.

```
alert(activeDocument.pathItems.length);
activeDocument.pathItems.removeAll();
```

Die Methode add() legt ein neues Pfadelement an. Dazu wird ein eigenes Objekt angelegt, das zusammen mit dem Pfadnamen in die runden Klammern gehört. Das Objekt setzt sich aus den einzelnen Punkten, aus denen ein Pfad besteht, zusammen. Ein umfangreiches Beispiel finden Sie in der Datei *JavaScript Reference Guide.pdf*, bei dem ein Text in Pfaden umgesetzt wird.

10.4.1 Pfadeigenschaften und Pfadmethoden

Angesprochen wird ein Pfad mit der Eigenschaft name über seinen Namen oder seine Indexnummer der collection in der Palette *Pfade*.

Unterschieden wird in Beschneidungspfad (CLIPPINGPATH), Arbeitspfad (WORKPATH) und einfacher Pfad (NORMALPATH). Umgesetzt wird das über die Eigenschaft kind mit dem Wert PathKind.

```
activeDocument.pathItems[1].kind = PathKind.NORMALPATH;
alert(activeDocument.pathItems[1].kind);
alert(activeDocument.pathItems[1].name);
```

Die Methode `remove()` entfernt genau einen Pfad aus der Palette *Pfade*, während die Methode `duplicate()` den benannten Pfad kopiert. Geben Sie einen Namen für den durch eine Kopie erzeugten Pfad in den runden Klammern mit. Ohne diese Angabe wird der Name des Originals auch für den neuen Pfad beibehalten und das Wort *Kopie* angehängt.

```
activeDocument.pathItems[2].remove();
activeDocument.pathItems[2].duplicate("horst");
```

Der Befehl *Beschneidungspfad* der Optionen auf der Palette *Pfade* wird über die Methode `makeClippingPath()` umgesetzt. Tragen Sie in die runden Klammern die Kurvennäherung aus dem Dialogfenster *Beschneidungspfad* ein.

Der Befehl *Auswahl erstellen* aus dem gleichen Menü der Palette *Pfade* wird mit `makeSelection()` umgesetzt. Das Eingabefeld *Weiche Kante* wird als Zahlenwert übergeben, die Option *Glätten* über den Wert `true` oder `false` umgesetzt. Der Bereich *Vorgang* entspricht dem Wert `SelectionType` mit der angehängten Angabe, wie sich die Auswahl aus dem Pfad mit einer bereits im Dokument schwebenden Auswahl verträgt. Mögliche Angaben: `REPLACE`, `DIMINISH`, `EXTEND` und `INTERSECT`.

```
activeDocument.pathItems[2].makeSelection(10, false, SelectionType.REPLACE);
```

Der Befehl *Pfad mit Vordergrundfarbe füllen* entspricht der Methode `fill Path()`. Dazu wird zuerst eine Kopie des Farbobjekts (`fillColor`) angelegt, das den ersten Wert in den runden Klammern bildet. Weiter wird mit `ColorBlendMode` die Füllmethode eingestellt, gefolgt von der prozentualen Angabe zur Deckkraft. Die Option *Transparente Bereiche schützen* mit den Werten `true` oder `false` schließen sich an. Aus dem Bereich *Berechnung* wird ein Wert für den *Radius* angegeben, der letzte Eintrag ist der Wert für die Option *Glätten:* Auch hier fügen Sie entweder `true` oder `false` ein.

```
var fillColor= new SolidColor();
fillColor.rgb.red = 222;
fillColor.rgb.green = 111;
fillColor.rgb.blue = 25;
activeDocument.pathItems[3].fillPath(fillColor, ColorBlendMode.NORMAL,
100, true, 0, false);
```

Neben der Füllung der inneren Pfadfläche darf auch der Pfad selbst gestaltet werden. Das erfolgt über die Methode `strokePath()`. Sie hat nur zwei Werte, die Sie mitgeben können, beide finden Sie im Dialogfenster *Pfadkontur füllen* über die Optionen der Palette *Pfade*. Da wird mit `ToolType` das Werkzeug eingestellt und die Option *Druck simulieren* mit den Werten `true` oder `false` umgesetzt.

```
activeDocument.pathItems[3].strokePath(ToolType.PENCIL, false);
```

11 Ebenen mit Ebenenkomp organisieren

Möchten Sie Ihren Kunden zu einem Entwurf mehrere Alternative anbieten, haben Sie zwei Möglichkeiten. Sie stecken jeden Entwurf in ein Set und schalten bei Bedarf die Sichtbarkeit ein und aus - das kann ziemlich aufwändig werden. Als zweiten Weg bietet Photoshop CS die Ebenenkomp, eine Verwaltung von Ebeneninhalten. Hier kombinieren Sie die Sichtbarkeit, die Position und die Umsetzung von Stilen unterschiedlicher Ebenen miteinander.

Die Ebenenkomp wurde in Photoshop CS eingeführt. Arbeiten Sie mit Photoshop 7, verwenden Sie einfach die Technik des Ein- und Ausschaltens der Ebenen, wie sie unter *Zwei Ebenen ergeben eine neue Datei* in Kapitel 7 umgesetzt wurde.

11.1 Ebenenkomp verwalten: LayerComps

Für die Verwaltung bietet JavaScript eine collection `LayerComps` an. Eine neue Ebenenkomp entsteht mit der Methode `add()`. Anders als bei Ebenen oder Sets müssen Sie hier in die runden Klammern einige Angaben eintragen. Es handelt sich um die Einstellungen aus den Dialogfenstern *Neue Ebenenkomp* und *Optionen für Ebenenkomp.*

▷ Geben Sie den Namen und den Kommentar jeweils als Zeichenkette ein, und aktivieren Sie mit `true` oder `false` die Übernahme der drei Optionen in dieser Reihenfolge: Aussehen, Position, Sichtbarkeit.

```
activeDocument.layerComps.add("Name", "Kommentar", true, false, false);
```

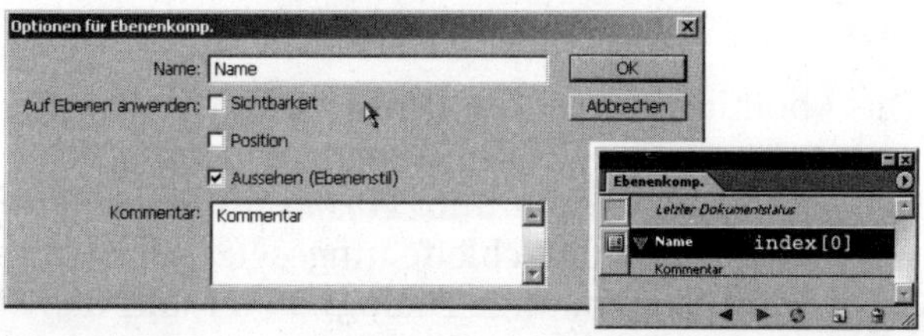

Abbildung 11.1: So wird das Ganze in Photoshop umgesetzt

Die Anzahl der Einträge auf der Palette *Ebenenkomp* wird über die Eigenschaft `length` ermittelt. Jeder Eintrag auf der Palette *Ebenenkomp* hat eine

Indexnummer, die bei 0 mit dem ersten Eintrag unter *Letzter Dokumentstatus* beginnt.

```
alert(activeDocument.layerComps.length);
alert(activeDocument.layerComps[0]);
```

Als Einschränkung gilt: Ein Dokument nur aus der Ebene *Hintergrund* kann keine Ebenenkomp erhalten. Ein Dokument muss keine Ebenenkomp besitzen, Sie dürfen alle Ebenenkomp in einem Rutsch ohne Fehlermeldung von der Palette nehmen.

```
activeDocument.layerComps.removeAll();
```

11.2 LayerComp

Auch wenn es ein Objekt `LayerComp` gibt: Im Skript werden Sie nicht auf diesen Begriff treffen. Eine aktive Ebenenkomp als Eigenschaft gibt es auch nicht. Hier wird entweder direkt über `layerComps` mit der Angabe der Indexnummer gearbeitet wie in der nächsten Zeile,

```
activeDocument.layerComps[0].remove();
```

oder das Element der collection wird mitsamt der Indexnummer einfach einer Variablen zugewiesen. Über die Angabe dieser Variablen werden die Eigenschaften und Methoden umgesetzt:

```
var activeComp = activeDocument.layerComps[0];
activeComp.remove();
```

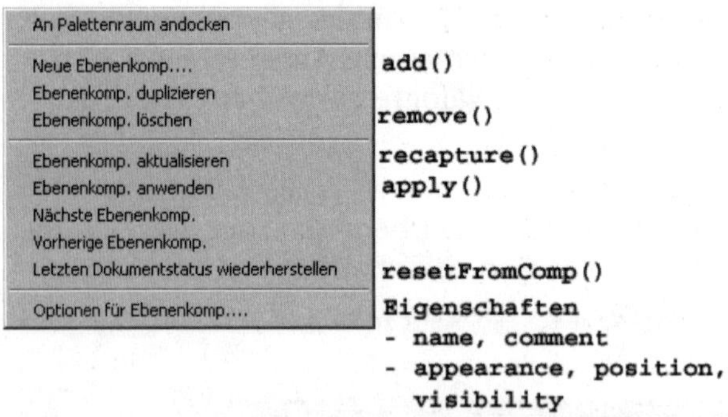

Abbildung 11.2: Eigenschaften und Methoden von LayerComp

Die Abbildung zeigt die Umsetzung der Befehle aus dem Menü der Palette *Ebenenkomp*. Den Befehl *Ebenenkomp duplizieren* kennt JavaScript noch nicht. *Nächste Ebenenkomp* und *Vorherige Ebenenkomp* wird in JavaScript wenn überhaupt mit einer Schleife umgesetzt. Der Eintrag *Optionen für Ebenenkomp* öffnet das gleichnamige Dialogfenster, auf das Sie auch beim Anlegen neuer Zusammenstellungen treffen. Was nicht auf der Abbildung erscheint, ist die Eigenschaft `selected`, die eine markierte Ebenenkomp meint. Diese Eigenschaft lässt sich nur abfragen.

Nur eine markierte Zusammenstellung lässt sich ändern. Verwechseln Sie das nicht mit der Schaltfläche *Anwenden* vor dem Namen der Ebenenkomp, die Ihnen die jeweilige Zusammenstellung anzeigt.

11.3 Von der Ebenenkomp zur PDF-Präsentation

Bereits in Kapitel 7 haben Sie verschiedene Kombinationen von Ebenen miteinander in neue eigene Dateien kopiert. Dazu war es ständig notwendig, bestimmte Ebenen ein- oder auszublenden. Das setzen Sie mit einer Ebenenkomp einfacher um, da hier über die Schaltfläche *Anwenden* automatisch nur die gewünschten Ebenen der Zusammenstellung angezeigt werden. Das Anzeigen und Ausblenden von Ebenen und die Prüfungen der Ebenen auf ihren Typ hin entfällt.

Nutzen Sie den Inhalt der Palette *Ebenenkomp* für die Umsetzung einer PDF-Präsentation. Dabei wird eine Ebenenkomp angewendet, das Dokument dupliziert und die neue Datei gespeichert. Das duplizierte Bild wird geschlossen. Das erfolgt für jede Ebenenkomp des Dokuments. Die so erzeugten Dateien werden mit der Methode `makePDFPresentation()` des Anwendungsobjektes zu einer PDF-Datei mit den Einstellungen zur Ausführung einer Präsentation.

Abbildung 11.3: Vier Dokumente aus der Palette *Ebenenkomp*

- Öffnen Sie die Datei *strauss_Ebenenkomp.psd*. Sie finden hier gleich vier Einträge in der Palette Ebenenkomp mit jeweils unterschiedlichen Zusammenstellungen von Text und Bildern.
- Sie beginnen das Skript mit der `for`-Schleife, die sich mit jeder Ebenenkomp auf der Palette beschäftigt. Die erste Ebenenkomp wird angewendet, das Dokument dupliziert, alle Kanäle und der Inhalt der Palette Ebenenkomp im neuen Dokument gelöscht. Das wird gespeichert. Dazu wird die Funktion `speichernBausteine()` aufgerufen, deren Skript später folgt. Das duplizierte Dokument wird geschlossen und die nächste Runde gestartet.

```
for (var i = 0; i < activeDocument.layerComps.length; i++){
   var activeComp = activeDocument.layerComps[i];
   activeComp.apply();
```

```
    activeDocument.duplicate();
    // activeDocument.flatten();
    activeDocument.channels.removeAll();
    activeDocument.layerComps.removeAll();
    speichernBausteine();
    activeDocument.close();
}
```

- Es folgt die Funktion zum Speichern, die auch ausgelagert werden könnte. Sie belegen eine Kopie des Objekts `PhotoshopSaveOptions` mit neuen Eigenschaften. Das entspricht dem Ausfüllen des Dialogfensters Speichern unter. Wichtig ist die Angabe des Speicherortes, aus dem die Präsentation später die einzelnen PSD-Dateien nimmt. Der Name und der Speicherort jeder Datei, die hier erzeugt wird, wird in das Array `datListe` aufgenommen.

```
function speichernBausteine(){
    var myFile = new File(zielVerzeichnis + "/doku" + [i] +".psd");
    saveOptionen = new PhotoshopSaveOptions;
    saveOptionen.alphaChannels = false;
    saveOptionen.annotations = false;
    saveOptionen.embedColorProfile = false;
    saveOptionen.layers = true;
    saveOptionen.spotColors = false;
    activeDocument.saveAs(myFile, saveOptionen);
    datListe[i] = myFile
}
```

- Sie haben mit `datListe[i] = myFile` ein Array für die Namen der Einzeldateien der Präsentation bereits angegeben. Legen Sie es im Skript oberhalb der bisherigen Skriptzeilen an:

```
datListe = new Array();
```

- Schaffen Sie oberhalb des gerade angelegten Arrays erneut ein wenig Platz. Fügen Sie eine Anweisung ein, mit der Sie das Verzeichnis auswählen, in dem das Verzeichnis mit den Bausteinen für die PDF-Datei angelegt wird. Die PDF-Datei wird später im Verzeichnis oberhalb dieses Verzeichnisses abgelegt. So kann das Verzeichnis mit den Einzeldateien später einfach gelöscht werden.

```
var selectedFolder = Folder.selectDialog("Verzeichnis suchen:", "~");
var zielPfad = selectedFolder.fsName;
var zielVerzeichnis = new Folder(zielPfad + "/PSDs");
zielVerzeichnis.create();
```

- Jetzt geht es an die Präsentation. Diesmal benötigen Sie unterhalb der `for`-Schleife ein paar freie Zeilen. Legen Sie eine Kopie des Objektes `PresentationOptions` an, und weisen Sie ihm die Eigenschaften zu, die für die Präsentation gelten sollen. In diesem Skriptbereich wird auch der Speicherort für die Präsentationsdatei angegeben. Die Eigenschaften werden im Anschluss an das Skript im Dialogfenster *PDF-Präsentation* erläutert. Die auskommentierten Zeilen benötigen Sie, wenn die Eigenschaft `presentation` den Wert `false` erhält (für ein mehrseitiges Dokument).

```
zielDat = new File(zielPfad + "/pdfOK.pdf");
praesOptionen = new PresentationOptions();
praesOptionen.autoAdvance = true;
// praesOptionen.downgradeColorProfile = false;
// praesOptionen.embedFonts = true;
// praesOptionen.interpolation = false;
   praesOptionen.interval = 5;
// praesOptionen.jpegQuality = 10;
   praesOptionen.loop = true;
   praesOptionen.presentation = true;
   praesOptionen.transition = TransitionType.NONE;
// praesOptionen.transparency = true;
// praesOptionen.vektorData = false;
   praesOptionen.view = true;
makePDFPresentation(datListe, zielDat, praesOptionen);
```

▷ Jetzt sollten Sie das Skript zusammen haben. Sie finden es für einen Vergleich in der Datei *pdfAusEbenenkomp.js*. Testen Sie es.

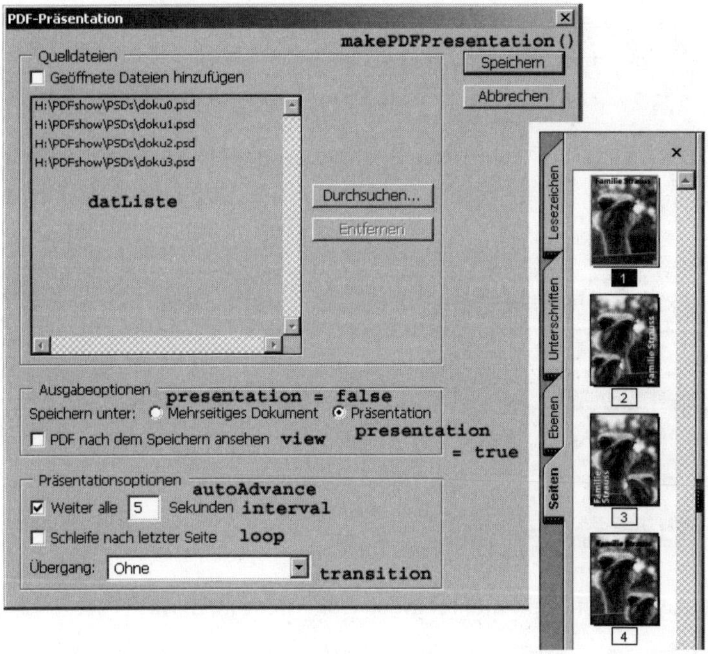

Abbildung 11.4: Skriptumsetzung im Dialogfenster und im Adobe Reader

Die zum Anwendungsobjekt gehörende Methode `makePDFPresentation()` benötigt zur Aufnahme der Arbeit gleich drei Angaben: zuerst eine Liste mit Dateien (`datListe`), die in die Präsentation aufgenommen werden. Der zweite Wert ist die Angabe zur neuen PDF-Datei (`zielDat`). Dann benötigen wir noch die Optionen für die Ausführung der Präsentation (`praesOptionen`).

Die mit einem Dialogfenster ausgestattete Luxusausführung können Sie direkt unter *Skripten* und dem Eintrag *Ebenenkomp in PDF* ausprobieren. Diese Version wird von Adobe gleich mitgeliefert. Sie fällt, was die Menge an Skriptzeilen betrifft, auch gleich wesentlich umfangreicher aus als unsere Lösung. Die mitgelieferte Version bietet Ihnen sicher viele Anregungen, wenn Sie Ihre Skriptkenntnisse erweitern möchten.

Dafür ist unsere Lösung flexibler, was die Optionen für die PDF-Präsentation betrifft. Schließlich können wir mit dem Setzen weniger Eigenschaften für die `PresentationOptions` ein mehrseitiges Dokument statt einer Präsentation erzeugen. Dazu wird in Photoshop im Dialogfenster *PDF-Präsentation* unter *Ausgabeoptionen* die Option *Mehrseitiges Dokument* gewählt (Eigenschaft: `presentation = false`). Nach der Angabe eines Speicherplatzes folgt das Dialogfenster *PDF-Optionen*. Hier finden Sie die Eigenschaften, die in unserem Skript für die Präsentation auskommentiert sind.

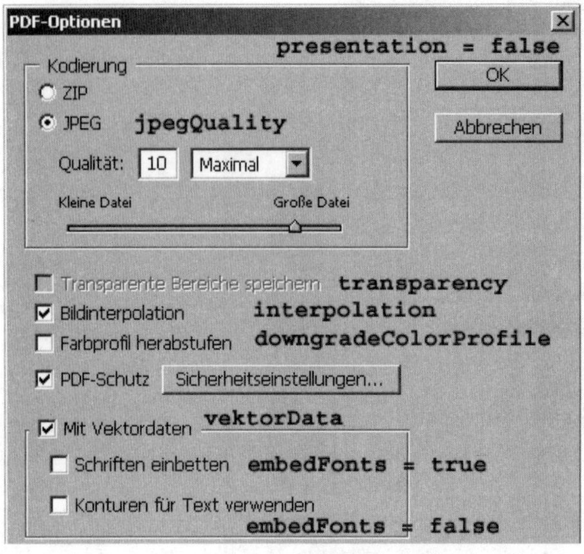

Abbildung 11.5: Eigenschaften für ein mehrseitiges Dokument im Skript

12 Textdateien lesen & schreiben

Informationen wie die Dateinamen, Ebenennamen oder der Inhalt aus dem Dialogfenster *Datei-Informationen* gehören zu den Dokumenten, die Sie besitzen. Oft werden diese Informationen wenn überhaupt recht lieblos angebracht. Mit einem kleinen Skript erhalten Sie schon die Möglichkeit, Einträge für das Dialogfenster *Datei-Informationen* aus Textdateien einzulesen und ins Dokument eintragen zu lassen. Selbst ein Anwender ohne Photoshop kann die Bilder ansehen und die notwendigen Texte in einer Datei verstauen. Textinformationen und Bilder werden per Skript automatisiert zusammengeführt.

Das ist nur ein Teil dessen, was JavaScript für Sie erledigt. Daten aus einer Tabellenkalkulation lassen sich ebenfalls einlesen und auswerten. Das Auswerten kann bedeuten, dass mit den Angaben aus der Datenbank per Skript eine Datei geöffnet sowie um einen gewünschten Betrag gedreht und mit einer Beschriftung versehen wird. Neben diesen Arbeiten lassen sich auch Texte auf den Ebenen einfügen oder Informationen eintragen.

12.1 Textdateien einlesen

Stellen Sie sich folgende Situation vor: Eine Serie aus zahlreichen Dokumenten soll zusätzliche Textangaben erhalten. Da dürfen Sie jeden Text lesen, die passende Datei öffnen und mit dem *Text-Werkzeug* diese Angaben eintragen. Den Abschluss bildet das Speichern und Schließen des Dokuments. Bei fünf Dokumenten ist das kein Thema, danach hört der Spaß auf. Liegen die Texte in einer Textdatei vor, übergeben Sie diese Aufgabe an JavaScript.

12.1.1 Den Dateiinhalt komplett einlesen

Beginnen wir damit, die gesamte Textdatei einzulesen. Der eingelesene Inhalt wird in eine Variable (`inhalt`) gelegt. Hier bildet der ganze Textinhalt eine mehr oder weniger umfangreiche Zeichenkette mit der Struktur eines Arrays. Dessen Elemente lassen sich wieder an jeder Position auslesen.

- ▷ Für das Beispiel benötigen Sie die bereitgestellte Datei *autoren.txt*. Starten Sie das Skript mit der Suche nach der Textdatei. Der Pfad der Datei wird in eine Variable (`quellDatei`) gelegt.
- ▷ In der zweiten Zeile lesen Sie mit der Methode `read()` den Inhalt der Datei ein und legen den Inhalt in einer Variablen (`inhalt`) ab. Der Inhalt der

Variablen wird zur Kontrolle erst einmal auf dem Dialogfenster ausgegeben und die geöffnete Datei wieder geschlossen. Das Skript liegt in der Datei *dateiInhaltDialogfenster.js.*

```
var quellDatei = File.openDialog ("Gesucht wird die Datei autoren.txt",
"Text Files:*.txt");
inhalt = quellDatei.read();
alert(inhalt);
quellDatei.close();
```

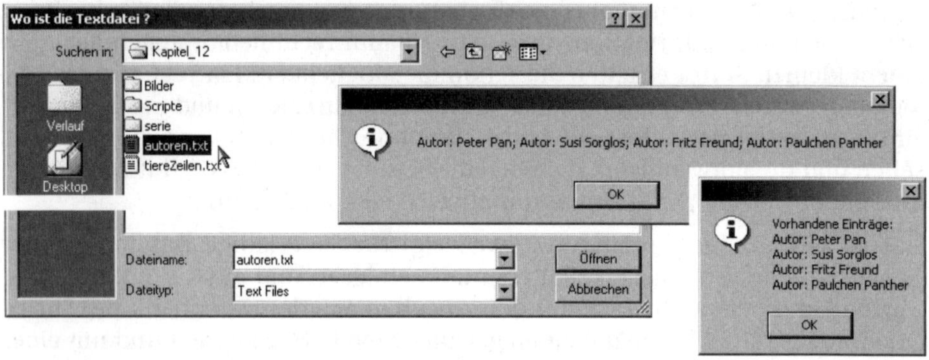

Abbildung 12.1: Textinhalte einlesen und unterschiedlich anzeigen

Die Inhalte aufteilen und ausgeben

Der eingelesene Textinhalt bildet ein Element, doch später möchten Sie auf jeden Eintrag einzeln zugreifen. Im Dialogfenster des vorherigen Beispiels werden die einzelnen zusammengehörenden Einträge durch ein Semikolon voneinander getrennt. Das Semikolon setzen Sie ein, um diesmal die Einträge voneinander zu trennen.

Die Elemente einer solchen Zeichenkette lassen sich mit der Methode `split()` an vorgegebenen Stellen trennen. Trennzeichen kann jedes in Hochkommas gesetzte Zeichen sein, das der Methode `split()` in den runden Klammern mitgegeben wird. Häufig benutzte Trennzeichen sind das Semikolon, das Komma oder ein Leerzeichen. Ein Trennzeichen kann auch aus mehreren Zeichen bestehen.

▷ Auch hier wird die Textdatei per Dialogfenster gesucht, die Datei geöffnet und der Inhalt eingelesen. Ergänzen Sie das Skript um die folgende Zeile. Das in Hochkommas gesetzte Semikolon in den Klammern wird die einzelnen Einträge trennen. Die Variable `texte` enthält nun die einzelnen Einträge.

```
var quellDatei = File.openDialog ("Gesucht wird die Datei autoren.txt",
"Text Files:*.txt");
quellDatei.open();
```

```
inhalt = quellDatei.read();
var texte = inhalt.split(";");
```

▷ Sie sammeln die getrennten Einträge in einer Liste und legen eine leere Liste in einer Variablen (`Liste`) an. Fügen Sie dem Skript die `for`-Schleife zu, um die einzelnen Einträge untereinander auf einem Dialogfenster auszugeben.

```
var Liste = "";
for (var i = 0; i < texte.length; i ++)  {
    Liste += texte[i] + "\n";
}
alert("Vorhandene Einträge: "  + "\n"+ Liste);
```

Bei jedem Durchlauf der Schleife wird der Variablen `Liste` ein zusammengehörender Eintrag übergeben. Das angehängte Steuerzeichen sorgt für die geordnete Ausgabe untereinander. Das Skript finden Sie unter *dateiInhaltDialogfensterZeilenweise.js*.

12.1.2 Den Inhalt der Textdatei auf Dateien verteilen

Nachdem nun jeder im Büro weiß, dass Sie Texte in Photoshop einlesen können, erhalten Sie die Dokumente auch gleich in einem Verzeichnis geliefert mitsamt einer Textdatei mit den Beschriftungen. Die Reihenfolge der Beschriftungen in der Textdatei entspricht der Reihenfolge der Bilder. Ihr Skript wird jedes Dokument öffnen, den entsprechenden Text aus der Datei einfügen und das Dokument speichern und schließen. Sie finden das Skript in der Datei *texteInDateien.js*.

▷ Nutzen Sie für das Beispiel das Verzeichnis *bilderBeschriften* und die Datei *bindInhalt.txt*.

▷ Teilen Sie das Skript auf. Der erste Teil wählt das Verzeichnis mit den Bildern aus und legt ein eigenes Verzeichnis für die bearbeiteten Dokumente an. Weiter erfolgt hier die Suche nach der Textdatei, deren Inhalt eingelesen und in eine Variable eingefügt wird.

```
var selectedFolder = Folder.selectDialog("Verzeichnis bilderBeschriften
suchen");
var inhalt = selectedFolder.getFiles();
Folder.current = selectedFolder;
var zielVerzeichnis = new Folder("../TextBild");
zielVerzeichnis.create();
var quellDatei = File.openDialog ("Gesucht wird die Datei
bildInhalt.txt", "Text Files:*.txt");
quellDatei.open();
inhaltText = quellDatei.read();
var texte = inhaltText .split(";");
```

▷ Der nächste Abschnitt im Skript öffnet ein Dokument. Die Funktion `textEinsetzen()` erzeugt eine Textebene und fügt den Text ein. Das Dokument wird mit der Methode `flatten()` auf eine Ebene reduziert und mit der Funktion `speichernMitTEXT()` im Format Photoshop gespeichert.

Die Methode `close()` beendet den Durchgang mit dem Schließen des Dokuments.

```
for (var i = 0; i < selectedFolder.getFiles().length; i++){
   if (inhalt[i] instanceof File) {
      open(inhalt[i]);
      speicherName = inhalt[i].name;
      var dokuHoch = activeDocument.height;
      var textPosition = dokuHoch - 10;
      textEinsetzen()
      activeDocument.flatten()
      speichernMitText()
      activeDocument.close();
   }
}
```

▷ Den letzten Abschnitt bilden die Funktionen. Die Umsetzung der Beschriftung wird in eine Funktion gesteckt, damit das Skript übersichtlicher wird. Die Funktion kann in Photoshop CS ausgelagert und mit der `include`-Anweisung eingebunden werden.

```
function textEinsetzen() {
activeDocument.artLayers.add();
activeDocument.activeLayer.kind = LayerKind.TEXT;
activeDocument.activeLayer.textItem.contents = texte[i];
activeDocument.activeLayer.textItem.position = ([25,textPosition]);
}
function speichernMitText() {
   if (documents.length > 0) {
   var myFile = new File(zielVerzeichnis + "/" + speicherName);
   saveOptionen = new PhotoshopSaveOptions;
   saveOptionen.alphaChannels = false;
   saveOptionen.annotations = false;
   saveOptionen.embedColorProfiles = false;
   saveOptionen.layers = false;
   saveOptionen.spotColors = false;
   activeDocument.saveAs(myFile, saveOptionen);
   }
}
```

12.1.3 Excel-Daten auslesen und in Befehle umsetzen

Gehen Sie einen Schritt weiter: Verwenden Sie Daten aus einer umgewandelten Excel-Tabelle. Jeder Datensatz der Tabelle bildet eine Zeile aus mehreren Feldern mit Informationen. JavaScript liest jede Zeile (jeden Datensatz) auf Wunsch einzeln ein und verarbeitet den Inhalt der Zellen in der Zeile. Die Daten in diesem Beispiel sollen ein bestimmtes Bild öffnen und dort Einträge in das Dialogfenster *Datei-Informationen* einfügen.

Schlagen Sie diesen Weg ein, wenn es gilt, Dateien auch genau einen bestimmten Inhalt zuzuordnen. Wird der Inhalt eines Verzeichnisses eingelesen, kann es geschehen, dass die Reihenfolge der Dateien durch versteckte Systemdateien nicht stimmt.

Speichern Sie in Excel eine Tabelle im Format CSV, bleiben die Zeilen der Tabelle enthalten, und alle Zellen der Tabelle werden durch ein Semikolon voneinander getrennt. Die Datei lässt sich in Excel ebenso öffnen wie im Editor.

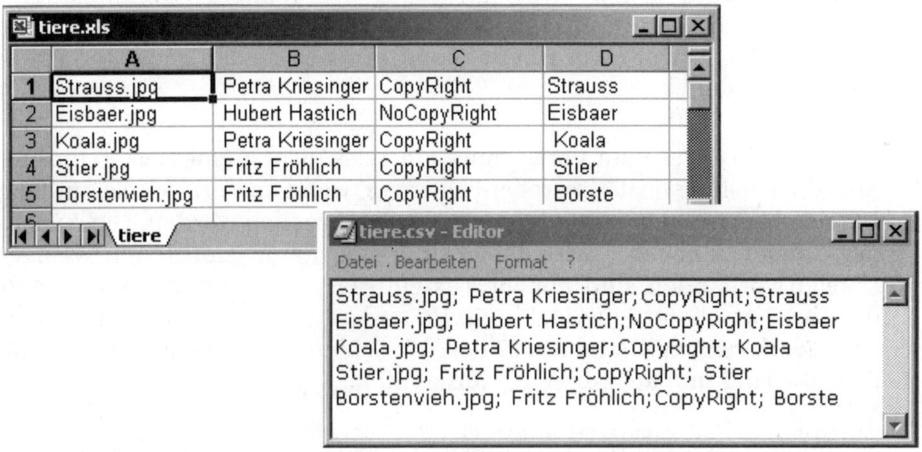

Abbildung 12.2: Daten aus Excel, gewandelt ins CSV-Format

Gehen wir diesmal davon aus, dass eine Serie von Bildern mit Informationen aus dem Dialogfenster *Datei-Informationen* versehen werden soll. Die Vorbereitung erledigt der Praktikant, dem Photoshop nicht zur Verfügung steht. Der Praktikant sucht die Bilder rasch zusammen, legt sie in ein Verzeichnis und gibt zu jedem Bild die Informationen in eine Excel-Datei ein. Hat er alle Informationen eingetragen, speichert er das Dokument als CSV-Datei. Jetzt sind Sie an der Reihe. Mit einem Skript lassen Sie die Informationen in das richtige Dokument einfügen.

Vorbereitet wurde die Datei *tiere.csv* und die passenden Dokumente im Verzeichnis *bilderDatenbank*. Das Skript selbst finden Sie auf der CD in der Datei *datenbankUmsetzung.js*.

▷ Im ersten Schritt wird die Datei mit den Textinformationen gesucht und geöffnet. Der Dateifilter lautet: *.CSV. Die gefundene Datei wird geöffnet, eingelesen und in Zeilen aufgeteilt, deren Anzahl in der Variablen `zeilenZahl` festgehalten wird. Zahlreiche Tests haben ergeben, dass hier immer eine Zeile zuviel ermittelt wird, ziehen wir also diese Zeile gleich ab. Die Textdatei wird geschlossen.

```
var quellDatei = File.openDialog ("Gesucht wird die Datei tiere.cvs",
"Text Files:*.csv");
var isopen = quellDatei.open("r");
if (isopen) {
```

```
  alles = quellDatei.read();
  zeilen = alles.split("\n");
  zeilenZahl = zeilen.length -1;
  quellDatei.close();
}
```

Mit dem Schlüsselwort `isopen` wird sicher gestellt, dass das Dokument geöffnet wurde. Sie können mit `alert(isopen);` auf ein geöffnetes Dokument prüfen: `true` wird zurückgegeben, wenn das Dokument geöffnet werden konnte, `false`, wenn das nicht funktioniert. Haben Sie den Pfad ins Skript eingearbeitet, kontrollieren Sie den gesamten Pfad auf Tippfehler.

- Sind zu viele Dateien im Verzeichnis, stört das nicht. Gemessen an unserer Aufgabenstellung liegt ein grober Fehler vor, wenn im Verzeichnis zuwenig Dateien liegen. Dann sollte hier bereits abgebrochen werden. Die Anzahl der Dateien (`datZahl`) wird festgestellt und dann geprüft, ob weniger Dateien vorhanden sind als wir Texteinträge in der Datei haben. Fehlt da etwas, erscheint eine Meldung. Im anderen Fall wird über das `else-statement` weitergearbeitet. In der `for`-Schleife wird für jede ermittelte Zeile die Funktion `auswerten()` aufgerufen.

PHOTOSHOP 7

```
// Anzahl der Dateien ermitteln
var bildVerzeichnis = Folder.selectDialog("Verzeichnis bilderDatenbank
suchen");
var datZahl = bildVerzeichnis.getFiles().length;
if (datZahl < zeilenZahl){
   alert("Sie haben zuwenig Bilder in Ihrer Bilder-Datenbank");
   }
   else {
     for (i = 0; i < zeilenZahl; i++){
      auswerten()
     }
}
```

- In der Funktion `auswerten()` wird jede Zeile mit dem Semikolon in einzelne Teile zerlegt. Der erste Teil jeder Zeile (`texte[0]`) ist der Dateiname. Für ihn wird ein `File`-Objekt angelegt. Dessen Pfad wird aus dem Dateipfad zum Bildverzeichnis und dem ersten Eintrag der Zeile (`texte[0]`) zusammengesetzt. Die Bilddatei lässt sich jetzt mit diesen Angaben öffnen, denn erst in das geöffnete Dokument können Sie die Einträge einfügen.

```
function auswerten(){
var texte = zeilen[i].split(";");
var bildDatei = new File(bildVerzeichnis + "/" + texte[0]);
open(bildDatei);
```

- In die geöffnete Datei werden die anderen drei Einträge über die Indexnummer aus der zerteilten Zeile eingefügt. Dabei enthält `texte[1]` den Autorennamen, `texte[2]` die Ausführung des Copyrights und `texte[3]` schließlich den Titel.

```
    activeDocument.info.author = texte[1];
    if (texte[2] == "CopyRight"){
       activeDocument.info.copyrighted = CopyrightedType.COPYRIGHTEDWORK;
    }
    else {
    activeDocument.info.copyrighted = CopyrightedType.PUBLICDOMAIN;
    }
    activeDocument.info.title = texte[3];
}
```

▷ Testen Sie das Skript: Sie erkennen noch während der Abarbeitung, dass in der Titelzeile das CopyRight-Zeichen bei einigen Dokumenten eingefügt wird.

Abbildung 12.3: Das Dokument ist geöffnet, die Einträge sind eingefügt

Erhalten Sie Datensätze in einer Textdatei, kontrollieren Sie die Inhalte. Geben Sie das Trennzeichen für die Funktion `split()` vor, wenn nicht wie beim Format CSV bereits das Semikolon vorgegeben wird. Vermeiden Sie überflüssige Leerzeichen bereits in der Tabelle. Vergleichen Sie zumindest in einer Stichprobe, ob die Dateien auch wirklich mitgeliefert wurden. Das muss sonst über eine weitere Funktion abgefangen werden, die einfach den nächsten Datensatz einliest, wenn die Datei nicht vorhanden ist.

12.2 Eine Textdatei erzeugen

Nehmen wir an, Sie möchten die Namen der Dokumente, die Sie bearbeitet haben, mit weiteren Informationen in eine Datenbank aufnehmen. In diesem Fall ermitteln Sie die Namen der Dokumente im angegebenen Verzeichnis, und JavaScript schreibt das Ergebnis in eine Textdatei. Die Datei kann zur weiteren Bearbeitung in einer Datenbank weiterverwendet werden.

▷ Verwenden Sie für dieses Beispiel das Verzeichnis *bilderMitInfo*. In Photoshop selbst muss kein Dokument geöffnet sein.

▷ Beginnen Sie das Skript mit dem Aufruf des Dialogfensters zum Öffnen von Verzeichnissen.

```
var selectedFolder = Folder.selectDialog("Gesucht wird das Verzeichnis
bilderMitInfo");
inhalt = selectedFolder.getFiles();
```

▷ Mit diesem Skript soll ein Verzeichnis für die Textdatei angelegt werden, das sich im Verzeichnis der Dokumente befinden soll. Dazu wird der Pfad des gewählten Verzeichnisses ermittelt und in eine Variable (`zielpfad`) gelegt. Der Name des neuen Verzeichnisses (`zielverzeichnis`) setzt sich aus dem Pfad und dem angehängten Verzeichnisnamen zusammen. Testen Sie, ob das Verzeichnis auch korrekt angelegt wird.

```
var zielPfad = selectedFolder.fsName;
var zielVerzeichnis = new Folder(zielPfad + "/datTexte");
zielVerzeichnis.create();
```

▷ Bevor Sie in eine Datei schreiben, legen Sie diese erst einmal an. Der Dateiname besteht aus dem Pfad und dem Namen der Textdatei. Weiter erhält die Datei ein `File`-Objekt, um mit ihr zu arbeiten. Zuletzt wird die noch leere Datei geöffnet.

```
var myFile = new File(zielVerzeichnis + "/dateien.txt");
myFile.open("w");
```

Die Methode `open()` des `File`-Objekts kennt den zusätzlichen Parameter `mode` vom Typ Zeichenkette, der Wert wird in Hochkommas eingetragen. Drei Werte stehen zur Verfügung: `w`, `r` und `e`. Der Eintrag `w` (write) öffnet die Datei, es soll ein neuer Inhalt eingefügt werden. Dabei würde ein vorhandener Inhalt gelöscht. Mit `r` (read) wird die Datei mit Schreibschutz geöffnet, sie kann nur gelesen werden. Mit dem Eintrag `e` (edit) wird die Datei geöffnet, kann gelesen werden und einen neuen Inhalt erhalten.

▷ Den nächsten Schritt kennen Sie bereits aus anderen Beispielen. Alle Dateien werden mit ihrem Namen in einer Liste erfasst.

```
var Liste = "";
for (var i = 0; i < selectedFolder.getFiles().length; i++)  {
   if (inhalt[i] instanceof File)  {
      datName = inhalt[i].name;
      Liste += datName + "\n";
   }
}
```

▷ Der Inhalt der Variablen `Liste` wird mit der Methode `writeln()` in die vorher angelegte Datei geschrieben. Den Abschluss bildet das Schließen der Datei. Mit dem Schließen der Datei wird der Inhalt dauerhaft in der Datei aufgenommen, die Textdatei wird ohne weitere Anweisung gespeichert.

```
myFile.write(Liste);
myFile.close();
```

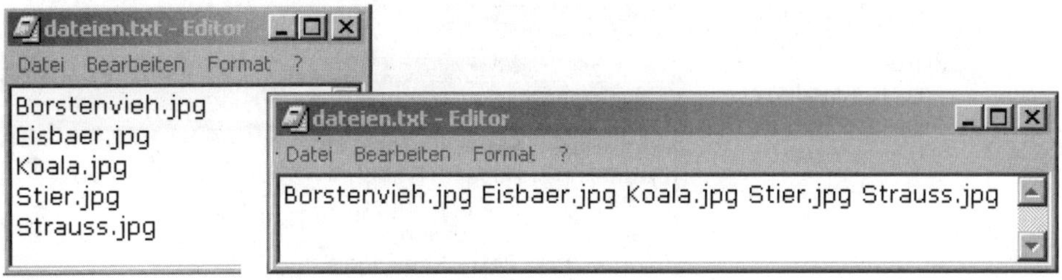

Abbildung 12.4: Das Ergebnis kann dann so aussehen

Sollen die Einträge nicht untereinander in die Textdatei gelangen, wird eben die Zeile geändert, die für das Füllen der Liste zuständig ist. Statt des Steuerzeichens wird ein Leerzeichen zwischen die Dateinamen in der Textdatei geschrieben. Nach diesem Zeichen kann die Datenbank dann als Trennzeichen suchen.

```
Liste += inhalt[i].name + " ";
```

12.2.1 Mehr Infos in die Textdatei eintragen

Möchten Sie nicht nur die Dateinamen in die Textdatei eintragen, sondern auch Einträge aus dem Dialogfenster *Datei-Informationen*, müssen Sie die Dokumente zunächst öffnen, den gewünschten Eintrag auslesen und das Ganze dann in der Liste anhängen. Da das Dokument dabei keine Änderung erfährt, wird es im Skript einfach wieder geschlossen.

```
for (var i = 0; i < selectedFolder.getFiles().length; i++) {
   if (inhalt[i] instanceof File) {
      open(inhalt[i]);
      besitzer = activeDocument.info.author;
      datName = inhalt[i].name;
      Liste += inhalt[i].name + " " + besitzer + ";" + "\n";
      activeDocument.close();
   }
}
```

Dateiname und Autorenbezeichnung werden hier mit einem Leerzeichen getrennt. Für das Trennzeichen zwischen den Dokumenten nehmen Sie ein anderes Zeichen, in diesem Beispiel das Semikolon. Das Skript finden Sie unter *dateiNamenAutoreninfoInTextDatei.js*. Die verwendeten Dateien liegen im Verzeichnis *bilderMitInfo*, und die Textdatei *dateien.txt* wird mit dem Skript in das Verzeichnis *bilderMitInfo, Texte* geschrieben.

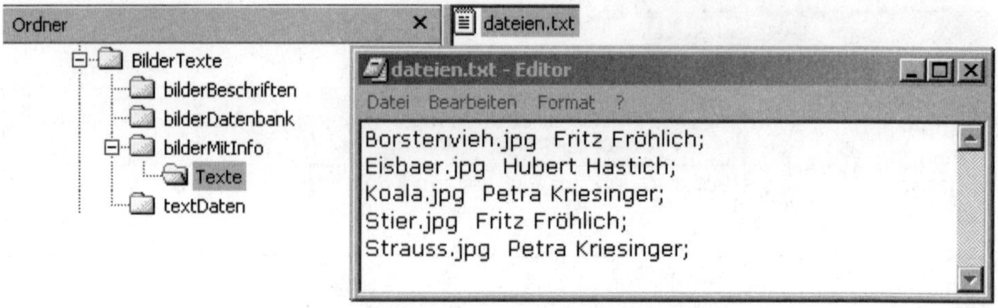

Abbildung 12.5: Dateinamen und *Datei-Informationen* ordentlich in einer Textdatei

Das Schreiben in Textdateien lässt sich erweitern. HTML- , PHP- oder XML-Dokumente bestehen auch nur aus Anweisungen in Textdateien. Diese Anweisungen können Sie mit JavaScript in Photoshop umsetzen und auf Wunsch mit den Arbeiten in Photoshop kombinieren. Lesen Sie mehr dazu im Kapitel 15.

13 Flexiblere Aktionen

Beim Thema Kanäle zeigte sich bereits, dass sich nicht für alle Befehle passende Methoden in JavaScript finden. Oft hilft in solchen Fällen der ScriptListener mit ein paar Zeilen aus. Doch der zeichnet nicht alle Befehle auf. Manchmal möchte man seine Aktionen nicht für die Unterscheidung der Formatlage von ein paar Bildern komplett in JavaScript umsetzen. In diesem Fall nutzt man die Möglichkeit, vorhandene Aktionen aus Skripten heraus aufzurufen.

13.1 JavaScript führt Aktionen aus

Sie starten eine Aktion per Mausklick oder Wahl der entsprechenden Schaltfläche aus einem Set heraus auf der Palette *Aktionen*. JavaScript ruft eine Aktion mit der Methode `doAction()` des Objekts `Anwendung` auf. Da JavaScript die gewünschte Aktion nicht anklicken kann, geben Sie der Methode zwei Zeichenketten mit: den Namen der Aktion und den kompletten Namen des Sets.

▷ Öffnen Sie ein beliebiges Dokument, und tragen Sie die nächste Zeile in ein neues Skript ein. Testen Sie das Skript, wird die Aktion wie gewohnt ausgeführt.

```
doAction("Geschmolzenes Blei", "Standardaktionen");
```

Achten Sie auf Leerzeichen in den Zeichenketten bei den Namen von Aktionen und Sets. JavaScript vergleicht bei den Angaben Zeichen um Zeichen auf Übereinstimmung.

Das Set mit der gewünschten Aktion muss sich auf der Palette *Aktionen* befinden. Überprüfen Sie die aufgerufenen Aktionen vorher, ob sie Dialogfenster aufrufen oder vielleicht sogar an einer Stelle anhalten, weil weitere Angaben erforderlich sind. Bei Bedarf wird eine Aktion in mehrere kleine Teile zerlegt, die dann nacheinander aufgerufen werden.

13.1.1 Eine Aktion bedingt ausführen

Die einfachste Form der Zusammenarbeit von Aktion und Skript ist das bedingte Ausführen unterschiedlicher Aktionen. So ermittelt das folgende Skript die Formatlage eines Bildes. Abhängig von dem Ergebnis wird eine von zwei Aktionen ausgeführt. Sie finden das Skript unter *aktionBedingtAusfuehren.js.*

▷ Fragen Sie im Skript zuerst nach der Anzahl der geöffneten Dokumente. Ist ein Dokument geöffnet, ist dieser Wert größer als 0. Die innere if-Anweisung wird ausgeführt. Wird die Bedingung nicht erfüllt, erscheint ein Dialogfenster mit der Bitte, ein Dokument zu öffnen. Das Skript wird beendet, eine Aktion also gar nicht erst angeworfen.

```
if (documents.length > 0) {
   if (activeDocument.width > activeDocument.height) {
   doAction("Sepiatönung (Ebene)", "Standardaktionen");
   }
   else {
   doAction("Quadrantenfarben", "Standardaktionen");
   }
}
else {
  alert("Bitte erst ein Dokument anlegen");
}
```

Abbildung 13.1: Aktion je nach Formatlage ausführen

13.1.2 Stapelverarbeitung per Skript

Einen Schritt weiter in Richtung Automation geht die Stapelverarbeitung. Auch die lässt sich ohne Probleme mit einem Skript ausführen, handelt es sich doch um eine zusammengesetzte Aktion. Die Kombination aus Stapelverarbeitung und Skript ist sinnvoll, wenn eine vorhandene, umfangreiche Stapelverarbeitung die Basis bildet. So wird ein vorgeschaltetes Skript die Bilder eines Ordners auf die Abmessungen hin testen und bei Bedarf die Bildgröße anpassen. Eine weitere Anweisung im Skript könnte eine individuelle Beschriftung auf die Bilder anwenden Die Stapelverarbeitung schließt sich an.

Ob Aktion oder Stapelverarbeitung: Prüfen Sie in einer stillen Stunde, ob Sie diese Dinge nicht lieber in Skripte umsetzen möchten. So werden die Abläufe einfach wesentlich flexibler.

Die Stapelverarbeitung einbinden

Die folgende Abbildung zeigt das Ergebnis einer Stapelverarbeitung. Da wurden aus einem Verzeichnis Bilder geöffnet und verkleinert. Alle Bilder wurden im Hochformat aufgenommen, daher liegen sie frisch aus der Kamera stammend auf der Seite. Die verkleinerten Bilder werden erst einmal gedreht. Besitzen die Bilder die richtige Formatlage, erhalten sie einen gleichmäßigen Rahmen. Nach jeder Stufe der Bearbeitung landen die Bilder in einem anderen Verzeichnis.

Abbildung 13.2: Die besondere Aktion: eine Stapelverarbeitung

Zur Aktion Stapelverarbeitung gehören die drei Schritte der Bearbeitung (*Kleiner, Drehen, Rahmen*) und die Aktion *Stapelei* selbst. Jeder Schritt der Aktion *Stapelei* wird eine der drei Änderungsaktionen aufrufen. Daher gehören die Aktionen auch alle zum selben Set mit dem Namen *Stapeln.atn*. Das Skript ruft die Aktion *Stapelei* aus dem Set *Stapeln.atn* auf:

```
doAction("Stapelei","Stapeln.atn");
```

Möchten Sie das ausprobieren, können Sie die Bilder aus dem beiliegenden Verzeichnis *Koalas* benutzen, einschließlich der Aktionen. Vor dem Einsatz passen Sie die Verzeichnisangaben den einzelnen Schritten der Stapelverarbeitung an. Die Angaben beziehen sich hier auf Laufwerk *H:* und ganz bestimmte Verzeichnisse (*Koalas, Drehen, Kleiner, Rahmen*).

13.1.3 Aktionen und Skripte mischen

Die Aktion *MetallText* aus dem Set *Schriftaktionen.atn* versorgt einen Schriftzug mit einer dreidimensionalen, glänzenden Oberfläche. Die Ausführung der Oberfläche hängt wesentlich von der Ausführung der Gradationskurve ab. Diese wird in der Aktion aus der Datei *TextAktionMetall.acv* nachgeladen. Alle anderen Befehle sind unabhängig von zusätzlichen Dateien. Wechselt der Speicherort für die Datei mit der Gradationskurve, muss die Aktion angepasst und der neue Speicherort angegeben werden. Der Vorteil eines Skripts: Die Gradationskurve lässt sich mit ein paar Zahlenpaaren unabhängig vom Speicherort beschreiben.

Aktionen aufteilen und ins Skript einbinden

Nutzen Sie den Vorteil des Skripts, ohne die gesamte Aktion gleich in ein JavaScript umzuwandeln. Teilen Sie die Aktion *MetallText* in zwei Aktionen auf, die Sie nacheinander mit einem Skript aufrufen, und fangen Sie auf diesem Weg kritische Stellen wie das Laden der Gradationskurven mit einem Skript ab.

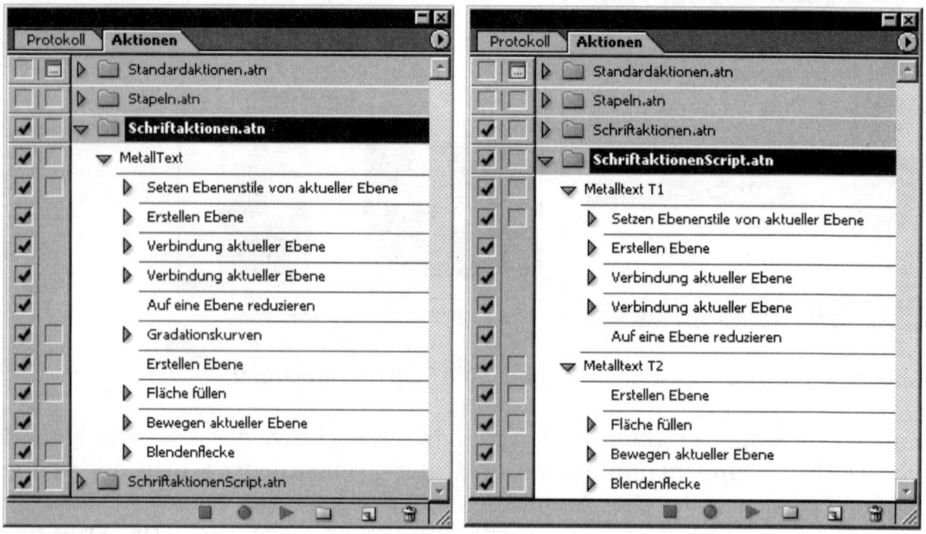

Abbildung 13.3: Die Aktion umstricken: *Gradationskurven* wird im Skript umgesetzt

- Öffnen Sie die Datei *AktionText.psd* und laden Sie das Set *Schriftaktionen.atn*. Legen Sie von der Gesamtaktion *MetallText* eine Kopie an. Zur Sicherheit speichern Sie das Set unter einem anderen Namen.
- Löschen Sie aus der ersten Aktion die Schritte einschließlich der *Gradationskurven*, und ziehen Sie die Einträge auf der Palette *Aktionen* auf den *Mülleimer*. Geben Sie der Aktion den Namen *MetallText T1*.
- Entfernen Sie aus der zweiten Aktion alle Schritte ab dem Eintrag *Gradationskurven*. Die geänderte Aktion nennen Sie *MetallText T2*. Speichern Sie das Set mit den beiden Aktionen.
- Schreiben Sie ein Skript, das zunächst für die mitgelieferte Datei *AktionText.psd* die richtige Ebene *TYPO* aktiviert.

- Mit der zweiten Zeile rufen Sie die Aktion *Metalltext T1* auf. Achten Sie hier auf die genaue Schreibweise für die Namen von Aktion und Set.
- Die Gradationskurve wird aus Punktepaaren gebildet. Wie sich diese Punkte zusammensetzen, haben Sie bereits in Kapitel 7 gelesen. Deklarieren Sie eine Variable (`punkte`) für die Punktepaare. Füllen Sie die Variable.
- Geben Sie der Methode `adjustCurves()` diese Punkte in der Variablen mit.
- Den Abschluss bildet die Anweisung, die Folgeaktion *Metalltext T2* aufzurufen. Testen Sie das Skript.

```
activeDocument.activeLayer = activeDocument.artLayers["TYPO"];
doAction("Metalltext T1","SchriftaktionenScript");
var punkte = [[0,0],[29,241],[75,74],[149,221],[189,94],[255,255]];
activeDocument.activeLayer.adjustCurves(punkte);
doAction("Metalltext T2","SchriftaktionenScript");
```

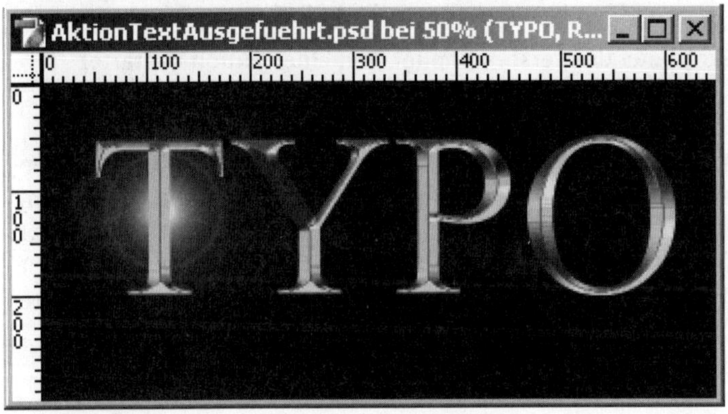

Abbildung 13.4: Eine gelungene Kombination: 3D aus der Aktion, der Glanz aus dem Skript

So einfach lassen sich einzelne Aktionen mit Anweisungen aus einem Skript mischen. Diese Verbindung ermöglicht es, vorhandene Aktionen mit den Vorteilen von Skripten zu kombinieren. Das Skript finden Sie in der Datei *aktionTeilenScripten.js*.

13.2 Die Aktion startet das Skript

Nehmen wir an, Sie benötigen ein Skript immer wieder und haben keine Geduld, den Weg über das Menü zu nehmen. Dann kann dieser Gang auch über eine Aktion abgewickelt werden, die sich mit einer Tastenkombination starten lässt.

- Starten Sie mit einem neuen Set und einer neuen Aktion. Die Aufzeichnung läuft; suchen Sie nach dem Skript *start.js* aus dem ersten Kapitel. Das sollte im Verzeichnis von *Photoshop* unter *Vorgaben · Skripte* liegen und sich daher direkt aus dem Menü heraus aufrufen lassen.

▷ Das Skript läuft ab; folgen Sie den Anweisungen. Ist das Skript abgearbeitet, beenden Sie die Aufzeichnung. In der Palette *Aktionen* erscheint als Eintrag nur die Angabe zum Dateipfad der Skriptdatei, die Arbeit des Skripts wird nicht erkannt oder einfach nicht beachtet. Jetzt sollte es genügen, die Aktion anzuwerfen. Das Skript wird gestartet.

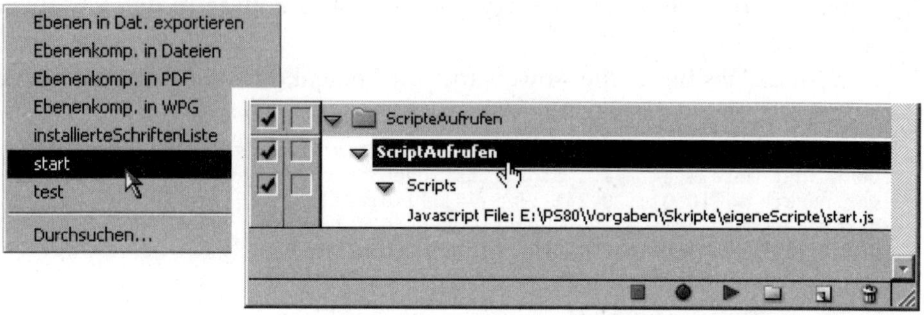

Abbildung 13.5: Das Skript aus dem ersten Kapitel, von einer Aktion gestartet

Sollte das Aufrufen von Aktionen mit dem Skript nicht funktionieren, untersuchen Sie die Palette *Aktionen*. Ist das Kästchen auf der linken Seite zum Aktivieren der Aktion nicht eingeschaltet, kann der Schritt nicht umgesetzt werden. Auch sollte vorher geprüft werden, ob sich die Aktion überhaupt noch auf der Palette *Aktionen* befindet und wie die Namen auf der Palette geschrieben werden.

14 Kommunikation per Dialogfenster

Dialogfenster informieren den Anwender oder nehmen Werte für die weitere Bearbeitung auf. Ob ein eigenes Dialogfenster angelegt werden soll, hängt von der Aufgabe ab. Einfache Eingaben fragen die Standarddialogfenster ab. Mehr Leistungsfähigkeit erhalten Sie mit Dialogfenstern, die auf eine spezielle Aufgabe abgestimmt sind.

Besonders sinnvoll sind eigens angelegte Dialogfenster, wenn Sie das Skript für andere Anwender schreiben, denen Sie Änderungen im Skript (andere Werte für Variablen) nicht zumuten möchten. Diese Anwender rufen das Skript auf, sehen das Dialogfenster und können neue Werte eintippen oder Schaltflächen betätigen, und schon läuft das Skript.

Eigene Dialogfenster können auch Standarddialogfenster ersetzen. Das Dialogfenster *Neue Hilfslinie* schließt sich nach jeder gesetzten Hilfslinie. Das stört sehr, wenn Sie ein präzises Raster aus Hilfslinien anlegen möchten. In diesem Kapitel schreiben Sie ein Skript, mit dem Sie beliebig viele Hilfslinien nacheinander anlegen, das Dialogfenster aber geöffnet bleibt, bis Sie es schließen.

PHOTOSHOP 7

In Photoshop 7 sind die Möglichkeiten für den Einsatz der Dialogfenster auf Standarddialogfenster beschränkt. Zur Verfügung stehen hier die Ausgabe über die Methode `alert()` und die Entscheidung per Schaltfläche mit der Methode `confirm()`.

14.1 Vorgefertigte Dialogfenster

Das wohl bekannteste Dialogfenster für die Anzeige von Informationen rufen Sie mit der Methode `alert()` auf. In die runden Klammern setzen Sie, was der Anwender erfahren soll. Das ist entweder ein Text, der Wert einer Variablen oder ein zusammengesetzter Wert. Der Anwender kann das zur Kenntnis nehmen und das Dialogfenster mit einem Klick auf die Schaltfläche *OK* bestätigen.

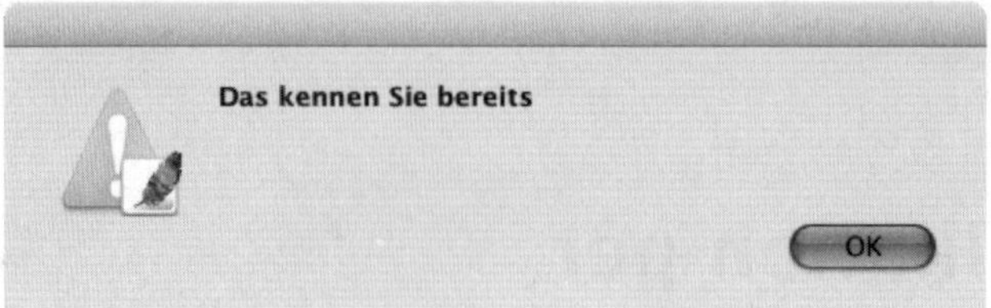

Abbildung 14.1: Ausgeben, was in den Klammern steht

14.1.1 Ja oder Nein? Die Entscheidung fällen

Einen Schritt weiter geht die Methode `confirm()`. Der Anwender erhält eine Information und kann über die Schaltflächen *Ja* und *Nein* darauf reagieren. In die runden Klammern setzt man den Text des Dialogfensters. Die Reaktion des Anwenders wird beim Mausklick auf eine der Schaltflächen ausgewertet. Das Ergebnis der Auswertung ist entweder `true` (Schaltfläche *Ja*) oder `false` (Schaltfläche *Nein*). Dieser Wert sitzt in einer Variablen, die das Skript auswertet. Der Anwender entscheidet auf diese Weise eingeschränkt über den weiteren Ablauf des Skripts.

Mit diesem Dialogfenster könnten Sie den Anwender darauf hinweisen, dass zur Ausführung des Skripts bestimmte Voraussetzungen erfüllt werden müssen. Das könnten Verzeichnisse sein, auf die im Skript verwiesen wird oder aber Stile oder Aktionen, die sich auf der jeweiligen Palette befinden sollten. Ist der Anwender unsicher, kann er mit Klick auf die Schaltfläche *Nein* das Skript zunächst beenden und die Vorarbeit durchführen.

```
var aktionAusfuehren = confirm ("Soll die Aktion jetzt wirklich
   ausgeführt werden ?");
if (aktionAusfuehren)  {
  // hier könnten weitere Anweisungen stehen
  alert("Sie haben die Schaltfläche 'Ja' angeklickt!");
}
else {
  alert("Sie haben die Schaltfläche 'Nein' angeklickt.");
}
```

Abbildung 14.2: Der Anwender entscheidet sich hier für eine Schaltfläche

14.1.2 Dem Dialogfenster Werte mitgeben

Noch weiter geht die Methode `prompt()`. Sie arbeitet mit einem informativen Text, einem Eingabefeld und den Schaltflächen *OK* und *Abbrechen*. In das Eingabefeld im Dialogfenster trägt der Anwender einen Wert ein. Der Wert wird einer Variablen zugewiesen und diese im Skript als Zeichenkette ausgewertet.

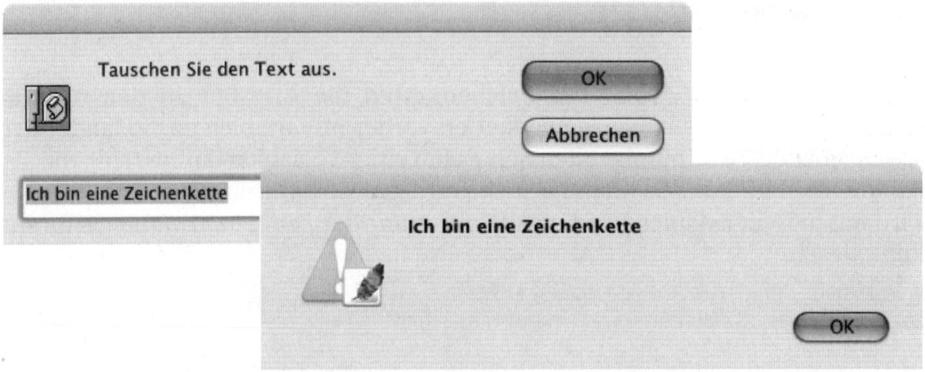

Abbildung 14.3: Der markierte Inhalt und das ohne Änderung übernommene Ergebnis

Der Inhalt der runden Klammern besteht aus zwei Teilen. Der erste Teil gibt den feststehenden Text oben auf dem Dialogfenster aus. Der zweite Teil stellt einen Vorschlag für das Eingabefeld dar. Wird das Dialogfenster geöffnet, ist der Text im Eingabefeld als markiert gekennzeichnet. Den Inhalt kann der Anwender austauschen oder übernehmen.

```
var eintragLesen = prompt("Tauschen Sie den Text aus:", "Ich bin eine
   Zeichenkette.");
if (eintragLesen != null) {
  alert(eintragLesen);
}
```

Ein leeres Eingabefeld nur mit einem blinkenden Cursor erhält der Anwender angezeigt, wenn Sie nichts (auch kein Leerzeichen) zwischen die Hochkommas für den vorgeschlagenen Inhalt eintragen. Statt eines Textes, den der Anwender austauschen kann, geben Sie auf diese Weise eine leere Zeichenkette vor.

Mit Klick auf die Schaltfläche *OK* wird der Wert aus dem Eingabefeld an das Skript geleitet. Das Skript wertet den übergebenen Wert als Zeichenkette aus, auch wenn der Anwender einen Zahlenwert in das Eingabefeld eingetragen hat.

Klickt der Anwender auf die Schaltfläche *Abbrechen*, wird der Inhalt des Eingabefeldes nicht beachtet und dem Skript der Wert `null` übergeben. Zur Auswertung des Dialogfensters wird auf den Wert `null` geprüft. Wird er an das Skript übergeben, steht fest, dass die Schaltfläche *Abbrechen* angeklickt wurde.

Der Wert `null` gibt an, dass in dieser Variablen nichts gespeichert ist, auch nicht die numerische 0. Das Schlüsselwort `null` sollte nicht mit `undefined` verwechselt werden. Hierbei handelt es sich um den Wert einer nicht definierten Variablen, die keinen Inhalt besitzt. Der Wert `undefined` wird oft benutzt, wenn eine Reihe von Parametern übergeben, aber einer der Werte nicht angegeben wird.

Kürzen Sie bei der Arbeit mit Zeichenketten die Angaben in den runden Klammern: Legen Sie lange Zeichenketten vorher in Variablen ab. So landet der auszugebende Text im folgenden Beispiel in einer Variablen (`anzeigen`), die als Parameter in die runden Klammern eingetragen wird. Das Ergebnis der Abfrage wird mit diesem Beispiel dem Eingabefeld *Autor* der *Datei-Informationen* direkt zugewiesen.

```
anzeigen = "Den Namen ins Eingabefeld:"
activeDocument.info.author = prompt(anzeigen,"");
```

Eingabefeld mit Stichwörtern füllen

Ob ein Dialogfenster für den Eintrag in das Eingabefeld *Autor* im Dialogfenster *Datei-Informationen* sinnvoll ist, möchte ich bezweifeln. Anders sieht es für das Eingabefeld *Stichwörter* aus. Das hat bereits bei der Zuweisung der Werte im Skript eine besondere Eigenart: Werte für das Eingabefeld im Dialogfenster werden als Array übergeben. Die einzelnen Angaben werden im Skript durch Kommata getrennt, in der Anzeige im Dialogfenster *Datei-Informationen* erfolgt diese Trennung allerdings per Semikolon. Die nächste Zeile weist dem Eingabefeld *Stichwörter* direkt im Skript vier Begriffe in einem Array zu:

```
activeDocument.info.keywords = ["Hut","Haus","Hamster","Hufe"];
```

Die Übergabe für das Eingabefeld *Stichwörter* wird mit dem Dialogfenster realisiert, wenn zunächst die Daten aus dem Eingabefeld in eine Variable (`sWorte`) gelegt werden. Das ergibt eine Zeichenkette, mit der die Eigenschaft `keywords` nicht viel anfangen kann. Die übergebene Zeichenkette wird daher mit der Funktion `split()` und dem Trennzeichen (`,`) in ein Array gewandelt und einer neuen Variablen (`sWorteFeld`) zugewiesen. Über diese Variable wird das Eingabefeld *Stichwörter* im Dialogfenster *Datei-Informationen* gefüllt.

```
sWorte = prompt("Stichwörter durch K O M M A getrennt eingeben:" ,
  "Hut","Haus","Hamster","Hufe");
sWorteFeld = sWorte.split(",");
activeDocument.info.keywords = sWorteFeld;
```

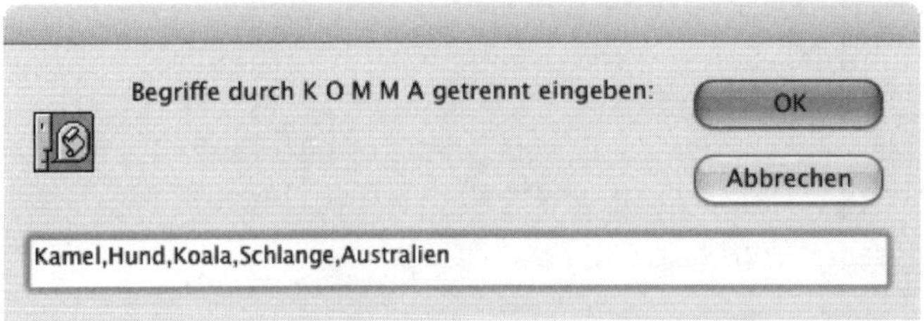

Abbildung 14.4: Stichwörter einsammeln und in die *Datei-Information* eintragen

14.2 Dialogfenster im Eigenbau

Die Möglichkeiten der bereitgestellten Dialogfenster sind eingeschränkt. Besondere Wünsche führen immer wieder dazu, selbst Dialogfenster aufzubauen. So bestimmen Sie, welchen Inhalt das Dialogfenster erhält und auch, was es leistet. Damit das alles reibungslos funktioniert, wird sich der nächste Abschnitt erst einmal mit einem einfachen Dialogfenster und dem Koordinatensystem beschäftigen.

14.2.1 Das erste Fenster als Grundlage

Die Grundlage der Elemente bildet das Fenster oder besser noch dessen Fläche. Das Fenster wird in zwei Schritten erzeugt. Zuerst werden das Dialogfenster und die enthaltenen Elemente wie Schaltflächen beschrieben. Ist die Beschreibung komplett, wird das Dialogfenster mitsamt der Objekte angezeigt.

Bevor Sie loslegen, achten Sie bitte darauf, Ihrem Dialogfenster möglichst eine Schaltfläche zum Schließen des Dialogfensters mitzugeben. Ohne diese Schaltfläche drücken Sie die Taste [Esc] und alles ist weg.

▷ Der folgende Dreizeiler erzeugt ein Dialogfenster mit der Schaltfläche *Abbrechen*. Testen Sie das Skript, und wandeln Sie dabei die Werte ab, um ein Gefühl für die Positionsangaben zu entwickeln. Vergleichen Sie Ihr Ergebnis auch mit der Abbildung zum Koordinatensystem.

```
var dlg = new Window('dialog', 'Mein Dialogfenster', [100,100,480,400]);
dlg.cancelBtn = dlg.add('button', [235,250,335,270],
  'Abbrechen',{name:'cancel'});
dlg.show();
```

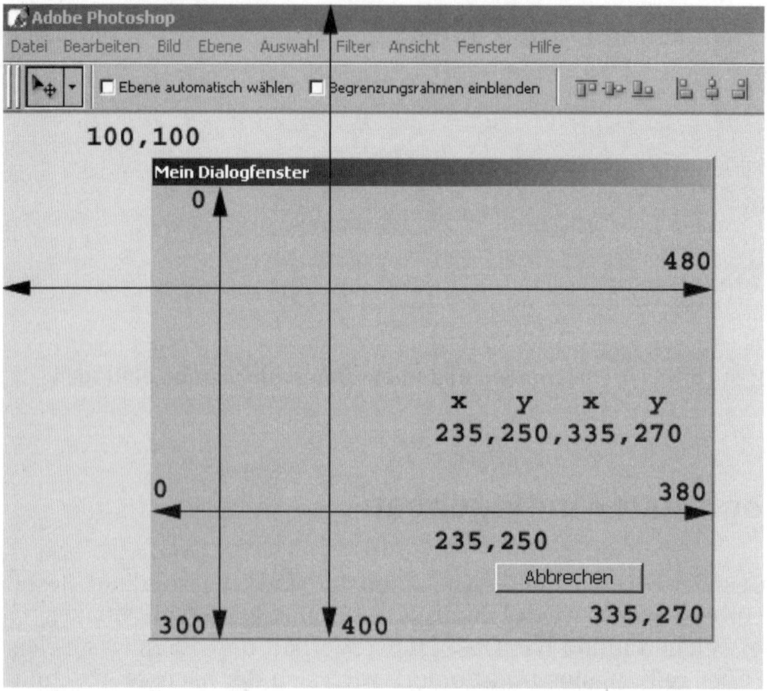

Abbildung 14.5: Das Koordinatensystem in Dialogfenster-Einheiten

Die Abbildung mit dem Koordinatensystem zeigt die Abhängigkeiten der Positionsangaben. Während sich das Dialogfenster nach dem vollständig geöffneten Programmfenster richtet, orientiert sich die Schaltfläche an den Grenzen des Dialogfensters. Gemessen wird in Pixeln. Sie finden das Skript in der Datei *erstesDialogfenster.js*.

14.2.2 Fensteraufbau mit Schaltflächen

Nehmen wir jetzt das Skript für das Dialogfenster unter die Lupe. Mit der ersten Zeile des Skripts legen Sie ein neues Fenster-Objekt an. Ein Fenster und seine Elemente werden nach ihrem Typ unterschieden. Das Dialogfenster ist vom Typ `dialog`. Das kommt als erster Eintrag in die runden Klammern für das neue Objekt. Es folgt die Angabe für die Beschriftung der Titelzeile. Den Abschluss bilden die Position und die Abmessungen.

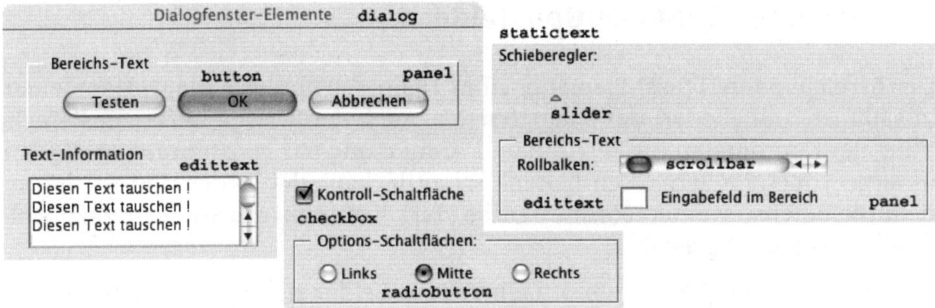

Abbildung 14.6: Verfügbare Standard-Elemente für das Dialogfenster

Die so erzeugten Dialogfenster sind modal. Das bedeutet, dass Sie das Dialogfenster auf jeden Fall mit oder ohne Werteingabe schließen müssen, bevor Sie etwas anderes in Photoshop ausführen können.

Schaltflächen in einem Dialogfenster gehören zu diesem Fenster. Verschieben Sie das Dialogfenster, wandern die Schaltflächen mit. Die Zugehörigkeit wird durch das vorgestellte Objekt umgesetzt, wenn eine neue Schaltfläche im Dialogfenster erzeugt wird (`dlg.cancelBtn`). Die Schaltfläche entsteht direkt im Dialogfenster, umgesetzt wird das mit `dlg.add()`. Hier wird als erster Parameter der Typ (`button`) angegeben, gefolgt von den Angaben zu Position und Abmessung. Eine richtige Schaltfläche hat auch eine Beschriftung, die als Nächstes aufgeführt wird.

Setzen Sie falsche Werte für die Elemente des Dialogfensters, verschwinden diese ohne weiteren Kommentar. Die Schaltflächen werden als Bereich angegeben. Dieser kann versehentlich so klein gewählt werden, dass die Schaltfläche gar nicht erst angezeigt wird. Eine Fehlermeldung gibt es hier nicht.

Bei den Schaltflächen (*OK*, *Abbrechen*) gibt es eine Besonderheit: Über die letzte Angabe wird festgelegt, ob ein Wert auf dem Dialogfenster ausgewertet (`name: 'ok'`) oder der Vorgang abgebrochen (`name: 'cancel'`) wird.

Bis zu dieser Stelle arbeitet zwar das Skript, es zeigt aber noch kein Dialogfenster auf dem Bildschirm an. Das erledigt die Methode `show()`, die mit der Angabe des Fensterobjektes (`dlg`) aufgerufen wird.

Die verfügbaren Schaltflächen angeordnet auf einem Dialogfenster finden Sie in der Datei *schalterSammlung.js*.

14.2.3 Bereiche und Optionsfelder

Der Bereich (panel) fasst Elemente eines Dialogfensters wie die Optionsfelder zusammen und gliedert das Dialogfenster. Auch der Bereich nutzt zur Berechnung der Koordinaten für Position und Abmessung das Fenster und ist diesem untergeordnet. Im Bereich enthaltene Schaltflächen oder Felder sind wiederum dem Dialogfenster untergeordnet. Diese stark hierarchische Struktur zeigt sich im Skript recht deutlich.

Die im Bereich liegenden Schaltflächen bzw. Felder richten sich nach dessen Position. Das hat folgenden Vorteil: Wird der Bereich verschoben, müssen die Positionsangaben der enthaltenen Schaltflächen nicht nachgebessert werden, sie wandern einfach mit.

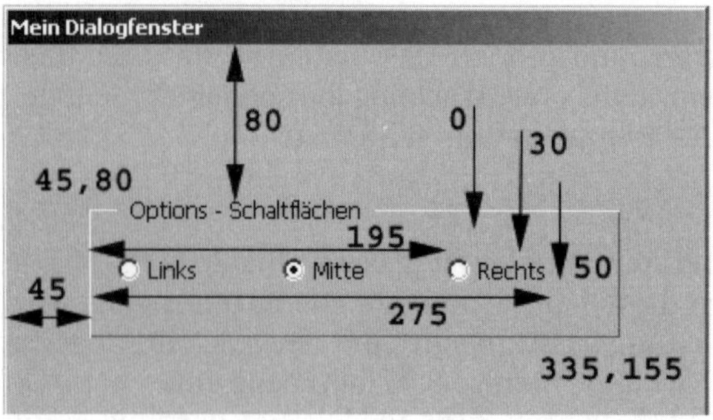

Abbildung 14.7: Koordinaten für Schaltflächen auf Bereichen (panel)

- Tragen Sie vor der Angabe zur Schaltfläche *Abbrechen* in Ihr Skript für das Dialogfenster die beiden folgenden Anweisungen ein. Ein Bereich und ein Optionsfeld sollte erscheinen. Überarbeiten Sie die Werte für Position und Abmessung.

```
dlg.bereich = dlg.add('panel', [45,80,335,155], 'Options -
  Schaltflächen', {borderStyle: "raised"});
dlg.bereich.radioButtonLinks = dlg. bereich.add('radiobutton', [15, 30,
  95,50], 'Links');
```

- Funktioniert das Skript, der Bereich und die Schaltfläche werden also angezeigt, ergänzen Sie das Skript um zwei weitere Optionsfelder (Mitte, Rechts).

Ein Bereich beginnt an der Obergrenze seiner Beschriftung. Setzen Sie die gewünschten Schaltflächen nicht zu nahe an die Bereichsgrenzen, da sonst der Rahmen nicht mehr angezeigt wird. Optionsfelder bestehen aus dem Kreis für den Punkt und dem beschreibenden Text. Die Breitenangabe für diese Elemente wird das berücksichtigen, wenn der Text vollständig erscheinen soll.

Auch der Bereich gehört zum Dialogfenster, was durch das vorangestellte Objekt umgesetzt wird (`dlg.bereich`). Erstellt wird der Bereich ebenfalls mit der Methode `add()`. Als Parameter werden der Typ (`panel`), Position, Abmessung und die Beschriftung des Bereichs angegeben. Der Bereich kann unterschiedlich gestaltet werden (Eigenschaft `borderStyle: "raised"`).

```
var dlg = new Window('dialog', ...... );
    dlg.bereich = dlg.add('panel', ......);
    dlg.bereich.radioButtonLinks = dlg. bereich.add('radiobutton', ......);
```

Abbildung 14.8: Abhängigkeiten der Elemente durch hierarchischen Aufbau

Das Optionsfeld gehört zum Dialogfenster und zum Bereich, weshalb beide (`dlg.bereich.radioButtonLinks`) vorangestellt sind. Angelegt wird die Optionsschaltfläche im Bereich, umgesetzt durch `dlg.bereich.add()`. Die Datei mit den drei Optionsschaltflächen finden Sie unter *radioButtons.js*.

Optionsfelder und Kontrollkästchen: Soll aus mehreren Möglichkeiten genau eine gewählt werden können, setzen Sie das Optionsfeld ein. So entscheidet die Auswahl eines der drei Optionsfelder, ob ein Bild auf die Breite von 100, 200 oder 300 Pixel skaliert werden soll. Mit den Kontrollkästchen ermöglichen Sie es, mehrere Optionen gleichzeitig zu wählen. Mit dieser Ausführung könnten Sie die Auswahl vorgeben, ob also nur die Breite oder die Breite und die Höhe eines Dokuments skaliert werden.

14.2.4 Auswerten der Optionsfelder

So richtig nützlich wird so ein Dialogfenster erst, wenn die hier getroffene Entscheidung einen Wert für die weitere Bearbeitung liefert. In diesem Fall soll der Anwender eine der drei Optionen anklicken und mit einem Klick auf die Schaltfläche *OK* seine Auswahl bestätigen. Klickt er allerdings auf die Schaltfläche *Abbrechen*, soll ein Hinweis erscheinen. Eine weitere Bearbeitung, das Auswerten der gewählten Schaltfläche, findet nicht statt. Wählt der Anwender keine der drei Optionen, sondern klickt er direkt auf die Schaltfläche *OK*, soll ein weiterer Hinweis erscheinen, und der Rest des Skripts nicht ausgeführt werden.

▷ Das Dialogfenster ist jetzt fast vollständig angelegt. Was fehlt, ist die Schaltfläche *OK*. Ergänzen Sie das Skript. Nachfolgend finden Sie das Skript für das komplette Dialogfenster nochmals in seinem Zusammenhang.

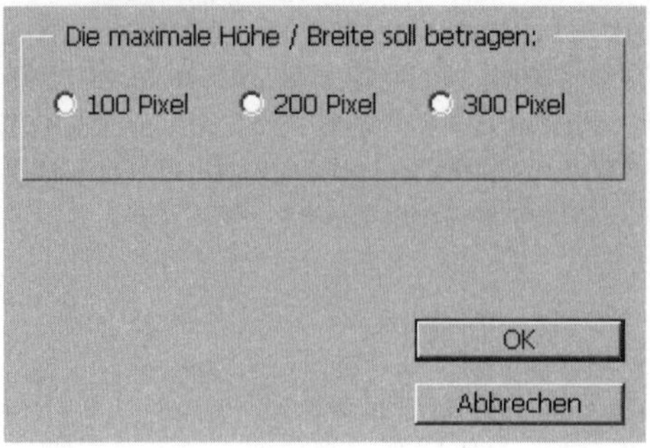

Abbildung 14.9: Der wichtigste Teil des Dialogfensters: die Auswahl

```
// das eigentliche Fenster anlegen:
var dlg = new Window('dialog', 'Mein Dialogfenster', [100,100,480,400]);
// den Bereich mit Optionsschaltflächen anlegen:
dlg.alertBtnsPnl = dlg.add('panel', [45,80,335,155], 'Die maximale Höhe
/ Breite soll betragen:', {borderStyle: "raised"});
dlg.alertBtnsPnl.alignLeftRb = dlg.alertBtnsPnl.add('radiobutton', [15,
30, 95,50], '100 Pixel');
dlg.alertBtnsPnl.alignCenterRb = dlg.alertBtnsPnl.add('radiobutton',
[105, 30, 185,50], '200 Pixel');
dlg.alertBtnsPnl.alignRightRb = dlg.alertBtnsPnl.add('radiobutton',
[195, 30, 275,50], '300 Pixel');
// die Schaltflächen OK und Abbrechen:
dlg.okBtn = dlg.add('button', [235,220,335,240], 'OK',{name:'ok'});
dlg.cancelBtn = dlg.add('button', [235,250,335,270],
'Abbrechen',{name:'cancel'});
dlg.show();
```

▷ Speichern und testen Sie das Skript für das Dialogfenster. Ein Klick auf eines der Optionsfelder aktiviert, der Klick auf die Schaltflächen *OK* oder *Abbrechen* schließt das Dialogfenster ohne jeden Kommentar. Den Stand bis hier finden Sie in der Datei *radioButtons.js*.

Auswerten von Klicks auf Optionsfelder

Im nächsten Schritt werden die Klicks auf die Optionsfelder ausgewertet. Jede der drei Schaltflächen erhält einen eigenen Wert, der jeweils in der Variablen `wert1` abgelegt wird. Jeder Klick auf eine der drei Schaltflächen belegt diese Variable mit einem eigenen Wert.

▷ Fügen Sie die folgenden Zeilen oberhalb der Definition der Schaltflächen *OK* und *Abbrechen* ein. Testen Sie erneut: Klicken Sie die Optionsfelder an - in einem Dialogfenster zeigt sich der Wert.

```
// auswerten der Klicks
dlg.alertBtnsPnl.alignLeftRb.onClick = function(){if(this.value == true)
wert1 = 100; alert(wert1)}
dlg.alertBtnsPnl.alignCenterRb.onClick = function(){if(this.value ==
true) wert1 = 200; alert(wert1)}
dlg.alertBtnsPnl.alignRightRb.onClick = function() {if(this.value ==
true) wert1 = 300; alert(wert1)}
```

Mit `onClick` verwenden Sie ein Ereignis zur Ermittlung, ob auf eine der Optionsschaltflächen geklickt wurde. Das eingetretene Ereignis ruft eine Funktion auf, die prüft, ob die Schaltfläche angeklickt wurde. Das Ergebnis ist entweder wahr (`true`) oder falsch (`false`). Das Schlüsselwort `this` bezieht sich auf das angeklickte Objekt. Wurde auf eine Schaltfläche geklickt, wird einer Variablen (`wert1`) je nach angeklickter Schaltfläche ein Wert zugewiesen und zwecks Test ausgegeben.

Abbrechen reagiert als Schaltfläche

Die nächste Verbesserung des Skripts gilt der Schaltfläche *Abbrechen*, die nach einem Klick eine Meldung abgeben soll, bevor das Dialogfenster einfach so geschlossen wird.

▷ Fügen Sie die Zeile unterhalb der Beschreibung der Schaltfläche *Abbrechen* hinzu. Testen Sie das Dialogfenster, wird eine Nachricht ausgegeben, wenn Sie auf die Schaltfläche *Abbrechen* klicken.

```
dlg.cancelBtn.onClick = function(){alert("Die Auswahl wurde
abgebrochen.")}
```

Auch die Schaltfläche *Abbrechen* reagiert mit `onClick` und der zugehörigen Funktion auf das Ereignis. Nach Klick auf die Schaltfläche *Abbrechen* wird ein rein informatives Dialogfenster erzeugt; danach verschwindet auch das Dialogfenster für die Formatauswahl.

Neben der Information für den Anwender soll auch festgehalten werden, ob die Schaltfläche *Abbrechen* angeklickt wurde oder nicht. Dazu setzt man eine Variable auf einen bestimmten Wert. Auf diesen Wert wird geprüft, bevor das Dialogfenster geschlossen wird.

▷ Deklarieren Sie oben im Skript die Variable `abbruch`. Fügen Sie dem Ereignis für die Schaltfläche *Abbrechen* eine Anweisung zu, setzen Sie in den geschweiften Klammern den Wert der Variablen `abbruch` auf `true`.

```
var abbruch
dlg.cancelBtn.onClick = function(){alert("Die Auswahl wurde
abgebrochen."); abbruch = true;}
```

Die Auswertung der Variablen `abbruch` erfolgt gleich zusammen mit der Auswertung für die Schaltfläche *OK*.

Die OK-Schaltfläche zeigt den Wert

Ein weiterer Schritt wird die Ausgabe des angeklickten Wertes auf einem Dialogfenster sein, nachdem die Schaltfläche *OK* angeklickt wurde.

▷ Deklarieren Sie die Variable `wert1` ebenfalls oben im Skript. Sie erhält in der Grundausstattung den Wert `null`, eben einen Wert, aber keinen bestimmten. Der soll nun über die Optionsschaltflächen erfolgen.

```
var wert1 = null;
```

- Es folgt das Kernstück der Prüfung. Setzen Sie die beiden nächsten Zeilen ans Ende des Skripts. Zunächst wird gefragt, ob eines der Optionsfelder gewählt wurde. Das hätte den Wert von `wert1` geändert. Ohne Wertänderung erfolgt der Hinweis auf die Verweigerung der Bearbeitung.

```
if (wert1 == null) alert("Nichts angeklickt, keine Bearbeitung")
if (abbruch != true && wert1 != null) {abmessung = wert1;
alert(abmessung);}
```

- Die letzte Zeile prüft, ob die Schaltfläche *Abbrechen* angeklickt wurde. Ist das nicht der Fall, wird über den logischen Operator Und (&&) geprüft, ob `wert1` den Wert `null` besitzt. Werden beide Bedingungen nicht erfüllt, wird der Wert `wert1` in die Variable `abmessung` gelegt und ausgegeben. Das Skript zum Vergleich finden Sie in *radioButtons4.js.*

Das Ganze wird in eine Funktion gesetzt, damit auch nichts verloren geht. Diese Funktion finden Sie in der Datei *radiobuttonauswerten_optimiert.js.*

Include verbindet das Dialogfenster und die Änderung

Sie verfügen jetzt über die beiden nötigen Skriptteile, die in einer Datei zusammengeführt werden und dort das komplette Skript bilden.

- Legen Sie ein neues Skript an, und öffnen Sie die Datei *radiobuttonAuswerten_optimiert.js.* Kopieren Sie die Funktion `radioButtons()` in das neue Skript, und schreiben Sie eine `include`-Anweisung zur Einbindung der zugehörigen Datei. Denken Sie an die Hochkommas für den Dateinamen.

```
radioButtons();
//@include "radiobuttonAuswerten_optimiert.js"
```

- Öffnen Sie die Datei *bildgroesseFuerdialogfenster.js.* Es handelt sich um ein Skript, das abhängig von der Vorlage *Bilder* auf eine bestimmte Seitenlänge skaliert. Das gesamte Skript steckt in der Funktion `bildAendern()`. Der Funktionsaufruf ist auskommentiert. Die vorher festen Werte für die Abmessung aus den Funktionen `querFormatKleiner()` und `hochFormatKleiner()` sind durch die Variable `abmessung` ersetzt worden.

- Kopieren Sie den Funktionsaufruf in das neue Skript, und schreiben Sie zum Funktionsaufruf die passende `include`-Anweisung.

```
bildAendern();
//@include "bildgroesseFuerdialogfenster.js"
```

- Speichern und testen Sie das Skript mit den `include`-Anweisungen. Das selbst geschriebene Dialogfenster zur Auswahl der Abmessung zeigt sich. Wählen Sie eine der Optionen, und bestätigen Sie Ihre Wahl mit einem Klick auf die Schaltfläche *OK*. Der gewählte Wert wird angezeigt.

- Das Dialogfenster zur Verzeichnisauswahl erscheint. Suchen Sie nach dem Verzeichnis *einfacheBilder:* Das Skript sollte seine Arbeit an den Dateien erledigen und diese wie gewünscht bearbeiten.

Die Lösung finden Sie unter *optionAuswertenInclude.js*. Die Bilder im Verzeichnis *einfacheBilder* sind so aufbereitet, dass sie sich ohne Nachfrage als JPEG speichern lassen. Beliebige Bilder sind möglich, wenn weitere Abfragen im Bearbeitungsskript eingefügt werden, die zum Beispiel einen Alphakanal löschen oder sonstige JPEG-Probleme aus dem Weg schaffen.

Abbildung 14.10: Bilder in der ausgewählten Abmessung

Betrachtet man den Aufwand, so ist dieser für paar Bildchen sicher recht hoch. Wenn man bedenkt, dass mit diesem Skript aber auch gleich 1.000 Bilder bearbeitet werden können, lohnt es sicher.

Testen Sie bei derart zusammengesetzten Skripten die einzelnen Bestandteile zunächst separat. Erst wenn alle Einzelteile sauber laufen, ist das spätere Zusammentragen ein Kinderspiel.

14.2.5 Eingabefelder auswerten

Das Dialogfenster mit den drei Schaltflächen ist schon ganz praktisch, wenn nur ganz bestimmte Vorgaben gewählt werden dürfen. Eingabefelder erweitern die Möglichkeiten der Dialogfenster. Der Anwender trägt eigene Angaben ein, und das Skript reagiert auf diese Eingaben.

In den meisten Fällen ist es eindeutig nicht sinnvoll, ein vorhandenes Dialogfenster neu zu erfinden. Eine Ausnahme bildet ein Dialogfenster, dessen Handhabung erheblich verbessert wird. Da landen wir wieder bei den Hilfslinien. Die dürfen Sie mit dem Dialogfenster *Neue Hilfslinie* Stück für Stück präzise anlegen. Für jede Hilfslinie das Dialogfenster öffnen zu müssen kann nervig sein. Wir verbessern das jetzt.

Viele Hilfslinien mit einem Dialogfenster

Unser verbessertes Dialogfenster enthält einen informativen Text, ein Eingabefeld für die Position der Hilfslinie und zwei Schaltflächen. Der Anwender soll einen Wert eintippen und die Schaltfläche *Übernehmen* anklicken. Der Klick auf diese Schaltfläche fügt eine senkrechte Hilfslinie ein. Das Dialogfenster bleibt nach dem Anlegen der Hilfslinie geöffnet; es soll möglich sein, mehrere Hilfslinien mit einem Dialogfenster anzulegen. Das Schließen des Dialogfensters soll erst die zweite Schaltfläche *Schließen* erledigen.

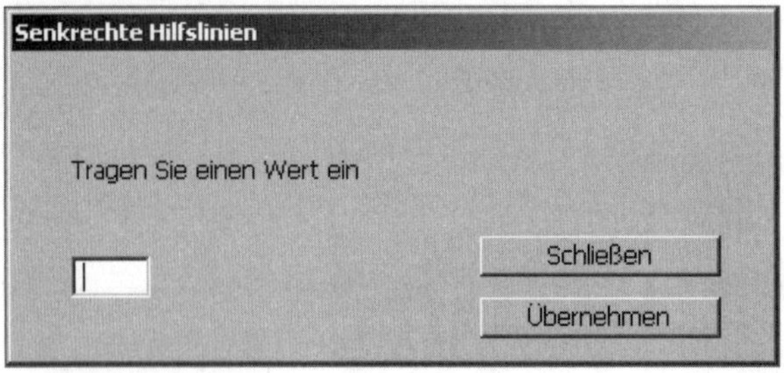

Abbildung 14.11: Das aufgerufene Dialogfenster für senkrechte Hilfslinien

- Bauen Sie mit den nächsten Zeilen zunächst das Dialogfenster. Legen Sie den darauf ausgegebenen Text fest. Möchten Sie das testen, fügen Sie bereits jetzt die Zeile mit `dlg.show();` ins Skript ein.

```
// das eigentliche Fenster anlegen
var dlg = new Window('dialog', 'Senkrechte Hilfslinien',
[100,100,480,250]);
// informativer Text auf dem Dialogfenster
dlg.msgString = dlg.add('statictext', [30,50,340,65], 'Tragen Sie einen
Wert ein');
```

- Das Eingabefeld wird erzeugt. Damit später ein Cursor im sonst leeren Eingabefeld blinkt, wird der Wert mit `undefined` angegeben. Mit dem Ereignis `onChange` (wenn der Inhalt des Eingabefeldes geändert wird) und der dazugehörenden Funktion wird ein neu eingetippter Wert in eine Variable übernommen.

```
dlg.msgEF = dlg.add('edittext', [30,100,70,120],undefined,
{multiline:false});
dlg.msgEF.onChange = function(){
this.value = this.text;
hugo = this.value;
```

- Die Funktion `senkrechteHilfslinienSetzen()` wird aufgerufen. Es handelt sich um die Skriptzeilen aus dem ScriptListener. Die Zeilen befinden sich in der Datei `senkHL.js`. Der Inhalt dieser Datei wird mit `include` eingebunden.

```
senkrechteHilfslinienSetzen();
//@include "senkHL.js"
}
```

- Die Schaltfläche *OK* wird zur Schaltfläche *Übernehmen*, die den Wert in eine Hilfslinie umsetzt. Mit der Schaltfläche *Abbrechen* wird das Dialogfenster geschlossen - ein Hinweis erfolgt.

```
dlg.okBtn = dlg.add('button', [235,120,355,140], 'Übernehmen');
dlg.cancelBtn = dlg.add('button', [235,90,355,110],
'Schließen',{name:'cancel'});
dlg.cancelBtn.onClick = function(){alert("Der Vorgang wird beendet.");
abbruch = true;}
dlg.show();
```

Schaltflächen können über die Eigenschaft `name` eine besondere Aufgabe erfüllen. Für die Schaltfläche *OK* wird mit der Zuweisung der Eigenschaft `{name:'ok'}` das Dialogfenster wie im vorherigen Beispiel nach Klick auf die Schaltfläche geschlossen. In diesem Beispiel jedoch soll nur ein Wert umgesetzt werden, daher wird diese Eigenschaft nicht zugewiesen. Für die Schaltfläche *Abbrechen* gilt: Hier soll kein Wert mehr verarbeitet, sondern das Dialogfenster geschlossen werden. Die Eigenschaft `{name:'cancel'}` wird gesetzt. Das Skript finden Sie unter dem Namen *mehrereHilfslinienDialogfenster.js.*

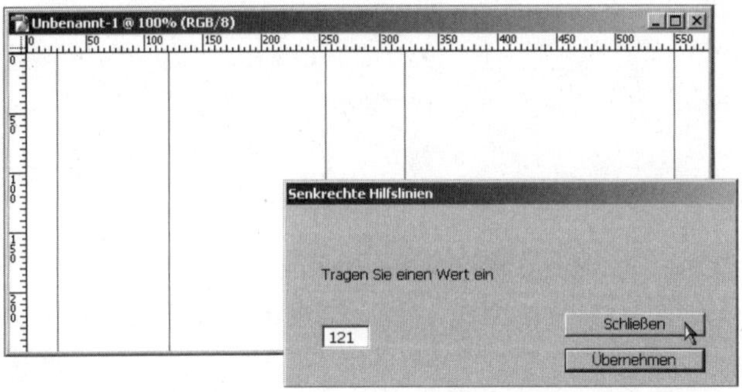

Abbildung 14.12: Das Dialogfenster in Aktion: Die gewünschten Hilfslinien sind gesetzt

15 Bildgalerien aus JavaScript

Die Web-Fotogalerie fügt den Bildinhalten ergänzende Informationen zu und bereitet die Bilder für den Einsatz im Internet auf. Seit Photoshop CS bietet JavaScript eine Methode an, die alle Einstellungen des Dialogfensters *Web-Fotogalerie* umsetzt. Individueller und auch in Photoshop 7 umsetzbar wird eine Bildgalerie, wenn sie mit eigenen Funktionen in JavaScript umgesetzt wird.

15.1 Web-Fotogalerie in Photoshop CS

Seit der Version Photoshop CS können Sie das Dialogfenster *Web-Fotogalerie* auch direkt mit der Methode `makePhotoGallery()` in JavaScript umsetzen. Der Methode werden zwei Verzeichnisse mitgegeben: das Verzeichnis, in dem die Bilddaten liegen und das Verzeichnis für die fertige Galerie. Die dritte Angabe beschreibt die Optionen auf dem Dialogfenster *Web-Fotogalerie*. Die allgemeine Schreibweise lautet:

```
quellVerzeichnis = Folder.selectDialog("Suchen Sie ein Verzeichnis mit
Bildern?);
zielVerzeichnis = Folder.selectDialog("Geben Sie das Verzeichnis für das
Ergebnis an");
makePhotoGallery(quellVerzeichnis, zielVerzeichnis, GalleryOptions);
```

Führen Sie diese Skriptzeilen aus, wird eine Grundausstattung der Web-Fotogalerie ausgeführt. Das Ergebnis ist ein Frameset mit eingebundenen Bildern. Sie finden das Skript in der Datei *einfacheGalerieGrundaustattung.js.*

15.1.1 Die Web-Fotogalerie gestalten

Erweitern Sie die einfachste Ausführung einer Web-Fotogalerie mit einem vorgefertigten Layout. Das Layout wird über das Objekt `GalleryOptions` umgesetzt, dessen Eigenschaften neu festgelegt. Das entspricht der Auswahl von Einstellungen auf dem Dialogfenster *Web-Fotogalerie* für den Eintrag *Allgemein* aus der Liste *Optionen.*

- Öffnen Sie die Datei *einfacheGalerieGrundaustattung.js.* Schaffen Sie zwischen den Zeilen zur Verzeichnisauswahl und der Zeile mit der Methode `makePhotoGallery()` ein wenig Platz.

- Legen Sie eine Kopie des Objekts `GalleryOptions` für die Eigenschaften an. Das erfolgt über den constructor `new` und das Objekt (`GalleryOptions`). Das wird in `alleEinstellungen` gegeben. Die verfügbaren Eigenschaften werden Schritt für Schritt eingesammelt. Vergleichen Sie dazu auch das Dialogfenster *Web-Fotogalerie*.

```
quellVerzeichnis = Folder.selectDialog();
zielVerzeichnis = Folder.selectDialog();
// das Objekt aufbauen und mit Eigenschaften bestücken
alleEinstellungen = new GalleryOptions;
alleEinstellungen.layoutStyle = "Einfach";
alleEinstellungen.emailAddress = " Koalas@KoalaPark.com.au ";
alleEinstellungen.useShortExtension = true;
alleEinstellungen.useUTF8Encoding = false;
alleEinstellungen.addSizeAttributes = true;
alleEinstellungen.preserveAllMetadate = false;
alleEinstellungen.includeSubFolders = true;
```

- Tragen Sie die derart eingesammelte Angaben in die runden Klammern der Methode `makePhotoGallery()` ein.

```
makePhotoGallery(quellVerzeichnis, zielVerzeichnis, alleEinstellungen)
```

- Testen Sie das Skript. Es startet mit den Dialogfenstern zur Ordnerauswahl. Haben Sie die beiden Ordner angeklickt, erledigt JavaScript den Rest. Bild für Bild wird geöffnet, geändert und verschwindet wieder. Sind alle Bilder bearbeitet, zeigt sich das Ergebnis in einem Browser.

Die Namen für die Eigenschaft `layoutStyle` finden Sie im Verzeichnis von Photoshop unter *Vorgaben* im Verzeichnis *Web-Fotogalerie.* Jeder Stil hat sein eigenes Verzeichnis mit dem entsprechenden Namen. Die Zusammenstellung für eine einfache *Web-Fotogalerie* finden Sie in der Datei *einfacheGalerie.js.* Die Ergebnisse zum Vergleich liegen im Verzeichnis *bildMaterial* wieder im Verzeichnis *WebFotogalerien* in eigenen Verzeichnissen.

15.1.2 Mehr Stile für die Web-Fotogalerie

Mit dieser Ausführung der Web-Fotogalerie sind Sie sicher noch nicht zufrieden. Setzen Sie weitere Eigenschaften, wenn diese für den gewählten Stil gültig sind. Die notwendigen Vokabeln finden Sie mit den gültigen Wertangaben in der Datei *JavaScript Reference Guide.pdf* und teils umgesetzt in der Datei *einfacheGalerieGalerieOptionen.js.*

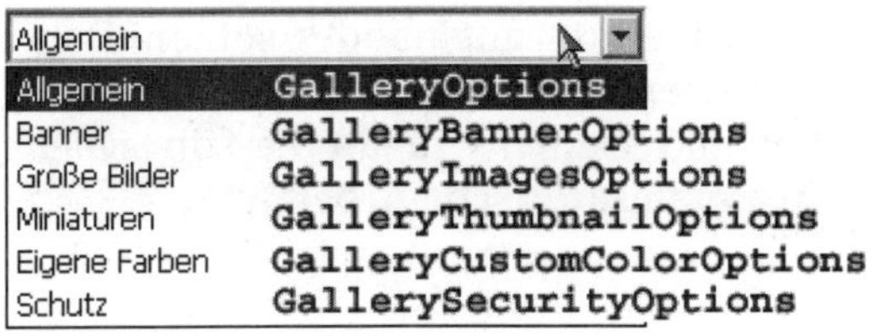

Abbildung 15.1: So wird die Liste *Optionen* in Themen aus der Referenzdatei umgesetzt

Die Eigenschaften für den Bereich *Banner* werden durch einen Punkt getrennt an das Objekt angehängt. Nach einem weiteren Punkt folgt die Eigenschaft selbst. Nach dem Gleichheitszeichen folgt der Wert für die jeweilige Eigenschaft.

```
alleEinstellungen.layoutStyle = "Einfach";
alleEinstellungen.bannerOptions.photographer = "Petra Kriesinger";
alleEinstellungen.imagesOptions.dimension = 200;
alleEinstellungen.thumbnailOptions.border = 1;
alleEinstellungen.securityOptions.content = GallerySecurityType.NONE;
```

Nicht alle Einstellungen gelten auch für alle Stile. Im Dialogfenster *Web-Fotogalerie* werden Sie mit einem gelben Warndreieck darauf hingewiesen. Vergleichen Sie Ihre Einstellungen mit den Bereichen auf dem Dialogfenster.

Das Objekt `GalleryOptions` wird erst seit Photoshop CS bereitgestellt. Anwender von Photoshop 7 erstellen die Web-Fotogalerie per Skript selbst. Das erfordert etwas mehr Aufwand, kann das Ganze aber auch flexibler gestalten. Wie das funktioniert, zeigen die nächsten Abschnitte.

15.2 HTML-Dateien erzeugen

Die Web-Fotogalerie erzeugt je nach gewähltem Layout einfache Tabellen mit Bildern und Texten oder bestückt Frames mit den gewünschten Inhalten. Sie selbst bestimmen die Gestaltung und eingeschränkt die Inhalte, die notwendigen Dateien legt das Programm für Sie an. Die Web-Fotogalerie fällt individueller aus, wenn Sie eigene Webseiten direkt in Kombination mit einem HTML-Editor und Photoshop schreiben. Ständig wiederholte Arbeiten wie das Anlegen und Füllen von Tabellen, das Beschriften von Abbildungen und das Erzeugen von Dateien zum Füllen von Frames übergeben Sie an JavaScript.

Das eingesetzte Verfahren nutzt die Möglichkeit, Zeichenketten in Textdateien zu schreiben. Der HTML-Code wird mit der Methode `writeln()` des Objekts `File` als Textzeile ausgegeben. Die Ausgabe erfolgt als Zeichenkette. Mehrere

Zeichenketten lassen sich mit dem Plus-Operator aneinander setzen. Dabei gilt es, die Hochkommas der Zeichenketten sorgfältig zu setzen. Ständig wiederholte Aufgaben wie Tabellenzeilen und Spalten schreibt die `for`-Schleife in die HTML-Datei, für Sie fällt eher die organisatorische Arbeit an.

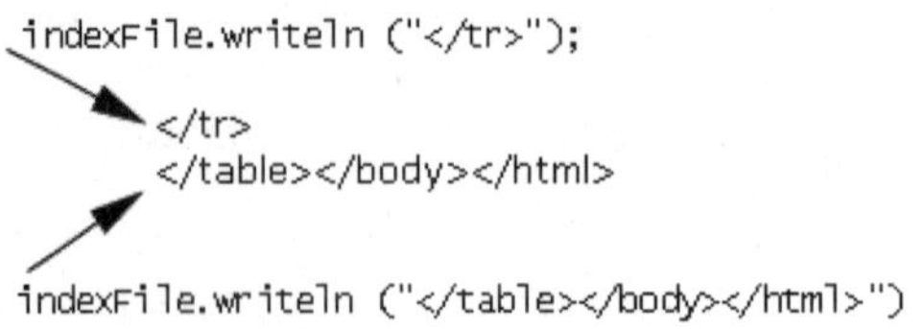

Abbildung 15.2: So setzt JavaScript die Zeilen in HTML um

Photoshop ist kein HTML-Editor. Die notwendigen Elemente aus HTML erzeugen Sie in einem Editor. Die Elemente werden in die JavaScript-Datei übernommen, das spart Tippfehler. Auch einzelne Seiten wie ein Frameset werden schneller im HTML-Editor erstellt.

15.2.1 Eine einfache Tabelle schreiben

Starten Sie mit einem kleinen HTML-Dokument. Das enthält eine einfache Tabelle mit ein paar Zeilen und Spalten. Dabei wird jeweils eine Zeile angelegt und die Zellen mit Inhalt gefüllt. Sind die Zellen für die erste Zeile gezeichnet, folgt die nächste.

- Der Speicherort wird mit dem Dialogfenster ermittelt oder direkt ins Skript eingearbeitet. Es wird auf jeden Fall ein `Folder`-Objekt angelegt, sein Inhalt in eine Variable (`zielVerzeichnis`) gegeben.
- Sie möchten die Tabelle in eine HTML-Datei schreiben, deswegen legen Sie ein `File`-Objekt für diese Datei an. Dieses enthält den gesamten Dateipfad, also auch den Namen, unter dem das HTML-Dokument gespeichert wird.

```
var zielVerzeichnis = Folder.selectDialog("Verzeichnis für die
HTML-Datei auswählen");
var indexFile = new File(zielVerzeichnis + "/indexEigen.htm");
var isopen = indexFile.open("w");
if (isopen) {
```

- Die nächsten beiden Zeilen setzen die Struktur einer HTML-Seite um. Dabei werden HTML-Tags soweit möglich zusammengefasst.

```
indexFile.writeln("<html> <head> <title> Tabelle aus Photoshop </title>
</head> <body>");
indexFile.writeln("<table id = 'Tabelle_01' width ='450' height ='240'
border ='1' cellpadding = '0' cellspacing = '0'>");
```

- Die Tabelle wird erzeugt. Die erste `for`-Schleife ist für die Zeilen zuständig, die zweite für die Zellen jeder Zeile.

```
  for (var m = 0; m < 3; m++) {
    indexFile.writeln ("<tr>");
    for (var i = 1; i < 7; i++){
      indexFile.writeln ("<td align = 'center'>" +  [i] + " <width='125'
           height = '50'>" + "</td>");
    }
    indexFile.writeln ("</tr>");
  }
}
```

- Das Gerüst der HTML-Datei wird vervollständigt, die HTML-Datei geschlossen und so auch gleich gespeichert.

```
indexFile.writeln ("</table></body></html>");
indexFile.close();
```

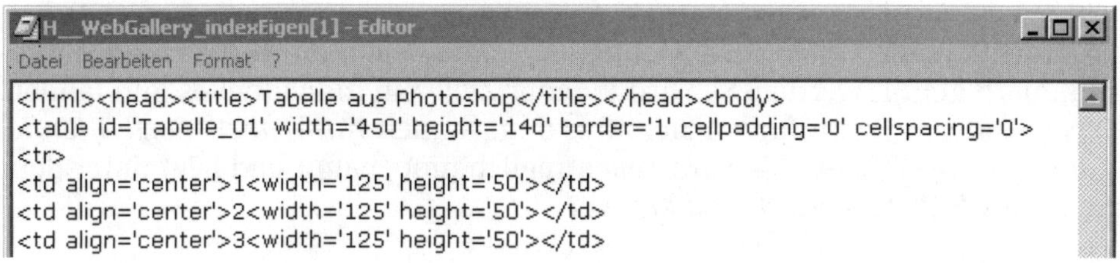

Abbildung 15.3: Der Anfang des HTML-Dokuments als Quellcodeanzeige im Browser

Das Ergebnis zeigt sich im Browser als eine Tabelle aus drei Zeilen und sechs Spalten. Lassen Sie sich im Browser den Quelltext anzeigen. Noch werden die Zellen in jeder Zeile von 1 bis 6 durchnummeriert, da jede Zeile einfach nur wiederholt wird. Das Skript liegt unter *htmlTabelleAnlegen.js* vor und die HTML-Datei unter *indexEigen.htm*. Vergleichen Sie die beiden mitgelieferten Dateien miteinander, so lässt sich die Umsetzung besser nachvollziehen.

15.2.2 Die Tabelle fortlaufend füllen

Optimieren Sie für die Tabelle mit einem kleinen Eingriff die Anzeige der Zahlen in den Zellen. Beginnt die zweite Zeile, soll die Zahl in der Zelle weiter erhöht werden.

- Deklarieren Sie zu Beginn des Skripts eine neue Variable a mit dem Wert 0. Die Variable findet ihren Einsatz in der zweiten Schleife, die für das Füllen der Zellen verantwortlich ist.
- Fügen Sie die neue Variable mit dem Operator ++ hier ein, der Wert soll sich kontinuierlich um den Wert 1 erhöhen, wenn eine neue Zelle entsteht.
- Tauschen Sie für das Füllen der einzelnen Zellen das `[i]` gegen `[a]`. Die fortlaufend hochgezählte Variable a sorgt für die ständig erhöhten Werte in den Zellen. Speichern und testen Sie das Skript.

```
for (var i = 1; i < 7; i++){
   a++;
   indexFile.writeln ("<td align='center'>" +  [a] + "<width='125'
      height='50'>" + "</td>");
```

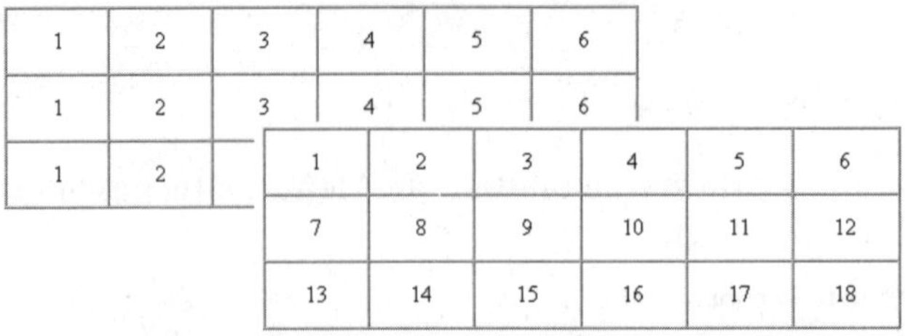

Abbildung 15.4: Die kleine Änderung zeigt die gewünschte Wirkung

Das fortlaufende Füllen wird wichtig, wenn die Zellen mit fortlaufenden Bildnummern gefüllt werden. So wird in jeder Zelle ein individuelles Bild landen. Das geänderte Skript finden Sie unter dem Namen *htmlTabelleFortlaufendeZahlen.js*, die HTLM-Datei wurde nachträglich umbenannt und liegt unter dem Namen *indexEigenFortlaufend.htm* vor.

15.2.3 HTML-Tabelle mit Bildern füllen

Die Tabelle wird verbessert: Statt mit Zahlen werden die Zellen mit Bildern gefüllt. Zeigen Sie JavaScript den Dateipfad zum Verzeichnis mit den Bildern, und JavaScript liest den Inhalt des Verzeichnisses ein. Wie im vorherigen Beispiel baut JavaScript das HTML-Gerüst auf und füllt die Zellen. Nur diesmal wird der Dateipfad statt des Zahlenwertes eingefügt. Das wird auch gleich in den passenden HTML-Tag gesetzt und so in die HTML-Datei geschrieben.

- Kopieren Sie das Verzeichnis *WebGallery* auf Ihren Rechner. In diesem Verzeichnis befinden sich im Verzeichnis *Bilder* die Dokumente für die Tabelle.

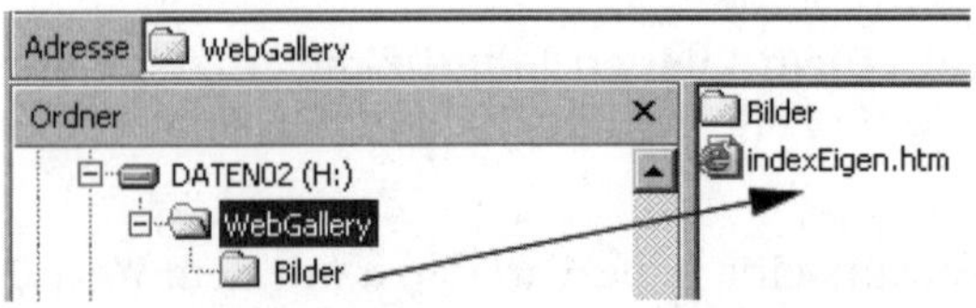

Abbildung 15.5: Da liegen die HTML-Datei und das Verzeichnis mit den Bildern

- Der Inhalt des Verzeichnisses *Bilder*, die Dateinamen, werden mit der Methode `getFiles()` ermittelt und in eine Variable (`inhalt`) gelegt. Für die HTML-Datei wird im Skript ein `File`-Objekt angelegt. Das Verzeichnis für diese Datei liegt über dem Verzeichnis Bilder, hier wird ein relatives Verzeichnis benutzt.

```
var zielVerzeichnis = Folder.selectDialog("Verzeichnis WebGallery /
Bilder auswaeheln");
inhalt = zielVerzeichnis.getFiles();
Folder.current = zielVerzeichnis;
htmlPfad = new Folder("../");
var indexFile = new File(htmlPfad + "/indexEigen.htm");
```

- Ergänzen Sie die innere `for`-Schleife. Für jedes Bild jeder Zelle wird ein `File`-Objekt angelegt und in eine Variable (`datArbeit`) gegeben. Sie benötigen nur den Dateinamen, nicht den gesamten Pfad. Extrahieren Sie mit `datArbeit.name` den Dateinamen aus dem Pfad, und legen Sie ihn in die Variable `ohnePfad`. Diese Variable wird später für den <img>-Tag benötigt.

```
for (var i = 1; i < 7; i++){
datArbeit = File(inhalt[a]);
ohnePfad = datArbeit.name;
```

- Die Zellen werden geschrieben und dabei mit den Angaben zum Speicherort des Bildes gefüllt. Hier spielt der richtige Umgang mit den Hochkommas eine wichtige Rolle. Vergleichen Sie die Skriptzeile mit der Abbildung, die Ihnen die Umsetzung einer Tabellenzeile zeigt. Für jede Zelle wird als letzter Schritt der inneren `for`-Schleife mit dem Operator ++ der Wert von a um den Wert 1 erhöht.

```
indexFile.writeln ("<td align='center'>"  + '<IMG SRC="' + 'Bilder/' +
ohnePfad + '"></td>');
a++;
}
```

Die Zusammenstellung der Hochkommas scheint auf den ersten Blick recht unübersichtlich. Das erste Paar fasst die Ausrichtung innerhalb der Zelle zusammen. Die Hochkommas für den HTML-Code müssen erhalten bleiben. Der nächste Teil ist der HTML-Tag <IMG>, einschließlich des Hochkommas. Das Verzeichnis *Bilder* wird angehängt und mit dem Dateinamen aus der Variablen `ohnePfad` ergänzt. Den Abschluss bildet der HTML-Code, der die Zelle abschließt. Hier findet sich das zweite Hochkomma aus dem <IMG>-Tag. Sie finden das ganze Beispiel in der Datei *htmlTabelleMitBildern.js*.

Die Zusammenstellung der Hochkommas kann einfacher ausfallen, wenn Sie den HTML-Code vor der Umsetzung in die Ausgabe mit JavaScript vereinheitlichen. Setzen Sie im HTML-Code alle Hochkommas einheitlich (als einzelnes Zeichen, single quote) um, können Sie für die Umsetzung der Zeichenketten die Hochkommas aus dem doppelten Zeichen (double quotes) wählen.

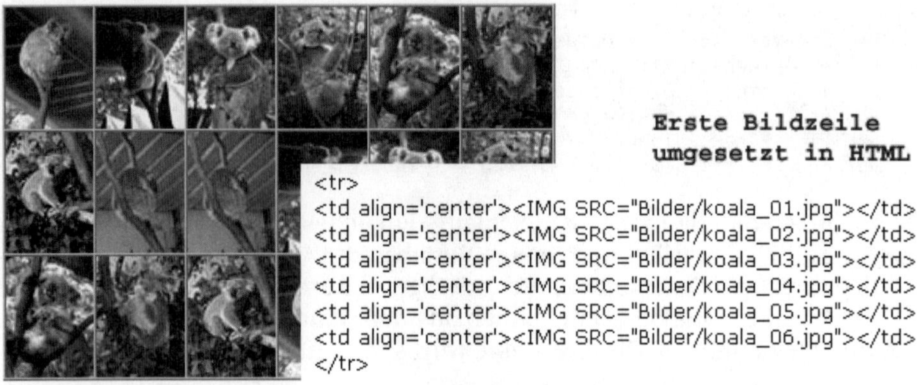

Abbildung 15.6: Tabelle mit Bildern im Browser und die Umsetzung der ersten Bilder als Quellcode der HTML-Datei

Bild- und Zellenanzahl optimal zuordnen

Stimmt die Anzahl der Bilder mit der Anzahl der Zellen überein, ist das optimal. Fehlen ein paar Bilder, werden die Zellen mit temporären Inhalten gefüllt. Das lässt sich durch einen Zusatz im Skript verhindern. Im Skript wird der Wert der Variablen a mit dem der Anzahl der Bilder aus dem Verzeichnis verglichen. Solange a kleiner ausfällt als die Bildanzahl, werden die Bilder eingefügt. Ab dem Zeitpunkt, an dem der Wert von a die Anzahl der Bilder übersteigt, werden die restlichen Zellen mit einer Zusatzgrafik gefüllt. Das optimierte Skript finden Sie in der Datei *htmlTabelleMitBildernOptimiert.js*.

15.2.4 Tabelle mit Texten und Bildern

Die Bilder sollen noch beschriftet werden. Für die Tabelle bedeutet das, dass unter jeder Bildzeile eine zusätzliche Zeile entstehen muss, in die der Dateiname des jeweiligen Bildes gehört. Dazu wird das Skript um eine `for`-Schleife ergänzt.

- Deklarieren Sie oben im Skript neben der Variablen a noch eine zweite Variable b mit dem Wert 0.
- Bevor die neue Schleife eingefügt wird, eröffnet das Tag <tr> die neue Zeile. Das Tag wird unterhalb der neuen Schleife mit </tr> geschlossen.
- Fügen Sie eine neue `for`-Schleife zwischen die beiden Zeilen ein. Diese Schleife erzeugt eine Zeile mit Zellen; gefüllt wird jede Zelle mit dem Dateinamen. Der wird über ein `File`-Objekt ermittelt, das über den Wert der Variablen b auf die Datei zugreift. Der Dateiname wird wieder aus dem Dateipfad extrahiert und in die Zelle eingefügt. Dann wird b um den Wert 1 erhöht.

```
// === eine zweite Schleife für weitere Zellen ===
indexFile.writeln ("<tr>");
```

```
for (var x = 1; x < 7; x++){
   datName = File(inhalt[b]);
   kurzName = datName.name;
   indexFile.writeln ("<td align='center'>" + kurzName + "</td>");
   b++
   }
indexFile.writeln ("</tr>");
// === Ende der Einfügung ===
```

Bei der Zeile mit der Variablen (`kurzName`) für den Dateinamen in der Zelle wird die Zeichenkette unterbrochen. Die Variable gehört nicht mit in die Hochkommas, wird aber mit dem Pluszeichen mit der Zeichenkette verbunden. Die gesamte Zeichenkette wird zu einer Zeile im HTML-Code.

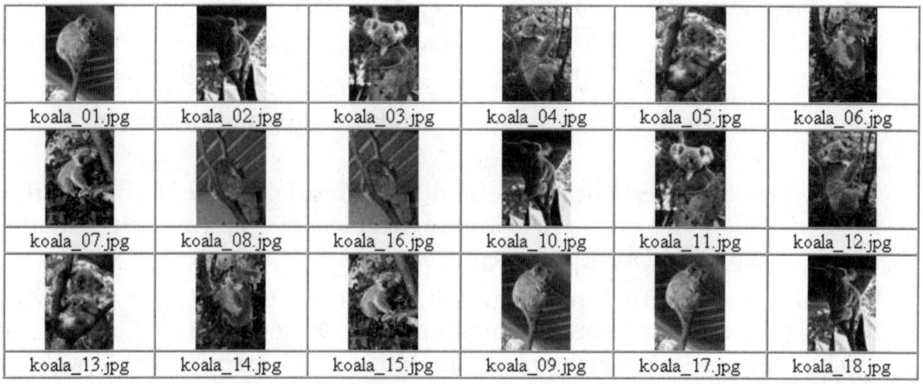

Abbildung 15.7: Das Ergebnis der Schleifen im Browser

Das Ergebnis finden Sie in der Datei *htmlTabelleMitBildernTexten.js.* Das hätten Sie in Photoshop CS so auch mit der *Web-Fotogalerie* erzeugen können. Im nächsten Schritt wird das wesentlich flexibler, wenn die Beschriftung nicht aus den Dateinamen besteht, sondern einer Textdatei entnommen wird. Das kann die *Web-Fotogalerie* nicht umsetzen.

Fügen Sie Bilder aus einem Verzeichnis ein, achten Sie unbedingt darauf, dass in diesem Verzeichnis auch nur Bilddateien liegen. Versteckte Dateien, die vom System angelegt und voreingestellt nicht angezeigt werden, können das Ergebnis verfälschen. Notfalls müssen Sie die gewünschten Dateiformate vorher im Skript eingrenzen, ähnlich wie bei der Datei *start.js* aus dem ersten Kapitel.

15.2.5 Erweiterung der Web-Fotogalerie

Die Angaben für die Beschriftung der Bilder im Dialogfenster *Web-Fotogalerie* müssen vorher im Dialogfenster *Datei-Informationen* eingetragen werden. Das wird selten erledigt. Beziehen Sie die Beschriftung aus einer Textdatei, hat das einen unschlagbaren Vorteil: Wer für die Texte verantwortlich zeichnet, kann die Bilder in vielen Programmen öffnen. Das mühselige Eintragen der Informationen ins Dialogfenster *Datei-Informationen* entfällt. Sie finden die Skriptdatei unter *tabelleBeschriftungAusDatei.js*. Kopieren Sie die Datei *koalas.txt* in das Verzeichnis *WebGallery*, wenn Sie den Pfad im Skript weitgehend beibehalten möchten.

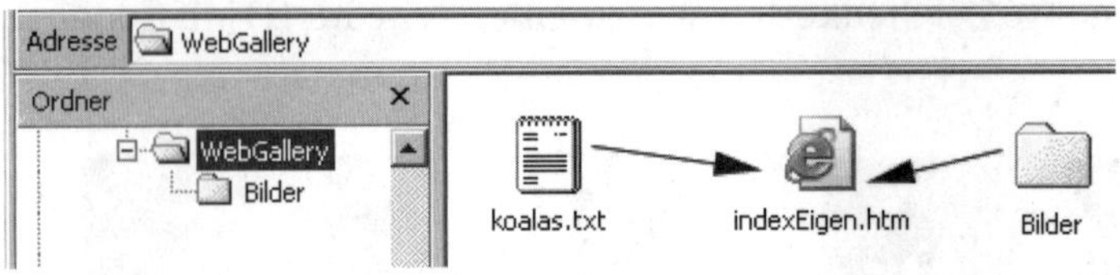

Abbildung 15.8: Texte und Bilder werden ins HTML-Dokument übernommen

- Die Textdatei will gesucht und gefunden werden. Fügen Sie oben im Skript bei den Zeilen für die Verzeichnissuche die Zeile ein, mit der für die Textdatei ein `File`-Objekt angelegt wird.
- Die Datei wird geöffnet und komplett eingelesen. Der gesamte Inhalt der Datei wird auf Kommas untersucht, die der Methode `split()` als Trennzeichen mitgegeben werden. Das Ergebnis ist ein Array in der Variablen `texte`. Sie können jede Position in diesem Array ansprechen und den dortigen Wert auslesen.

PHOTOSHOP 7 · PHOTOSHOP

```
// ===== eigene Pfadangaben überprüfen !!! =====
var textDatei = File.openDialog("Suchen Sie koalas.txt");
textDatei.open();
textInhalt = textDatei.read();
var texte = textInhalt.split(",");
```

- Geändert wird die zweite innere Schleife. Hier wird die Variable `texte` mit der Positionsnummer angegeben. Die Position liefert die Variable b, die Sie bereits für das vorherige Beispiel angelegt haben.

```
// ======= Änderungen beachten =======
   for (var x = 1; x < 7; x++){
     indexFile.writeln ("<td align='center'>" + texte[b] + "</td>");
     b++
   }
// ====== Ende der Änderungen ======
```

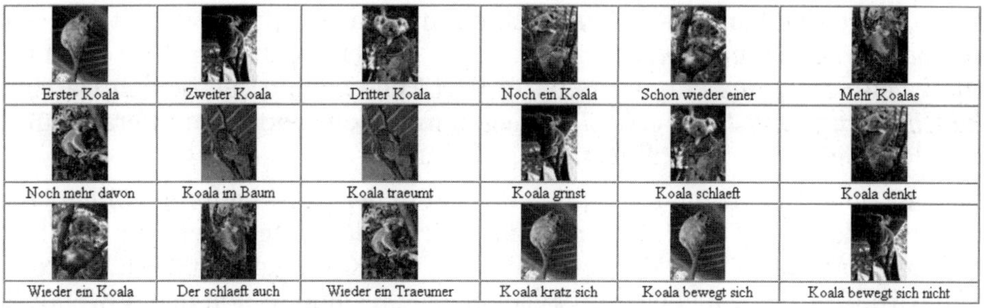

Abbildung 15.9: Die Tabelle mit den externen Texten

Sollen Texte genau bestimmten Bildern zugeordnet werden, muss sich die Reihenfolge in der Textdatei nach der Reihenfolge der Bilder richten. Für umfangreiche Aufgaben bietet es sich an, die Textdatei ähnlich aufzubauen wie in Kapitel 12 die Datei aus der Datenbank. Das ist ein wenig mehr Planungsaufwand, der sich aber durch korrekte Zuordnung von Texten und Bildern sicher rechnet. Arbeiten Sie mit einer Anwendung, die XML-Dateien ausgeben kann, wäre das ein vergleichbarer Weg. Wie Sie eine XML-Datei auswerten, erfahren Sie gegen Ende dieses Kapitels.

15.2.6 Diashow mit Verweisen

Auch eine individuelle Diashow wird mit ein paar Änderungen möglich. Umgesetzt wird die Diashow mit einem Frameset, das Sie vorher anlegen. Die Datei mit dem Frameset ist die Startdatei, in der andere Dateien angezeigt werden.

Abbildung 15.10: So soll das Ganze am Ende im Browser erscheinen

Die vorbereitete Startdatei nennt sich dann auch *start.htm*. Sie lädt eine unveränderte Seite *hauptseiteOben.htm*, in der sich ein zentrierter Text befindet. Die zweite Zeile des Framesets ist in drei Teile geteilt: Die beiden Dateien *bild_links.htm* und *bild_rechts.htm* liegen im linken und rechten Frame und sind leer. Sie werden ebenfalls nicht geändert.

Die einzeilige Tabelle im unteren Frame liegt in der Datei *hauptseiteUnten.htm*, die vom Skript mit den Bildern gefüllt wird. Die Texte unterhalb der Bildtabellen sind mit einem Verweis versehen. Ein Klick auf den Text, und das Bild wird über der Tabelle vergrößert angezeigt. Ohne Aktion des Anwenders wechselt der Inhalt des größeren Bildes von Zeit zu Zeit. Es handelt sich um den mittleren Frame, dessen Inhalt aus einzelnen Dateien gefüllt wird. Diese Dateien, die nur ein Bild enthalten, schreibt das Skript. Das komplette Skript finden Sie unter dem Namen *diaShow.js* und *diaShow_v7.js* für Photoshop 7.

- Kopieren Sie das Verzeichnis *DiasShow* auf Ihren Datenträger. Es enthält neben den Bildern auch die vier HTML-Dateien (*bild_links.htm*, *bild_rechts.htm*, *hauptseiteOben.htm*, *start.htm*), die nicht von Photoshop geschrieben werden.
- Ermitteln Sie das Verzeichnis der Bilddaten. Den Inhalt legen Sie wie gehabt in eine Variable (`inhalt`). Ergänzen Sie das Skript um das Ermitteln der Anzahl der Bilddaten im Verzeichnis. Auch das Ergebnis gehört in eine Variable (`anzahl`).

PHOTOSHOP 7

```
// das Verzeichnis für Bilddaten (Pfadangabe) ermitteln:
var selectedFolder = Folder.selectDialog("Suchen Sie das Verzeichnis
DiasShow / Bilder");
inhalt = selectedFolder.getFiles();
anzahl = selectedFolder.getFiles().length;
```

- Das neue `File`-Objekt wird angelegt. Diese Datei wird nur einmal erzeugt und in das Verzeichnis oberhalb des Verzeichnisses mit den Bildern geschrieben. Weiter benötigen Sie drei Variablen, die auch direkt einen Wert erhalten.

PHOTOSHOP 7

```
// neue Datei als File - Objekt:
Folder.current = selectedFolder;
htmlPfad = new Folder("../");
var indexFile = new File(htmlPfad + "/hauptseiteUnten.htm");
var a = 0; var b = 0; c = 1;
var isopen = indexFile.open("w");
```

- Nach der Prüfung, ob die Datei erfolgreich geöffnet und zum Schreiben bereit ist, wird eine Zeile für die Bilder erzeugt und gefüllt. Achten Sie auf die unterschiedlichen Hochkommas, wenn Eigenschaften aus dem HTML-Bereich gefragt sind.

```
if (isopen) {
indexFile.writeln("<html> <head> <title> Tabelle aus Photoshop </title>
</head> <body>");
indexFile.writeln("<table id='Tabelle_01' align = 'center'
width='75%' height='100' border='1' cellpadding='0' cellspacing='0'>");
  for (var m = 0; m < 1; m++) {
```

```
    indexFile.writeln ("<tr>");
        for (var i = 0; i < anzahl; i++){
        datArbeit = File(inhalt[a]);
        ohnePfad = datArbeit.name;
```

▷ Neu ist hier nur der Aufruf der selbsterstellten Funktion `einzelDatei()`, die am Ende des Gesamtsskripts platziert wird. Sie ist verantwortlich dafür, dass für jedes Bild eine eigene Datei erzeugt wird.

```
        einzelDatei()
        indexFile.writeln ("<td align='center'>" + '<IMG SRC="' +
           'Bilder/' + ohnePfad + '"' + "> </td>");
        a++
       }
       indexFile.writeln ("</tr>");
       indexFile.writeln ("<tr>");
       // ===== Dateinamen für die zweite Tabellenzile:
       for (var x = 1; x < anzahl+1; x++){
         datName = File(inhalt[b]);
         kurzName = datName.name;
         // ===== der Verweis wird für jede Bildunterschrift gesetzt:
         indexFile.writeln ("<td align='center'><A HREF =" + "bild"+ [x] +
           ".htm" + " " + "target='inhalt'>" + kurzName + "</A></td>");
         b++
       }
       indexFile.writeln ("</tr>");
   }
}
indexFile.writeln ("</table></body></html>")
indexFile.close()
```

```
<tr>
<td align='center'><IMG SRC="Bilder/koala_01.jpg"></td>
    weitere Bilder einbinden
<td align='center'><IMG SRC="Bilder/koala_08.jpg"></td>
</tr>
<td align='center'><A HREF =bild1.htm target='inhalt'>koala_01.jpg</A></td>
    die Verweise zu den Bildern
<td align='center'><A HREF =bild8.htm target='inhalt'>koala_08.jpg</A></td>
</tr>
```

Abbildung 15.11: Bilder und Verweise in der Datei *hautpseiteUnten.htm*

▷ Was noch fehlt, ist die Funktion `einzelDatei()`, die für jedes Bild eine HTML-Datei erzeugt. Dazu wird bei jedem Aufruf der Funktion ein neues `File`-Objekt erzeugt und geöffnet. Auch diese Dateien werden als HTML-Dateien oberhalb des Verzeichnisses mit den Bildern erzeugt. Zuerst werden allgemeine Angaben für das HTML-Dokument in einer Zeile erzeugt. Da im Skript kein Dialogfenster für die Angabe des Verzeichnisses benutzt werden kann, passen Sie die hier angegebene Pfadangabe bitte an Ihre Verzeichnisstruktur an.

```
function einzelDatei(){
var neuDatei= new File(htmlPfad + "/" + "bild" + c  + ".htm");
```

```
var isopen = neuDatei.open("w");
   neuDatei.writeln ("<HTML><HEAD><TITLE>client pull technik</TITLE>");
```

▷ Der automatische Bildwechsel über ein HTML-Dokument wird differenziert ausgeführt. Die HTML-Dateien mit den einzelnen Bildern rufen sich gegenseitig auf. Die Datei *bild1.htm* öffnet *bild2.htm*. Jetzt wird die Variable `anzahl` benötigt. Ist der Wert von `c` kleiner als die Gesamtzahl (es ist nicht das letzte Bild im Verzeichnis), wird der Dateiname für die Weiterleitung aus dem aktuellen Wert von `c` zuzüglich 1 erhöht. Handelt es sich um das letzte Bild, wird das Dokument mit dem Namen *bild1.htm* aufgerufen.

```
if(c != anzahl){
   neuDatei.writeln("<META HTTP-EQUIV='refresh' CONTENT=" + "'" +
     "5;URL=" + "bild" + (c+1) + ".htm" + "'" + ">")
} else{
   neuDatei.writeln("<META HTTP-EQUIV='refresh'
     CONTENT="+"'"+"5;URL="+"bild1" + ".htm"+"'"+">")
}
```

▷ Jetzt werden die Bilder in die einzelnen HTML-Dateien eingebunden. Dabei werden die Bilder in den Abmessungen vergrößert. Jede Datei wird mit diesen Angaben geschlossen und somit gespeichert.

```
neuDatei.writeln("</HEAD><BODY BGCOLOR='#000000'>");
neuDatei.writeln("<CENTER>" + '<IMG SRC="' + 'Bilder/' + ohnePfad + '"'
+' '+ 'WIDTH="112"' +' ' + 'HEIGHT="150"'+ ">");
neuDatei.writeln("</CENTER></BODY></HTML>");
neuDatei.close()
c++;
}
```

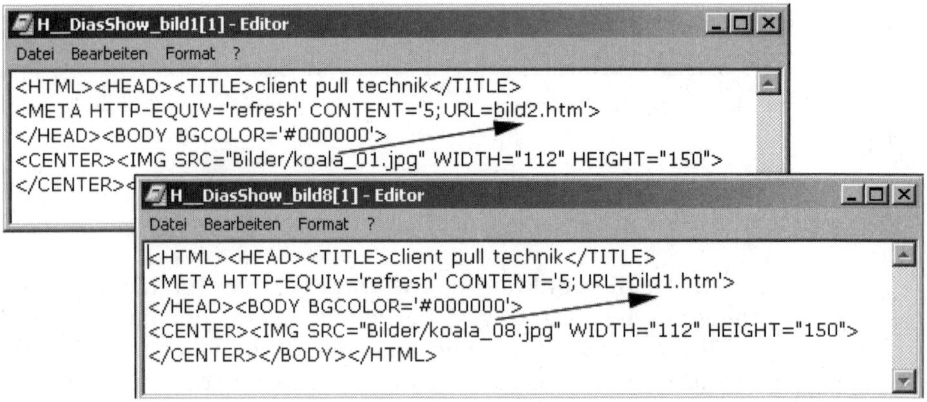

Abbildung 15.12: Bildwechsel: *bild1.htm* nach *bild2.htm*, *bild8.htm* nach *bild1.htm*

Haben Sie sich erst einmal an die unübersichtlichen Hochkommas gewöhnt, lässt sich diese Diashow beliebig erweitern. Auch hier könnte man die Texte aus einer Datei einlesen und weitere Beschriftung zufügen.

Nicht anders als für eine HTML-Datei fällt die Arbeit an der PHP-Ausgabe aus. Auch hier geben Sie vor, was JavaScript in eine PHP-Datei schreiben soll. Diese Datei wird an den richtigen Speicherort auf dem Server abgelegt und mit der richtigen Dateiendung (php) versehen dann im Browser aufgerufen und funktioniert wie gehabt. Auch hier gilt: Der Aufwand lohnt nur, wenn zahlreiche Dokumente gleichen Aufbaus geschrieben werden müssen.

15.3 XML als Schnittstelle

Ein gängiges Austauschformat für Dokumente nicht nur im Internet ist das Format XML, das die Daten und die Gestaltung konsequent voneinander trennt. Was uns am XML-Dokument interessiert, sind die im Dokument enthaltenen Daten. Erhalten Sie wie im folgenden Beispiel ein XML-Dokument aus einer Anwendung wie Excel, greifen Sie über JavaScript auf die Daten zu. Dabei werden die Daten insgesamt eingelesen und während des Einlesens direkt in ein Array gesetzt. Von hier aus lassen sich die Daten ohne Probleme nutzen.

15.3.1 XML-Daten auslesen und verwerten

Der Ausgangspunkt ist eine winzige Excel-Tabelle. Das Dokument wurde als XML-Dokument exportiert und bringt neben den Daten auch gleich reichlich Informationen mit, die wir nicht benötigen.

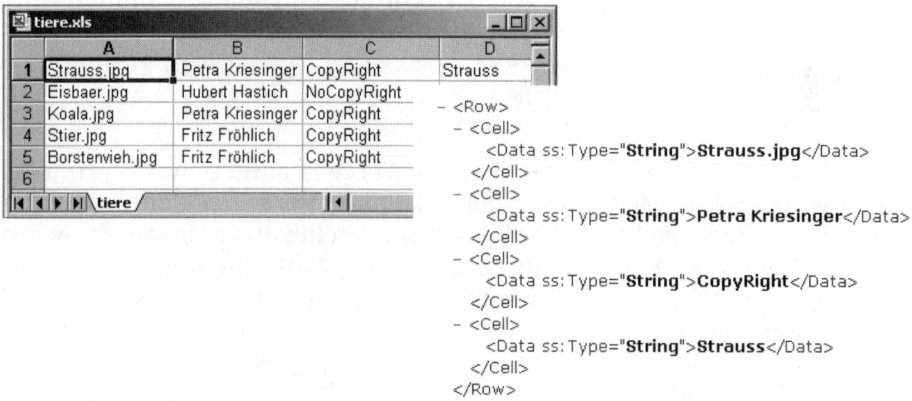

Abbildung 15.13: Tabelle und XML-Umsetzung

- Öffnen Sie die Datei *xmlAusExcel.xml* in einem Browser, und untersuchen Sie die Struktur auf brauchbare Informationen. Zum Vergleich sehen Sie die Abbildung der Tabelle aus Excel. Mit dem ersten Erscheinen von <Row> wird die erste Zeile der Tabelle beschrieben. Der Tag <cell> </cell> umfasst jeweils eine Zelle der Tabelle. In der Zelle befinden sich Zeichenketten. Mit diesen Angaben können Sie durchstarten, also das Skript schreiben.

▷ Die XML-Datei wird hier per Dialogfenster gesucht und dann geöffnet. Zuerst wird der gesamte Inhalt eingelesen und in einzelne Zeilen aufgeteilt. Diese Zeilen lassen sich später mit der Eigenschaft `length` zählen.

```
var quellDatei = File.openDialog("Suche nach xmlAusExcel.xml");
quellDatei.open("r");
alles = quellDatei.read()
zeilen = alles.split("\n")
```

▷ Die Zelle wird zerlegt. Der erste Teil landet als Zeichenkette in der Variablen `re`, der zweite Teil ebenfalls als Zeichenkette in der Variablen `li`. Dazwischen befindet sich der gesuchte Inhalt.

```
var re = '<Cell><Data ss:Type="String">';
var li = "</Data></Cell>"
```

▷ Die Datei wird erneut geöffnet, diesmal wird jede Zeile gelesen. Weiter wird ein leeres Array angelegt. Das Array nimmt gleich die gesuchten Inhalte auf.

```
quellDatei.open("r");
var Liste = new Array(); a = 0;
for (i=0; i<zeilen.length; i++) {
  inhalt = quellDatei.readln(i);
```

▷ Wird in der aktuell gelesenen Zeile die Zeichenkette aus der Variablen `re` gefunden, ist das eine Zeile mit wichtigem Inhalt. Die Methode `match()` prüft auf die Übereinstimmung der Zeichenkette. Die Zeile wird zur Zeichenkette, in der mit `indexOf()` nach der ersten spitzen Klammer gesucht wird. Das ist der Startpunkt, von dem vor dem Inhalt abgeschnitten wird. Der kann je nach Verschachtelung der Tags unterschiedlich ausfallen.

```
if (inhalt.match(re)){
   var text = new String(inhalt);
   var vor = text.indexOf("<")
```

▷ Die Zeichenkette wird mit der Methode `slice()` aufgetrennt. Startpunkt ist die Anzahl der Zeichen vor der Zeichenkette `re`. Das Ende bildet die Länge der Zeichenkette `li`. Der Rest bildet den Inhalt, der in das Array mit dem Namen `Liste` eingetragen wird. Ist der Eintrag erfolgt, wird `a` um den Wert `1` erhöht, die nächste Stelle im Array kann im nächsten Durchlauf belegt werden.

```
   eintrag = text.slice(vor + re.length,- li.length);
   Liste[a] = eintrag;
   a++
   }
}
```

▷ Die XML-Datei wird natürlich wieder geschlossen. Lassen Sie sich den Inhalt vom Array `Liste` ausgeben, werden alle Werte der Tabelle sauber durch ein Komma getrennt aufgelistet. Auf jeden Wert kann individuell durch Angabe seiner Position im Array zugegriffen werden.

```
quellDatei.close();
alert(Liste);
alert(Liste[19]);
```

Für ein anderes XML-Dokument werden die Variablen `re` und `li` angepasst, dann sollte das funktionieren. Das Skript finden Sie in der Datei *xmlAusExcel.js*.

16 Fehlersuche

Je mehr Skripts Sie schreiben, desto mehr Möglichkeiten bieten Sie Fehlern, sich in Ihre Skripts einzuschleichen. Was ein Fehler ist, das werden Sie und JavaScript manchmal unterschiedlich beurteilen. Ein funktionierendes Skript, das dennoch nicht das gewünschte Ergebnis liefert, hat aus Ihrer Sicht einen Fehler. JavaScript ist damit vollauf zufrieden. Da die Fehler viele Ursachen haben können, werden Sie auch unterschiedlich darauf reagieren.

16.1 Fehlersuche Schritt für Schritt

Fehler lassen sich, so sie als Fehler deutlich und im Dialogfenster angezeigt werden, meist rasch beheben. Da sind zum Beispiel die Tippfehler, die Sie selbst verantworten. Lesen Sie die Fehlermeldung im Dialogfenster, und prüfen Sie das Skript. Korrigieren Sie die fehlerhafte Stelle, und das Skript läuft.

Weitaus schwieriger aufzuspüren sind Fehler, die für JavaScript gar keine darstellen. Vergessen Sie zum Beispiel die geschweiften Klammern bei zusammengefassten `if`-Anweisungen, erhalten Sie keine Fehlermeldung. Wie in Kapitel 4 bereits gezeigt, fällt das Ergebnis schlicht anders aus als erwartet. Weitere von JavaScript nicht angezeigte Fehler ergeben sich, weil bestimmte Voraussetzungen für eine weitere Bearbeitung nicht erfüllt werden. Tragen Sie die Pfadangaben für zu öffnende Dokumente in das Skript ein, die Daten liegen da aber gar nicht, wird kein Fehler gemeldet, geöffnet wird aber auch nichts.

16.1.1 Skripte überprüfen mit alert()

Während Sie das Skript erstellen, bietet sich zur schnellen Überprüfung von Werten die Methode `alert()` an. Stimmt der hier ausgegebene Wert nicht mit den eigenen Vorstellungen überein oder wird gar ein leeres Dialogfenster angezeigt, haben Sie einen Fehler im logischen Aufbau des Skripts.

Diese Prüfung von gesuchten Werten wird natürlich später auskommentiert oder gelöscht.

Auf der anderen Seite hindern Sie den Anwender mit der Methode `alert()` daran, zusätzliche Fehler zu begehen, wenn Sie ihn zum Beispiel auf das noch nicht geöffnete Dokument hinweisen. Über eine `if`-Anweisung in Kombination mit der Methode `alert()` werden die Anweisungen zur Dokumentänderung umgangen, wenn gar kein Dokument geöffnet ist. Weiter geben Sie die Information aus, was vor der Ausführung des Skripts auszuführen ist.

▷ Testen Sie das Skript aus der Datei *dokumentGeoeffnet.js*, wenn kein Dokument in der Anwendung geöffnet ist. Testen Sie erneut, nachdem Sie ein Dokument geöffnet haben, und Sie erhalten eine andere Ausgabe.

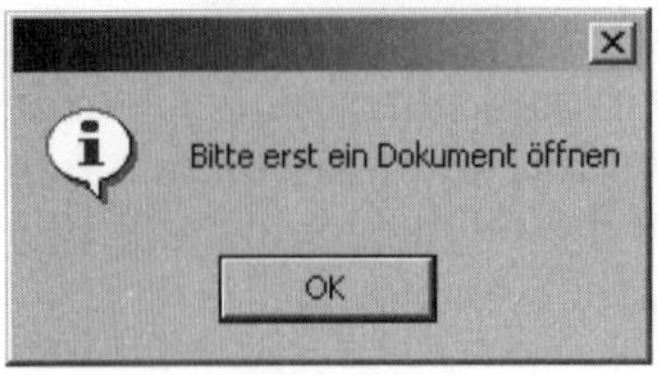

Abbildung 16.1: Weisen Sie den Anwender höflich auf sein Versäumnis hin

16.2 Hinweise, keine Fehlermeldungen

Nicht jedes ungefragt erscheinende Dialogfenstern zeigt auch gleich eine Fehlermeldung. Oft handelt es sich um Hinweise, die ergänzende Informationen einsammeln. Diese Dialogfenster lassen sich anzeigen oder unterdrücken. Zuständig für die Anzeige dieser Dialogfenster ist die Eigenschaft `displayDialogs`, die zum Objekt Anwendung gehört. Die Eigenschaft kann drei Werte annehmen: ALL, ERROR und NO.

▷ Tragen Sie die nächsten beiden Zeilen ein, und führen Sie das Skript aus. Mit der ersten Zeile lesen Sie den aktuellen Wert der Eigenschaft aus. Die zweite Zeile setzt den Wert von `displayDialogs` auf ALL, um jedes mögliche Dialogfenster anzuzeigen.

```
alert(displayDialogs)
displayDialogs = DialogModes.ALL;
```

▷ Öffnen Sie die Datei *schnee2.psd*. Duplizieren Sie mit der folgenden Zeile das *Set 1*. Statt einfach eine Kopie des Sets anzulegen, erscheint das Dialogfenster *Ebenenset duplizieren*, in dem Sie weitere Angaben vornehmen können. Schließen Sie das Dialogfenster, denn das soll im Skriptablauf gar nicht erst erscheinen.

```
activeDocument.layerSets[0].duplicate();
```

▷ Ändern Sie die Eigenschaft von `displayDialogs` auf den Wert `NO`, und führen Sie das Skript erneut aus. Diesmal wird wie gewünscht eine Kopie des Sets ohne weitere Nachfrage angelegt.

Das Dialogfenster *Ebenenset duplizieren* erscheint auch in der Anwendung, wenn Sie den gleichlautenden Befehl aus den Palettenoptionen wählen. Mit der Eigenschaft `displayDialogs` lassen sich Dialogfenster wie dieses unterdrücken, die ergänzende Informationen abfragen. Ist die Ausführung der Anweisung irgendwie möglich, wird sie ausgeführt. Das entspricht der Schaltfläche *Alle Warnmeldungen zurücksetzen* aus dem Dialogfenster *Voreinstellungen, Allgemeine.*

Schwerwiegende Fehler, die eine Ausführung einer Anweisung unmöglich machen, unterbrechen den Ablauf des Skripts immer, auch beim Wert `NO` für die Eigenschaft `displayDialogs`.

Sind Dialogfenster von Einträgen im Dialogfenster *Voreinstellungen* abhängig, wird ihre Anzeige durch geeignete Einstellungen im Skript unterbunden. Das Dialogfenster *Photoshop-Formatoptionen* zeigt sich oft beim ersten Speichern eines Dokuments. Sie werden es los, wenn Sie im Dialogfenster *Voreinstellungen, Dateien verarbeiten* in der Liste *Kompatibilität der PSD-Datei maximieren* einen anderen Eintrag als *Fragen* wählen. Das funktioniert auch im Skript:

```
preferences.maximizeCompatibility = QueryStateType.NEVER;
```

16.3 Try-catch-Anweisung

Einen Schritt weiter in Sachen Fehlerbehandlung gehen Sie mit der `try-catch`-Anweisung. Sie erinnert an die `if-else` Anweisung. Der auftretende Fehler stellt bei `try-catch` die Bedingung dar, unter der ein alternativer Weg im Skript eingeschlagen wird. Diese Anweisung in Verbindung mit dem Fehlerobjekt lässt Sie einige der Fehlermeldungen aussagekräftiger gestalten. Diese Anweisung teilt sich in zwei Blöcke: `try` und `catch`. Der Inhalt beider Blöcke gehört in ein Paar geschweifter Klammern. Die Parameter in den runden Klammern übergeben einen Text mit der Fehlermeldung, wenn JavaScript einen Fehler in den Anweisungen des `try`-Blocks findet.

```
try {
  // Anweisungen, die ausgeführt werden sollen
}
catch (error) {
   alert(error);
}
```

JavaScript wird zunächst versuchen, die Anweisungen im `try`-Block auszuführen. Ein im Skript gefundener Fehler wird an den `catch`-Block übergeben. Jetzt wird ausgeführt, was sich im `catch`-Block an Anweisungen findet. Der übergebene Wert kann auf den Fehlertyp getestet werden, oder es wird einfach eine

Fehlermeldung mit der Methode `alert()` an den Anwender geschickt. Wird der `try`-Block ohne Beanstandung umgesetzt, wird der `catch`-Block einfach übergangen.

16.3.1 Testen Sie auf eine vorhandene Auswahl

Die try-catch-Anweisung möchte ich Ihnen am Befehl `translateBoundary()` zum Verschieben einer Auswahl zeigen. In Photoshop werden die Änderungsbefehle für die Auswahl nur freigeschaltet, wenn auch eine Auswahl im Dokument schwebt. Im Skript entfällt diese Beschränkung, hier sind alle Befehle möglich. Bei fehlender Auswahl erhalten Sie eine Fehlermeldung, und die weitere Ausführung im Skript wird abgebrochen.

Zur Ermittlung, ob eine Auswahl im Dokument schwebt, wird eine Fehlerquelle eingebaut, die Auswahl soll verschoben werden. Allein der Aufruf der Methode `translateBoundary()` wird einen Fehler melden, wenn keine Auswahl vorhanden ist, die sich bewegen lässt.

▷ Öffnen Sie ein beliebiges Dokument, in dem auch wirklich keine Auswahl schwebt. Tragen Sie als Skript die folgende Zeile ein, und führen Sie das Skript aus. Die Fehlerbeschreibung ist in diesem Fall eindeutig und besagt, dass das Dokument keine Auswahl enthält.

```
activeDocument.selection.translateBoundary(0,0);
```

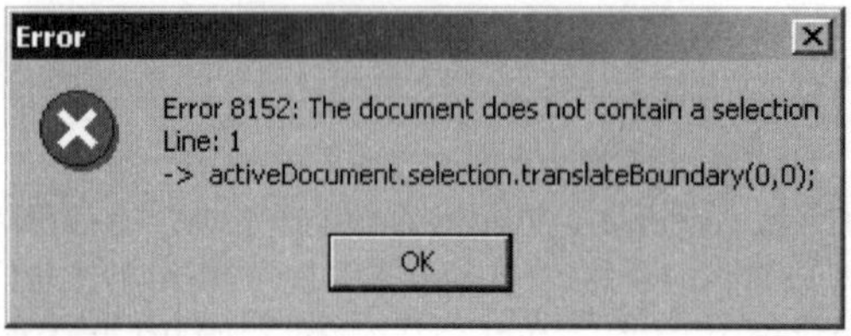

Abbildung 16.2: Die Standardfehlermeldung für eine fehlende Auswahl

Die Fehlermeldung wird mit dem Fehlerobjekt erzeugt. Sie enthält eine Fehlernummer, eine Beschreibung und die Nummer der Zeile im Skript, in dem sich der Fehler befindet. Abschließend wird die beanstandete Zeile mit einem Pfeil gekennzeichnet aufgeführt.

Fehlermeldungen verfeinern

Nicht immer ist eine Fehlermeldung so einfach zu lesen. Besser ist es, diese Meldung abzufangen, indem man das Verschieben einer Auswahl wie im folgenden Beispiel gleich in eine `try-catch`-Anweisung einbaut.

▶ Führen Sie das folgende Skript aus. Sie finden es in der Datei *auswahlAbfragen.js*. Im Ergebnis wird ein Dialogfenster mit einem Hinweis erscheinen. Der Text des Hinweises im Dialogfenster entspricht jetzt nicht mehr dem Fehlerobjekt, sondern der Zeichenkette aus der Methode `alert()`.

```
sucheAuswahl();
function sucheAuswahl(){
   try {
     activeDocument.selection.translateBoundary(0,0);
   }
   catch (error) {
     alert("Legen Sie bitte zunächst eine Auswahl an");
   }
}
```

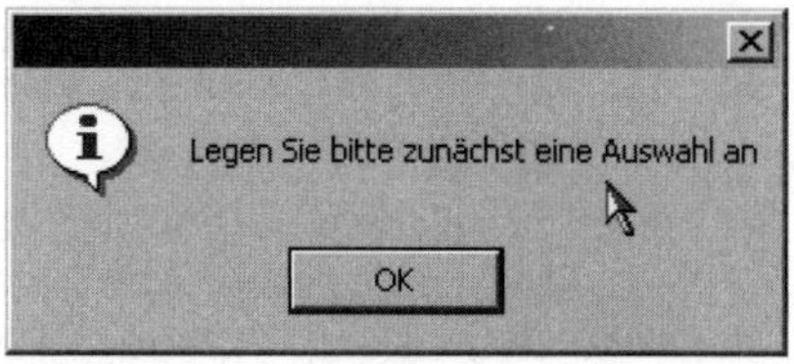

Abbildung 16.3: Der Text Ihrer eigenen Fehlermeldung

Achten Sie auf das Zeichen im Dialogfenster: Bei schwerwiegenden Fehlern (fatal errors) finden Sie das rote Gefahrenzeichen. Mit der `try-catch`-Anweisung wird der Fehler umgangen, das Zeichen auf dem Dialogfenster wandelt sich zum Informationszeichen. Die Fehlermeldung erscheint nur, weil das so mit der Methode `alert()` angegeben wird.

▷ Legen Sie eine Auswahl an, und führen Sie das Skript erneut aus. Es scheint sich etwas im Dokument zu bewegen, denn die Methode `translateBoundary()` wird ausgeführt, auch wenn für die Verschiebung kein Wert angegeben wird. Eine Meldung erhalten Sie diesmal nicht, da die Anweisung im `try`-Block unbeanstandet ausgeführt werden kann.

Die Variable in den runden Klammern von `catch()` kann einen beliebigen Namen erhalten. Die hier gesetzte Variable ist lediglich dafür zuständig, den Fehler an die Methode `catch()` zu übergeben.

16.3.2 Das Fehlerobjekt untersuchen

Das Fehlerobjekt, das dem `catch`-Block bei einem auftretenden Fehler im `try`-Block übergeben wird, hat Eigenschaften, mit denen sich viele Fehler eingrenzen lassen. Ergänzend zum Namen des Fehlers besitzt das Fehlerobjekt im günstigsten Fall eine Fehlernummer (`number`), eine Beschreibung (`description`), die Zeile mit der fehlerhaften Anweisung (`line`), die Quelle des Skripts (`source`) und eine eigene Fehlermitteilung (`message`), die meist der Beschreibung entspricht.

▷ Ändern Sie die Ausgabe der Fehlermeldung der Methode `alert()`. Tragen Sie hier den Parameter aus den runden Klammern von `catch()` ein.

▷ Führen Sie das Skript aus, und Sie erhalten eine andere Ausgabe im Dialogfenster. Da Sie den Inhalt des ausgegebenen Textes nicht verantworten, stammt die Mitteilung dann vom System. Diese Meldung finden Sie auch als einen Bestandteil im normalen Dialogfenster für Fehlermeldungen.

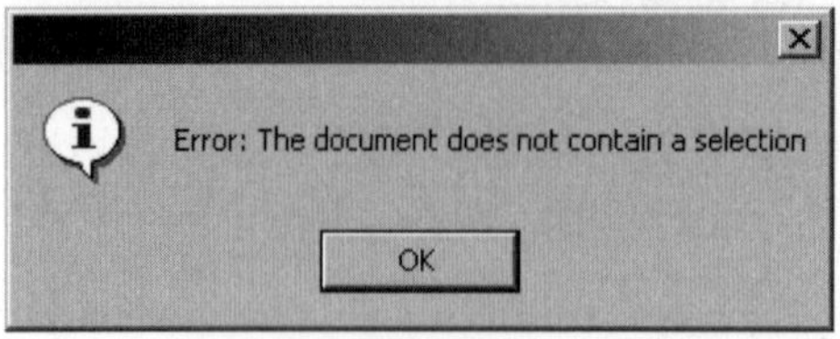

alert(error)

Abbildung 16.4: Diesmal eine Fehlermeldung vom System

▷ Einige Fehler können auch gleich eine Fehlernummer ausgeben. Ergänzen Sie die Ausgabezeile der Methode `alert()` um den trennenden Punkt sowie den Begriff `number`. Jetzt wird die Fehlernummer für den Fehler ausgegeben.

```
alert(error.number);
```

▷ Testen Sie auch die Angaben zu `description` und `line`. Sie erhalten nacheinander die folgenden Ausgaben:

```
alert(error.description);
alert(error.line);
```

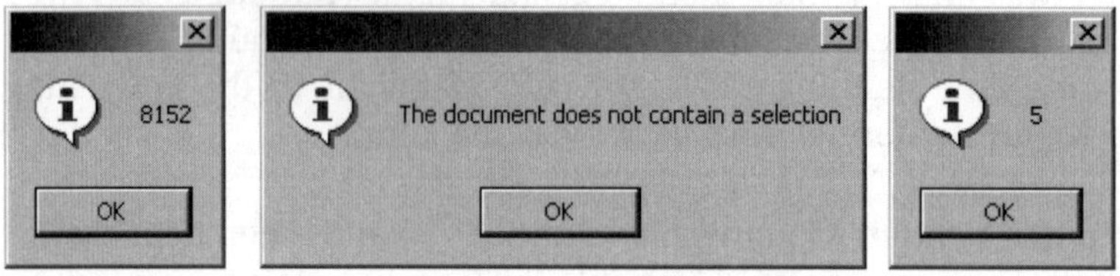

Abbildung 16.5: Ausgabe der Fehlernummer, der Beschreibung und der Zeile

▷ Das ganze Skript erhalten Sie, wenn Sie nach der Quelle forschen. Ändern Sie die Angaben für die Methode `alert()` wie folgt, und führen Sie das Skript erneut aus. Jetzt erhalten Sie die Anzeige des Skripts auf einem Dialogfenster.

```
alert(error.source);
```

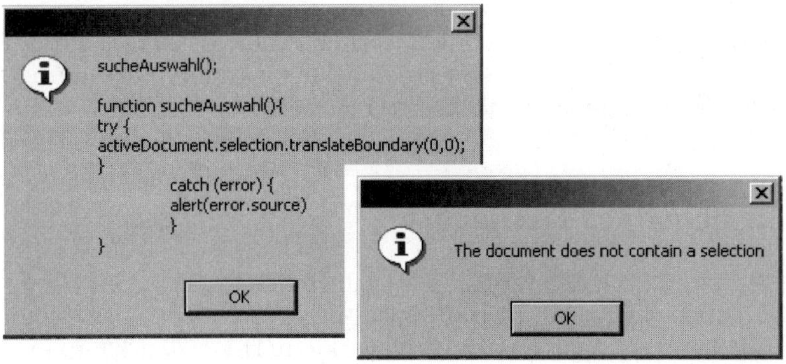

Abbildung 16.6: Das Ergebnis der Abfrage von `source` und `message`

16.4 Der Debugger

Starten Sie Ihr Skript, und versuchen Sie, den Fehlern mit der Methode `alert()` auf den Grund zu gehen, wird das Skript bis zum ersten Fehler ausgeführt. Auf diesem Weg lassen sich Fehler, die JavaScript nicht erkennt, aber nicht aufspüren. Hier läuft das Skript und führt eben auch schon einmal nichts aus.

Anders verhält es sich, wenn Sie den eingebauten Debugger benutzen. Mit dem Debugger können Sie das Skript während der Ausführung einsehen und die Abarbeitung Schritt für Schritt verfolgen. So lassen sich Fehler recht anschaulich aufspüren.

Den hier vorgestellten Debugger werden Sie in Photoshop CS2 nicht mehr antreffen. Wie sich die Fehlersuche in der neuen Version gestaltet, erfahren Sie im nächsten Kapitel.

16.4.1 Den Debugger starten

- Den Debugger erreichen Sie über *Datei · Skripten* und den Eintrag *Durchsuchen*. Sie gelangen zunächst zum Dialogfenster *Laden*. Suchen Sie im Dialogfenster nach der Datei *casedebug.js*.
- Markieren Sie im Dialogfenster *Laden* die Datei, und drücken Sie die [Alt]-Taste (Optionstaste beim Mac). Halten Sie die [Alt]-Taste gedrückt.
- Klicken Sie bei noch gedrückter [Alt]-Taste auf die Schaltfläche *Laden*. Ein in drei Bereiche geteiltes Dialogfenster erscheint. Die erste ausführbare Zeile ist farbig hinterlegt.

Im Skript auftauchende Kommentarzeilen werden, wenn sie richtig aufgebaut sind, durchweg nicht beachtet. Sie werden bei der Zeilennummerierung zwar mitgezählt, aber schließlich auch nicht umgesetzt.

16.4.2 Die Elemente des Debuggers

Betrachten wir jetzt zunächst den Aufbau des Dialogfensters JavaScript Debugger. Das Fenster selbst verfügt nur über die Schaltfläche *Schließen* oben rechts. Das bedeutet für Sie, dass das Fenster nicht verkleinert werden kann. Erst nachdem Sie das Dialogfenster geschlossen haben, dürfen Sie in Photoshop weiterarbeiten.

Der Bereich links oben mit der Bezeichnung *stack trace view* zeigt die jeweilige Ebene des augenblicklich ausgeführten Codes an. Befindet sich die hervorgehobene Zeile zum Beispiel im unteren Bereich auf dem Funktionskopf oder in der Funktion, erscheint im Bereich *stack trace view* der Funktionsaufruf und, wenn vorhanden, die übergebenen Parameter.

Abbildung 16.7: Der Debugger unter die Lupe genommen

Rechts oben befindet sich der Bereich *debug output view*. Hier finden Sie die Fehler aufgelistet, die sich in Ihrem Skript verstecken und vom Debugger gefunden werden. Oberhalb dieses Bereichs befindet sich ein Eingabefeld genannt *command line*. In dieses Feld tragen Sie das Skript ein, das mit dem Klick auf die Schaltfläche mit dem Pfeil darauf neben dem Eingabefeld ausgeführt wird. Die Eingabe wird gelöscht, wenn Sie auf die Schaltfläche *Clear* klicken.

Der gesamte untere Bereich nennt sich *JavaScript source view* und hält, was er verspricht: Er zeigt den gerade ausgeführten Code an. Die Zeilen werden mit ihren Zeilennummern angezeigt, und die aktuell umgesetzte Zeile ist farbig hinterlegt. In diesem Bereich können Sie die Ausführung des Codes zeilenweise verfolgen. Ein Doppelklick auf eine Zeile ermöglicht das Setzen einer Unterbrechung. Das wird durch einen dicken roten Punkt vor der Zeile gekennzeichnet. An solchen Punkten hält das Skript an; Sie haben die Möglichkeit, das Skript in Abschnitten zu untersuchen.

16.4.3 Schaltflächen im Debugger

Zum Durchlaufen des Skripts stehen Ihnen einige Schaltflächen zur Verfügung. Die erste Gruppe der Schaltflächen erinnert ein wenig an eine Videosteuerung. Diese Schaltflächen beziehen sich auf das gesamte Skript, nicht auf einzelne Schritte.

- Die erste Schaltfläche (*resume*) lässt das Skript normal ausführen. Es stoppt, wenn Sie eine Unterbrechung gesetzt haben.
- Eine Pause wird mit der zweiten Schaltfläche (*pause*) eingelegt. Die Ausführung des Skripts wird vorläufig unterbrochen. Diese Schaltfläche wird dann auch nur freigegeben, wenn ein Skript läuft.
- Das Skript wird mit dem Klick auf die dritte Schaltfläche (*stop*) abgebrochen, ein Laufzeitfehler (*Execution halted*) wird angezeigt.

Die zweite Gruppe, ebenfalls aus drei Schaltflächen bestehend, ist eher mit der Abarbeitung in Einzelschritten der einzelnen Skriptzeilen befasst.

- Der Klick auf die Schaltflächen *step over* führt die aktuell hervorgehobene Zeile aus und bleibt stehen. Handelt es sich um einen Funktionsaufruf, wird die gesamte Funktion durchlaufen. Dann legt das Skript wieder eine Pause ein.
- Die Schaltfläche *step into* führt die aktuelle Zeile aus. Handelt es sich um eine Funktion, wird die erste verwertbare Zeile der Funktion hervorgehoben. Deren erste Zeile wird, wenn möglich, ausgeführt.
- Ist eine Zeile innerhalb einer Funktion farbig hinterlegt, legt das Skript jedoch eine Pause ein, ist das ein Fall für *step out*. Mit einem Klick auf diese Schaltfläche wird der Rest der Funktion durchlaufen. Eine Pause wird erst eingelegt, wenn die erste ausführbare Zeile nach der Funktion erreicht wird. Befindet sich das Skript nicht in einer Funktion, entspricht diese Schaltfläche in ihrer Wirkung der Schaltfläche *step over*.

Das Skript gezielt unterbrechen

Einige Fehler kann JavaScript nicht herausfinden. So wird eine Funktion ohne Funktionsaufruf einfach nicht ausgeführt. Möchten Sie eine ganz bestimmte

Stelle im Skript prüfen, weil das Ergebnis des Skripts nicht Ihren Vorstellungen entspricht, setzen Sie in die Zeile vor dieser Stelle eine Unterbrechung. Das Skript läuft bis zur Unterbrechung und hält an. Von dieser Stelle durchwandern Sie jetzt das Skript zeilenweise. Über die Einzelschritte verfolgen Sie, ob überhaupt eine Funktion erreicht wird (der Funktionsaufruf ist vorhanden und nicht auskommentiert), oder ob das Skript eine `if`-Anweisung wie gewünscht ausführt.

Unterbrechungen setzen Sie über die Schaltfläche *breakpoints display*. Der Klick auf diese Schaltfläche öffnet das Dialogfenster *JavaScript Breakpoints*. In dieses Dialogfenster wird in das Eingabefeld *Line* die Zeilennummer eingetippt, an der gehalten wird. Das Eingabefeld *Condition* bestimmt, ob gehalten wird oder auch nicht. Das kann jeder Ausdruck aus JavaScript sein (zum Beispiel: ist der Wert der Variablen i jetzt größer als der Wert von X). Wird die Bedingung erfüllt, wird die Unterbrechung aktiv. So lässt sich zum Beispiel die Anzahl eingrenzen, wie oft eine Schleife nur für einen Test durchlaufen wird. Meist reichen hier wenige Werte zur Kontrolle, ob die richtigen Werte verarbeitet werden.

Neue Unterbrechungen setzen Sie, wenn Sie eine neue Zeilennummer eintippen und auf die Schaltfläche *New* klicken. Die Unterbrechungen lassen sich einzeln (Schaltfläche *Delete*) oder insgesamt (Schaltfläche *Delete all*) wieder aus dem Dialogfenster *JavaScript source view* nehmen.

16.4.4 Der Debugger reagiert auf Fehler

Das gerade betrachtete Skript hatte einfach keinen Fehler. Anders sieht das aus, wenn Sie die Datei *dokumentSchliessent.js* im Debugger aufrufen, vor dem Aufruf des Skripts aber kein Dokument geöffnet haben. Das Skript soll ein Dokument schließen. Was aber nicht geöffnet wurde, kann auch nicht geschlossen werden.

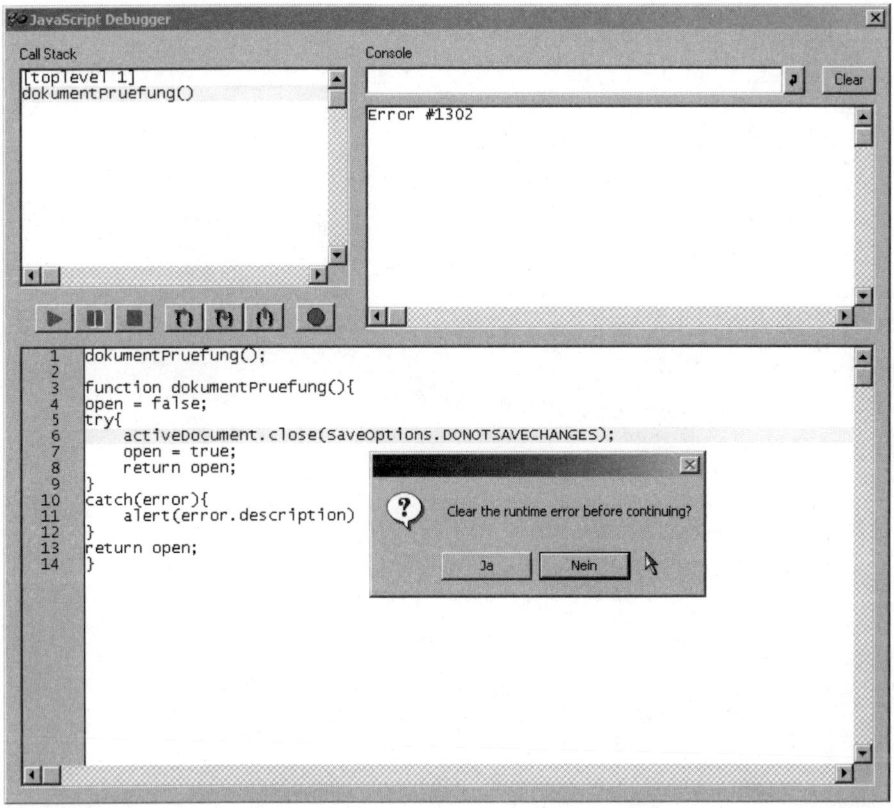

Abbildung 16.8: Das Skript hakt: Ein Fehler ist aufgetreten

Wird die Zeile *6* mit dem Befehl zum Schließen erreicht, erscheint im Bereich *debug output view* die Fehlernummer, die Sie auch vom normalen Dialogfenster zur Fehleranzeige kennen. Der Versuch, das Skript weiter ablaufen zu lassen, zeigt im Ergebnis ein neues Dialogfenster, das einen Laufzeitfehler meldet. Sie müssen auf die Frage reagieren, wie mit diesem Laufzeitfehler umzugehen ist.

- Klicken Sie die Schaltfläche *Ja* an, wird der Fehler ignoriert, und es wird versucht, die nächste Zeile auszuführen. Das kann zu weiteren Fehlermeldungen führen, wenn nachfolgende Zeilen auf genau dieser fehlerhaften Zeile aufbauen.

- Nach Klick auf die Schaltfläche *Nein* wird aus dem `try`-Block in den `catch`-Block gewechselt. Ohne diesen Aufbau wird das Skript abgebrochen, und das unvermeidliche Dialogfenster mit der Fehlermeldung erscheint.

17 Neu in Photoshop CS2

Mit der zweiten Version der Adobe Creative Suite bringt Photoshop CS2 neben Veränderungen der Oberfläche auch zahlreiche neue Funktionen mit. Diese Veränderungen betreffen auch das Skripten. Weitere Befehle wie *Kontaktabzug*, *Für Web speichern* oder die Umsetzung des Filters für die Tiefenschärfe wurden in JavaScript umgesetzt. Die Dialogfenster können, soweit es den PC betrifft, individuell beschriftet werden.

Adobes eigene Erweiterung für JavaScript hat einen Namen erhalten: *ExtendScript*. Im gleichen Zug wurde die neue Dateiendung JSX eingeführt. Mit dieser Erweiterung kommt die Entwicklungsumgebung *ExtendScript Toolkit* ins Spiel. Mit diesem Programm lassen sich Skripts nicht nur testen und ändern, sondern auch neu erstellen. Ihre bisher erstellten Skripte mit der Endung JS laufen natürlich nach wie vor. Unter die Lupe wird hier genommen, was an Neuerungen in den Zusammenhang dieses Buches gehört.

17.1 Eigenschaften und Methoden finden

Das Grundkonzept des Skriptens bleibt auch unter Photoshop CS2 gleich: Gearbeitet wird mit Objekten. Über die Eigenschaften werden die Objekte beschrieben. Mit den Methoden zu den Objekten werden Anweisungen zur Objektänderung ausgeführt. Angaben zu den Eigenschaften und Methoden finden Sie in den passenden Tabellen der mitgelieferten Datei *JavaScript Reference Guide.pdf*, die sich im Aufbau gegenüber der vorherigen Version unterscheidet. Nehmen Sie als Beispiel die Einstellungen zum Farbwähler.

Properties

Property	Value Type	What it is
`colorChannelsInColor`	`boolean`	Read-write. Indication of whether to display component channels in the Channels palette in color.
`colorPicker`	`ColorPicker`	Read-write.

Abbildung 17.1: Zuerst die Eigenschaft ermitteln

- Suchen Sie in der mitgelieferten Datei *JavaScript Reference Guide.pdf* (Seite 151) nach dem Objekt `Preferences`. Der Farbwähler ist eine Eigenschaft des Objekts; suchen Sie nach dem Eintrag `colorPicker` für den Farbwähler.

- Sie kennen die Eigenschaft und den Wertetyp; es fehlt der passende Wertetyp, eine Konstante. Klicken Sie auf den Link in der Zeile für den Farbwähler.
- Sie werden automatisch auf die richtige Seite im Bereich der Konstanten `ColorPicker` geführt und können einen Wert auswählen.

Constant type	Values	What it means
ColorPicker	ADOBE APPLE PLUGIN WINDOWS	The color picker to use.

Abbildung 17.2: Von der Eigenschaft zum Wert der Konstanten

Hier finden Sie die Methoden

Ähnlich gestaltet sich die Suche nach den Methoden oder besser deren zulässiger Parameter. Hier ein Beispiel für das Ändern der Arbeitsfläche.

- Die erste Suche gilt dem Objekt, das ist `Document` (Seite 86). Die Methode lautet `resizeCanvas()`, die finden Sie unter den Objektmethoden (Seite 90).

Method	Parameter Type	Returns	What it does
resizeCanvas ([width] [, height] [, anchor])	 UnitValue UnitValue AnchorPosition		Changes the size of the canvas to display more or less of the image but does not change the image size. See resizeImage.

Abbildung 17.3: Die Methode ist gefunden

- Auch hier gilt: Zu den möglichen Konstanten werden Sie automatisch geführt, wenn Sie auf den Link diesmal bei `AnchorPosition` klicken.

AnchorPosition	BOTTOMCENTER BOTTOMLEFT BOTTOMRIGHT MIDDLECENTER MIDDLELEFT MIDDLERIGHT TOPCENTER TOPLEFT TOPRIGHT	The point on the object that does not move when the object is rotated or resized.

Abbildung 17.4: Mögliche Werte für die Angabe der Position

Sie sehen, dass sich außer der Trennung der Konstanten von den Eigenschaften und Methoden beim Ermitteln der notwendigen Informationen nicht viel geändert hat.

17.2 Zum automatischen Start hinzufügen: Skript Events Manager

Bisher haben Sie die gewünschten Befehle durch den Aufruf eines Skripts ausführen lassen. Photoshop CS2 geht einen Schritt weiter: Bereits wenn Sie die Anwendung starten oder ein Dokument öffnen, kann ein passendes Skript automatisch aufgerufen und ausgeführt werden.

Möglich wird das durch den *Script Events Manager*. Rufen Sie über das Menü *Datei · Skripten* ein Skript auf, fällt Ihnen sicher sofort der neu hinzugekommene Eintrag *Script Events Manager* auf. Ein Klick auf den Eintrag öffnet das Dialogfenster *Script Events Manager*. Hier ordnen Sie verschiedenen Ereignissen aus Photoshop die Ausführung eines Skripts oder einer Aktion zu.

Bei jedem Start der Anwendung kann mit dem Einsatz des *Script Events Manager* ein Skript die gewünschten Voreinstellungen setzen, ohne dass Sie das Skript in der Anwendung erst aufrufen müssen. Weiter könnten die Einstellungen für das Dialogfenster *Datei-Informationen* mit einem automatisch aufgerufenen Skript erledigt werden.

17.2.1 Beim Öffnen per Skript auf den Farbmodus prüfen

Untersuchen wir dieses Dialogfenster an einem einfachen Beispiel. Dazu benötigen Sie zuerst einmal die Datei *warn if rgb_kurz.jsx*. Es handelt sich bei diesem Skript um die gekürzte Fassung eines der von Adobe mitgelieferten Skripte. Es soll prüfen, ob ein Dokument im RGB-Modus vorliegt.

- Kopieren Sie diese Skriptdatei in das Skriptverzeichnis von Photoshop und hier ins Verzeichnis *Event Scripts Only*.
- Rufen Sie das Dialogfenster *Script Events Manager* auf. Aktivieren Sie den Manager, klicken Sie also auf das Kontrollkästchen oben im Dialogfenster. Zu Beginn sind weder Skripte noch Aktionen einem Ereignis zugeordnet.
- Ändern Sie das: Wählen Sie aus der Liste *Photoshop Event* den Eintrag *Open Document*. Das Öffnen eines Dokuments ist das Ereignis, bei dem das Skript ausgeführt werden soll.
- Aus der Liste *Skript* wählen Sie den Namen *warn if rgb_kurz.jsx*. Es handelt sich um den Dateinamen des gekürzten Skripts. Im Bereich darunter wird, soweit vorhanden, eine Beschreibung angezeigt.
- Damit Ihr Wunsch in Erfüllung geht, klicken Sie rechts auf die Schaltfläche *Add*. Das Skript wird mitsamt dem Ereignis in das große Feld eingetragen.

▷ Schließen Sie das Dialogfenster mit der Schaltfläche *Done*.

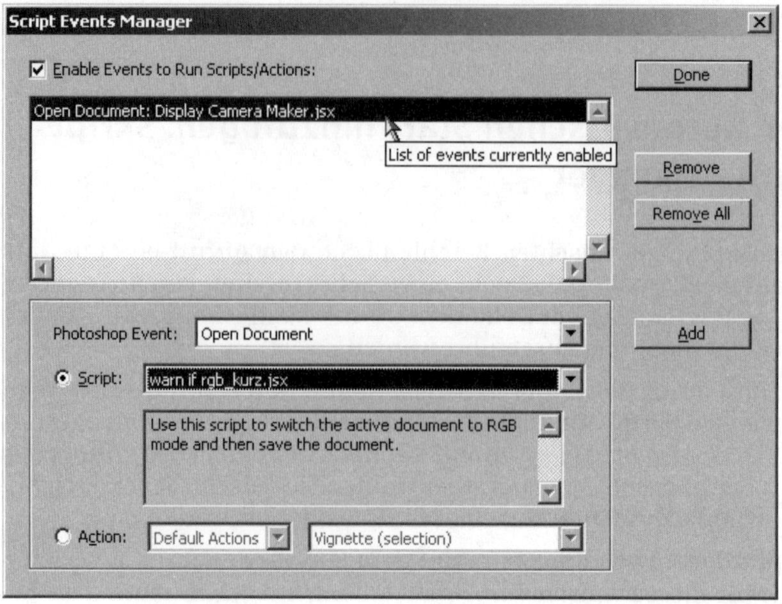

Abbildung 17.5: Einem Ereignis ein Skript zuordnen

Ob die Zuordnung auch funktioniert, sehen Sie sofort, wenn Sie ein Dokument öffnen, das nicht im RGB-Modus vorliegt.

▷ Öffnen Sie die Datei *borsteCMYK.psd*. Das Dokument zeigt sich, und nach kurzer Zeit wird das folgende Dialogfenster angezeigt.

Auch wenn das Dialogfenster anbietet, das Dokument zu ändern und zu speichern, wird das mit diesem Skript nicht funktionieren. Diese Funktion wurde im Skript von mir auskommentiert.

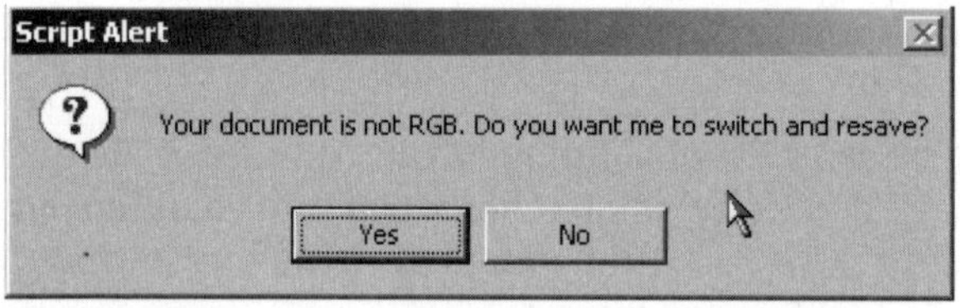

Abbildung 17.6: Die Zuordnung hat funktioniert, die Meldung stimmt

Nicht alle Skripts eignen sich für das Zuordnen zu Ereignissen. Damit die Liste *Skript* übersichtlich bleibt, liegen die hier aufgeführten Dateien im Verzeichnis *Vorgaben · Skripte · Event Scripts Only*. Nicht in der Liste *Skript* geführte Skriptdateien erreichen Sie über den Eintrag *Browse* ganz unten in der Auflistung.

Statt eines Skripts können Sie auch eine Aktion an ein Ereignis binden. Dazu wird im Dialogfenster *Script Events Manager* statt der Option *Skript* die Option *Action* eingeschaltet, aus den beiden Listen daneben das Set und die gewünschte Aktion festgelegt.

Abbildung 17.7: Eine Aktion an ein Ereignis binden

17.2.2 Skriptausführung für die komplette Suite

Soll ein Skript bereits beim Aufruf einer der Anwendungen aus der Photoshop Suite CS2 loslegen, gehört es in das bei der Installation angelegte Verzeichnis *Programme · Gemeinsame Dateien · Adobe · StartupScripts* (*Anwenderverzeichnis · Library · Application Support · Adobe, StartupScripts* auf dem Mac). Liegt das Skript hier, wird es von allen Anwendungen aus der Photoshop Suite CS2 direkt beim Start ausgeführt, wenn das nicht im aufgerufenen Skript auf eine bestimmte Anwendung hin eingeschränkt wird. Wird ein Skript ständig ausgeführt, ohne dass Sie es wünschen, sehen Sie in diesem Verzeichnis nach. Soll das Skript nicht mehr für alle Anwendungen der Photoshop Suite und schon gar nicht beim Programmstart loslegen, ändern Sie den Speicherort des Skripts.

17.3 Prüfen & schreiben: der neue Debugger

Der Debugger hat ein neues Gesicht, neue Aufgaben und den Namen *ExtendScript Toolkit* erhalten. Es handelt sich um eine interaktive Test- und Entwicklungsumgebung für Skripts. Als eigenständige Anwendung erreichen Sie das Programm über *Desktop · Start · Programme* und den Eintrag *Adobe*. Hier finden Sie den Eintrag *ExtendScript Toolkit*.

Ist Photoshop nicht geöffnet, wenn Sie das *ExtendScript Toolkit* starten, bietet Ihnen ein Dialogfenster an, Photoshop für Sie zu öffnen.

17.3.1 Skripte im ExtendScript Toolkit

Für neue Skripts ist im Menü *Datei* der Eintrag *Neues Skript* zuständig. Das fügt eine weiße Fläche wie ein Blatt Papier in den rechten Bereich ein, der Cursor blinkt, und Sie können loslegen. Oberhalb des Blattes befindet sich ein Register. Das nutzen Sie zum Wechsel zwischen den Skripten, wenn Sie mehrere Skripte geöffnet haben, um Skriptteile auszutauschen.

Vorhandene Skripte öffnen Sie über das Menü *Datei* mit dem Eintrag *Öffnen*. Wählen Sie dagegen im Menü *Datei* den Eintrag *Zuletzt geöffnete Dateien*, werden Ihnen die zuletzt bearbeiteten Skriptdateien aufgelistet, und Sie können eine davon zur weiteren Bearbeitung öffnen.

Achten Sie unbedingt auf den Eintrag in der Liste der verfügbaren Anwendungen oben links im Dialogfenster. Steht hier nicht Adobe Photoshop CS2, erhalten Sie Fehlermeldungen, auch wenn Ihr Skript fehlerfrei ist.

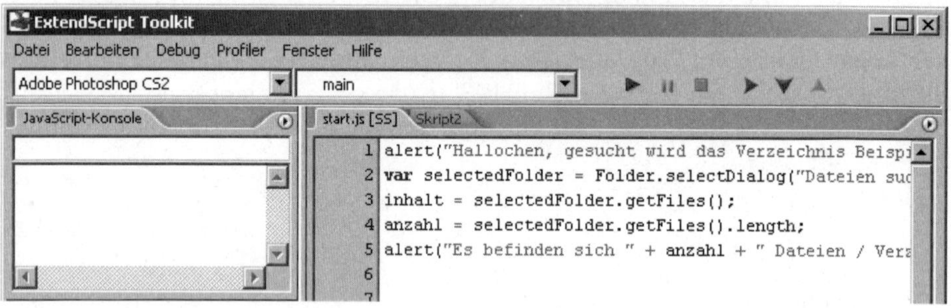

Abbildung 17.8: Schreiben Sie neue Skripts, und testen Sie die vorhandenen

Nützliche Funktionen für das Schreiben von Skripts

Während Sie Skripts schreiben oder bearbeiten, hilft Ihnen eine Suchfunktion dabei, ganz bestimmte Stellen im Skript schnell aufzufinden (Menü *Bearbeiten*

Suchen/Ersetzen oder *Weitersuchen*). Auch die Funktionen zum Zurücknehmen und Wiederherstellen von Eingaben erleichtert die Tipparbeit. Diese Befehle finden Sie ebenfalls im Menü *Bearbeiten*.

Unter dem Menüpunkt *Bearbeiten* schalten Sie zur besseren Übersicht die Zeilennummern ebenso wie die farbige Darstellung von JavaScript-Elementen ein. Mit dieser Einstellung werden zum Beispiel Zeichenketten oder Schlüsselwörter besonders hervorgehoben.

Ihre neuen und die bearbeiteten Skripts werden im Menü *Datei* schließlich gespeichert und geschlossen. Die Skripts lassen sich im Menü *Datei* aus der Anwendung heraus auch ausdrucken.

Eine nützliche Einrichtung: Mehrere Skripts dürfen gleichzeitig geöffnet sein. Das zuoberst liegende Skript ist aktiv, wird bearbeitet und geprüft. Über die Zwischenablage lassen sich so häufig benutzte Skriptzeilen zwischen den Skriptdateien austauschen. Die Fenster für die einzelnen Skripts können mit der Maus untereinander angeordnet werden. So lassen sich verschiedene Skriptbereiche leichter miteinander vergleichen.

Ändern Sie das Skript, erscheint unten in der Statuszeile der Begriff *Geändert* und neben dem Skriptnamen auf dem Register ein Sternchen. Beides werden Sie erst wieder los, wenn Sie das Skript speichern. Handelt es sich um ein schreibgeschütztes Skript, finden Sie rechts unten in der Ecke den Hinweis *Schreibgeschützt*.

17.3.2 Syntax testen und ausbessern

Für einen ersten Test reicht oft die Syntaxprüfung aus dem Menü *Bearbeiten*, die Sie mit dem Eintrag *Syntax überprüfen* aufrufen. Die Prüfung achtet auf das formal richtige JavaScript. Bei Skripten ohne Syntaxfehler wird unten in der Statuszeile *Keine Syntaxfehler* angezeigt. Nach dieser Meldung können Sie sicher sein, keine Tippfehler mehr im Skript zu finden. Die vergessenen geschweiften Klammern bei zusammengefassten `if`-Anweisungen werden so nicht aufgespürt.

Hat sich ein Fehler eingeschlichen, wird die Stelle im Skript gekennzeichnet, ggf. ein Sound erklingen, und die Fehlermeldung (z. B. *Unzulässige Verwendung des reservierten Worts instanceof*) erscheint in der Statuszeile. Korrigieren Sie den gemeldeten Fehler, und testen Sie erneut.

17.3.3 Das Skript prüfen – debuggen

Ist die Vorprüfung erfolgreich verlaufen, darf das Skript endlich unter realen Testbedingungen ablaufen. Nach einem Klick auf die Schaltfläche *Start* wird das Skript soweit wie möglich – bei Fehlerfreiheit bis zum Ende – ablaufen.

Während das Skript läuft, zeigt sich am rechten Rand neben den Schaltflächen eine Animation.

Die Schaltfläche *Unterbrechen* wird das Skript anhalten (die Animation läuft weiter); erst die Schaltfläche *Anhalten* beendet die Ausführung des Skripts.

Mit den neu gestalteten Schaltflächen *Schritt übergehen* (*Step Over*), *Schritt hinein* (*Step Into*) und *Schritt hinaus* (*Step Out*), die im vorherigen Kapitel ausführlich beschrieben wurden, durchlaufen Sie das Skript zeilenweise. Die aktuelle Zeile wird, wenn das Skript keinen Fehler zeigt, gelb hinterlegt. Findet sich dagegen ein Fehler im Skript, wird aus der gelben Zeile eine rote. Im Bereich *JavaScript-Konsole* wird eine Meldung ausgegeben, ebenso wie in der *Statuszeile.*

Der Bereich JavaScript-Konsole

Der Bereich *JavaScript-Konsole* teilt sich in die Kommandozeile und das Ausgabefenster für das aktuell ausgeführte Skript. In der Kommandozeile testen Sie einzelne Anweisungen oder Ausdrücke aus JavaScript. Bis zu 32 Ihrer Einträge werden hier aufbewahrt. Sie können sich mit den Pfeiltasten (Oben) und (Unten) auf dem Cursorblock durch die eingetippten Einträge bewegen.

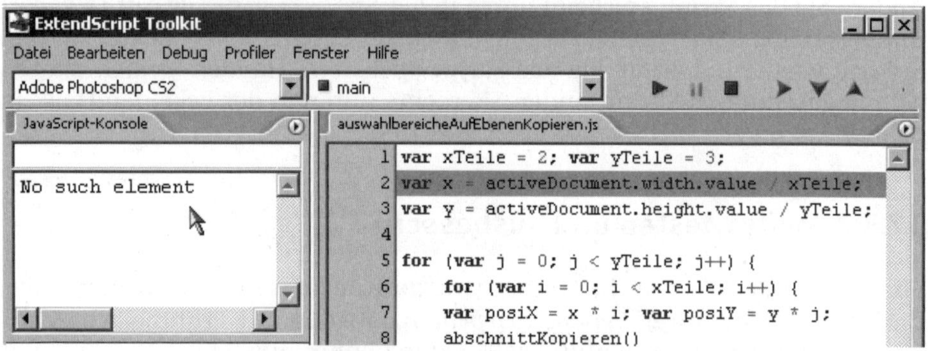

Abbildung 17.9: Wenn doch ein Fehler vorliegt

Im Ausgabefenster (unterer Bereich) der *JavaScript-Konsole* erscheinen während des Ablaufs eines Skripts Standardausgaben. Das können wie in der Abbildung zu sehen auch Fehlermeldungen sein. Beim Beispielskript sollen die Abmessungen eines Dokuments ermittelt werden, das Dokument ist jedoch nicht geöffnet.

Diese Meldungen lassen sich markieren, kopieren und löschen. Da die Fehlermeldungen hier gesammelt werden, behalten Sie den Überblick, wenn Sie durch die Einträge scrollen.

Lassen Sie das Skript eine Pause einlegen

Möchten Sie das Skript nur bis zu einer bestimmten Stelle untersuchen, setzen Sie einen Haltepunkt. An diesem Haltepunkt wird der Ablauf des Skripts gestoppt, aber das Skript selbst nicht beendet. Während das Skript eine Pause einlegt, können Sie die bisher zugewiesenen Variablen im Daten-Browser kontrollieren. Alternativ lassen Sie das Skript bis zu einem Funktionsaufruf durchlaufen. Ist hier ein Haltepunkt gesetzt, können Sie nach dem Anhalten des Skripts die Anweisungen innerhalb der Funktion zum Beispiel mit der Schaltfläche *Schritt hinein* in Einzelschritten prüfen.

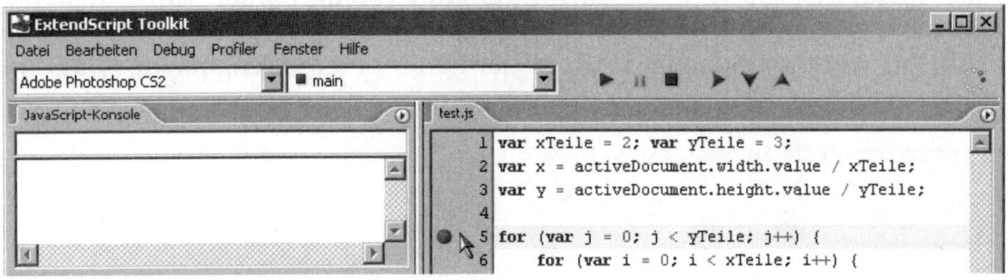

Abbildung 17.10: Der Haltepunkt im Schleifenkopf: das Skript bitte ab hier schrittweise untersuchen

Klicken Sie links vor eine Skriptzeile, wird ein roter Punkt (Haltepunkt) eingefügt. Ein erneuter Klick auf den gesetzten Haltepunkt belässt ihn neben der Zeile, aber seine Wirkung wird aufgehoben. Der abgeschaltete Haltepunkt ändert seine Farbe. Erst der dritte Klick auf den Punkt entfernt den Haltepunkt. Gesammelt werden alle Haltepunkte unter dem Register *Haltepunkte*.

Zur Kontrolle: der Daten-Browser

Wandern Sie zeilenweise durch das Dokument, lohnt es, einen Blick auf den *Daten-Browser* zu werfen. In diesem Bereich finden Sie die zur Laufzeit gültige Belegung von Variablen. So wird im folgenden Beispiel ein Array aus vier Positionen für einen Auswahlbereich in einer Schleife mit Werten belegt. Die Werte für jede Position werden links im Daten-Browser aufgelistet.

```
var arbeitsAuswahl = [[posiX,posiY], [posiX,posiY+y], [posiX+x,posiY+y],
[posiX+x,posiY]];
```

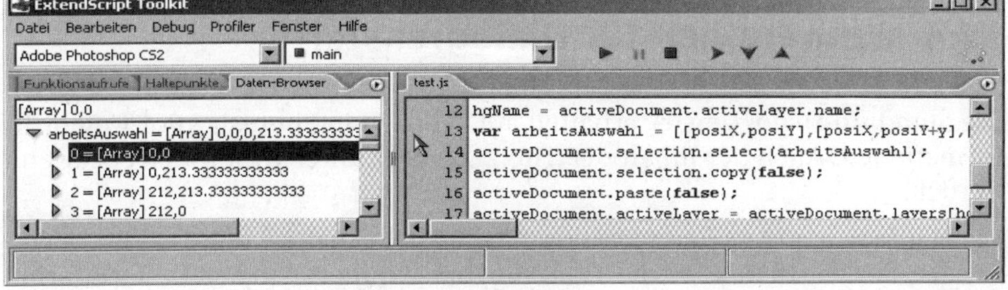

Abbildung 17.11: Inhalte der Variablen während des Skriptablaufs

Der Bereich Funktionsaufrufe

Der Bereich *Funktionsaufrufe* informiert Sie darüber, dass das Skript geprüft wird. Hält das aktuell ausgeführte Programm an, weil es auf einen Fehler oder einen gesetzten Haltepunkt trifft, wird die Funktion gezeigt, die zu diesem Halt geführt hat. Bewegen Sie sich mit der Schaltfläche *Schritt hinein* in Einzelschritten durch das Skript, wird ab Erreichen des Funktionskopfs im Bereich *Funktionsaufrufe* der Aufruf der Funktion und, wenn vorhanden, die übergebenen Parameter angegeben. Die Anzeige im Register *Funktionsaufrufe* bleibt für jeden erreichten Schritt in der Funktion erhalten, bis die Funktion wieder verlassen wird.

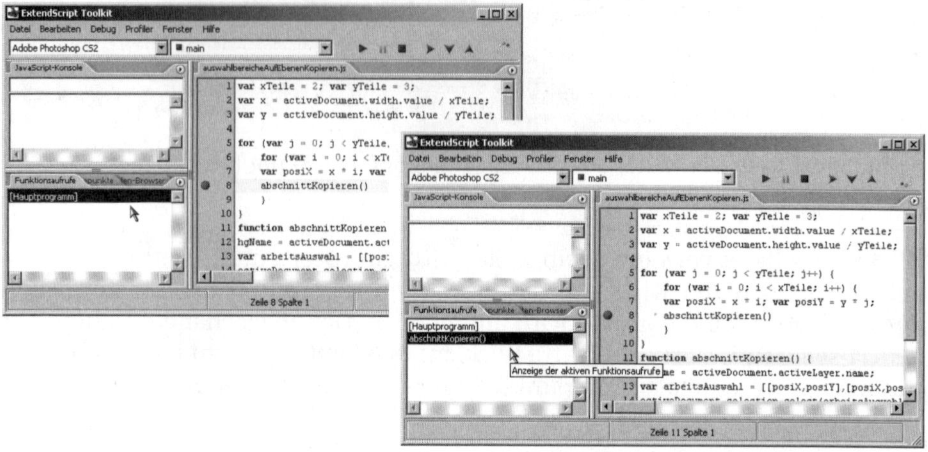

Abbildung 17.12: Die Funktionsaufruf erreicht und Funktionskopf betreten

Der Bereich Skripte

Hier werden Skripte aufgelistet, die in ganz bestimmten Verzeichnissen liegen. Bei Photoshop ist es das Verzeichnis *Vorgaben · Skripte*. Wechseln Sie unterhalb der Menüzeile in der Liste die Zielanwendung, wird deren Inhalt des Skriptverzeichnisses angezeigt.

17.4 Mehr Freiheit für Dialogfenster!

Die Standard-Dialogfenster erhalten auf Wunsch in Photoshop CS2 mehr Informationen: Auch der Inhalt der Titelzeile darf unter Windows frei gewählt werden.

Die Methode `alert()` kann jetzt drei Parameter erhalten: den Text im Dialogfenster, den Textinhalt für die Titelzeile (nur Windows) und statt des Informationszeichens ein Warnzeichen. Die Zeichen richten sich nach den Vorgaben des jeweiligen Betriebssystems. Der Wert `true` setzt das Warnzeichen.

```
alert("Hallo Welt", "Mein DialogText", true);
```

Abbildung 17.13: Hinweis (`false`) oder Warnung (`true`)

17.4.1 Die Titelzeile der Methode confirm() gestalten

Die Methode `confirm()` erhält ebenfalls drei Parameter: Zuerst wird per Zeichenkette der Textinhalt festgelegt. Es folgt die Vorauswahl einer der beiden Schaltflächen. Dabei gilt `true` für die Vorauswahl der Schaltfläche *No*, `false` für die Vorauswahl der Schaltfläche *Yes*. Diese Vorauswahl wird übernommen, wenn der Anwender die ↵-Taste drückt. Der dritte Parameter gilt wieder nur unter Windows, wird als Zeichenkette ausgeführt und ist für den Inhalt der Titelzeile zuständig.

```
confirm("Möchten Sie das wirklich ausführen ?", true, "Meine
Entscheidung");
```

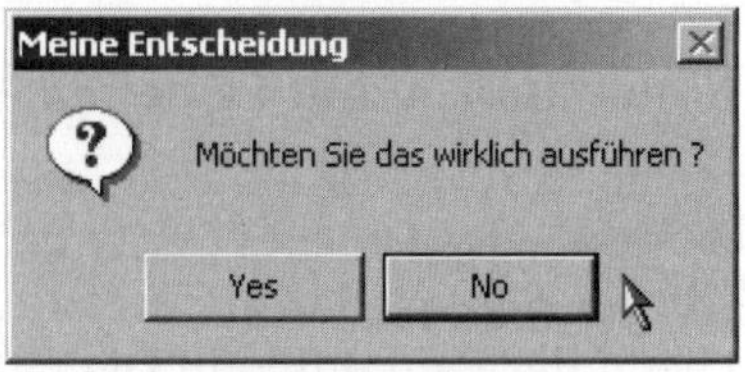

Abbildung 17.14: Vorgewählt ist die Schaltfläche *No*

Der Rückgabewert des Dialogfensters lautet `true`, wenn die Schaltfläche *Yes* geklickt wird und `false`, wenn die Schaltfläche *No* geklickt wird.

17.4.2 Neue Titelzeile für die Methode prompt()

Als Parameter der Methode `prompt()` wird zuerst die Mitteilung auf dem Dialogfenster angegeben. Es folgt der Vorgabewert für das Eingabefeld. Den Abschluss bildet wieder nur unter Windows der individuelle Inhalt der Titelzeile.

```
prompt("Tippen Sie bitte etwas ein:", "Eingabe", "Ändern Sie das ruhig!");
```

17.5 Die neuen Methoden und Objekte

In Photoshop CS2 sind weitere von den Anwendern häufig nachgefragte Befehle in JavaScript umgesetzt worden.

17.5.1 Kontaktabzug als Methode in JavaScript

Für eine schnelle Übersicht des Inhalts eines Verzeichnisses bietet es sich an, diese Ergebnisse als verkleinerte Abbildungen auf einem Kontaktabzug unterzubringen. In Photoshop wird das mit dem Eintrag *Automatisieren · Kontaktabzug II* umgesetzt, JavaScript erledigt diese Aufgabe mit der Methode `makeContactSheet()`. Die einfachste Ausführung sieht folgendermaßen aus:

```
quellVerzeichnis = Folder.selectDialog();
inputFiles = quellVerzeichnis.getFiles();
makeContactSheet(inputFiles);
```

Als Ergebnis der Methode `makeContactSheet()`, die zum Anwendungsobjekt gehört, erhalten Sie ein mit Abbildungen gefülltes Dokument. Das Dokument bleibt geöffnet, wenn die Methode ihre Aufgabe erfüllt hat. Sie speichern es in einem weiteren Schritt per Skript. Benutzt wird zur Umsetzung ohne weitere Angaben in den runden Klammern einfach, was zum Dialogfenster *Kontaktabzug II* in der Grundeinstellung gehört.

Kontaktabzug mit Feineinstellungen

Möchten Sie mehr Einfluss auf die Umsetzung des Kontaktabzugs, legen Sie eine Kopie des Objekts `ContactSheetOptions` an, und weisen Sie dieser Kopie weitere Eigenschaften zu. Die Eigenschaften zum Objekt finden Sie entsprechend der Einteilung im Dialogfenster *Kontaktabzug II* in der Datei *kontaktabzugOptionen.jsx*. Verwenden Sie diese Datei als Grundlage, und stimmen Sie die Einstellungen auf Ihre Anforderungen hin ab.

```
alleEinstellungen = new ContactSheetOptions;
// Eigenschaften zuweisen: siehe Datei
makeContactSheet(inputFiles, alleEinstellungen);
```

Eigenschaften, die Sie nicht setzen, oder die Sie im Skript fehlerhaft umsetzen, werden durch Standardeinstellungen ersetzt.

Den Kontaktabzug berechnen

Kennen Sie die Abmessungen der Bilder eines Ordners, lassen sich die Abmessungen des Kontaktabzugs auch gleich berechnen. In der Datei *kontaktabzugBerechnet.jsx* finden Sie ein entsprechendes Beispiel, das die Bilder aus dem Verzeichnis *BilderKontaktabzug* mit der Methode `makeContactSheet()` einsetzt.

Die Methode weist dem Ergebnis einen Rand zu. Vergessen Sie die Zugabe dieses Randes, werden die Bilder auch bei genauester Berechnung des zur Verfügung stehenden Platzes verkleinert. Das passiert auch, wenn die Bilder ohne Verkleinerung nicht in das vorgegebene Raster passen.

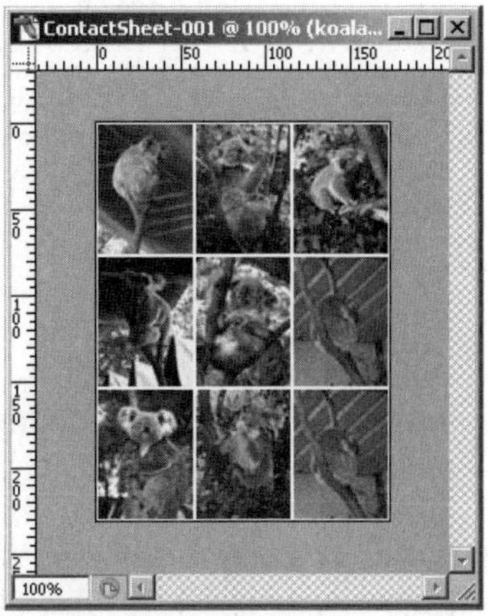

Abbildung 17.15: Kontaktabzug nach Maß: *kontaktabzugBerechnet.jsx*

17.5.2 Der Befehl „Für Web speichern" in JavaScript

Bilder für den Einsatz im Internet lassen sich mit dem Befehl *Für Web speichern* auf einen Kompromiss zwischen Bildqualität und Dateigröße hin einstellen. Das erledigt JavaScript mit der Methode `exportDocument()`, die zum Objekt `Document` gehört. Drei Dinge werden der Methode mitgegeben: der neue Dateiname, der Exporttyp und zusätzliche Angaben zur Umsetzung des Exports. Diese Angaben entsprechen weitgehend den Einstellungen im Dialogfenster *Für Web speichern*. Hier die Umsetzung für das GIF-Format; ein geöffnetes Dokument wird vorausgesetzt.

- Zunächst wird ein `File`-Objekt angelegt, in das der gesamte Dateipfad der umgewandelten Datei gelegt wird. Hier wird die exportierte Datei gespeichert.
- Eine Kopie des Objekts `ExportOptionsSaveForWeb` wird angelegt und die Eigenschaften für das gewünschte Ausgabeformat zugewiesen.

  Andere Formate (JPEG, PNG) erhalten andere Eigenschaften zugewiesen, die Sie der Tabelle `ExportOptionsSaveForWeb` im Dokument *JavaScript Reference Guide.pdf* entnehmen. Der Vergleich zum Dialogfenster *Für Web speichern* erleichtert die Umsetzung der Eigenschaften.

```
expoFile = new File("/h/koala.gif");
EOSFW = new ExportOptionsSaveForWeb();
// === Eigenschaften für ExportOptionsSaveForWeb ===
```

```
EOSFW.format = SaveDocumentType.COMPUSERVEGIF;
activeDocument.exportDocument(expoFile, ExportType.SAVEFORWEB, EOSFW);
```

- Den Abschluss bildet der Aufruf der Methode mit den entsprechenden, nun vorliegenden Parametern.

Ähnlich wird das Objekt für die Ausgabe im JPEG-Format ausgeführt. Natürlich wird hier der Dateiname oder besser dessen Endung angepasst und die auf dieses Dateiformat zugeschnittenen Eigenschaften vergeben.

```
expoFile = new File("/h/koala.jpg");
EOSFW = new ExportOptionsSaveForWeb();
// === Eigenschaften für ExportOptionsSaveForWeb ===
EOSFW.format = SaveDocumentType.JPEG;
activeDocument.exportDocument(expoFile, ExportType.SAVEFORWEB, EOSFW);
```

Ob es tatsächlich ein Vorteil ist, statt mit der visuellen Kontrolle die Einstellungen zum Bild vorzunehmen, oder das einfach an JavaScript zu übergeben, mag man bezweifeln. Durch die Vielzahl an Einstellungen können Dateigrößen je nach Ausgabeformat auf diesem Wege häufig kleiner ausfallen als auf dem herkömmlichen Wege mit *Speichern unter*. Einen Vorteil bietet die Umsetzung im Skript mit dieser Methode: Da von der Datei automatisch eine Kopie gezogen wird, muss das Original nicht auf die Besonderheiten des neuen Dateiformats abgestimmt werden. Sie müssen weder den Farbmodus noch die Hintergrundebene anpassen, das wird automatisch erledigt.

17.5.3 Stapelverarbeitung in JavaScript

Auch die Stapelverarbeitung lässt sich in JavaScript umsetzen, dazu wurde die Methode `batch()` aufgenommen. Es handelt sich um eine Methode der Anwendung, die Dokumente werden erst von der Methode geöffnet. Bearbeitet werden im Gegensatz zum Dialogfenster *Stapelverarbeitung*, in dem auch gerade geöffnete Dokumente berücksichtigt werden, nur Bilder aus einem angegebenen Ordner.

Möchten Sie die Methode `batch()` in der Minimalfassung ausprobieren, benötigen Sie ein Verzeichnis mit Bildern (*Koalas*) und ein Set mit einer passenden Aktion (*StapelnJavaScript.atn*, *Drehen*). Das fertige Skript finden Sie unter *batch.jsx*.

```
// Verzeichnis mit Originalen suchen, Inhalt ermitteln
einlesen = Folder.selectDialog();
datNamen = einlesen.getFiles();
// Verzeichnis für bearbeitete Dokumente ermitteln
ausgeben = Folder.selectDialog();
// eine Kopie des Objekts BatchOptions anlegen und mit
// Eigenschaften belegen
  BO = new BatchOptions();
  BO.destination = BatchDestinationType.FOLDER;
  BO.fileNaming = [FileNamingType.DOCUMENTNAMELOWER,
```

```
FileNamingType.EXTENSIONLOWER];
// Dateien ins Zielverzeichnis
  BO.destinationFolder = new File (ausgeben);
// Methode mit Qelle, Aktion, Set und Eigenschaften aus dem
// Dialogfenster Stapelverarbeitung
batch (datNamen, "Drehen", "StapelnJavaScript", BO);
```

17.5.4 Tiefenschärfe neu justieren: LensBlurOptions

Hier handelt es sich um die Umsetzung des Filters *Weichzeichnungsfilter · Verwackeln* (bisherige Bezeichnung). Die umsetzende Methode nennt sich `applyLensBlur()`. Der Filter wird auf ein geöffnetes Dokument angewendet, die Methode gehört demnach zum Objekt `ArtLayer`. Als Parameter erhält die Methode die Kopie des Objekts `LensBlurOptions` mit den neu zugewiesenen Eigenschaften.

Das Beispiel nutzt das geöffnete Dokument *eisbaerKleinVerwackeln.psd*, bestehend aus einer Ebene mitsamt Ebenenmaske. Die Ebenenmaske bestimmt die Ebene der Unschärfe im Dokument. Sie finden die verkürzte Skriptdatei unter *lensBlurFilter_kurz.jsx*, die verfügbaren Einstellungen nach Bereichen auf dem Dialogfenster sortiert unter *lensBlurFilter.jsx*.

```
// Filter Weichnungsfilter, Verwackeln
lens = new LensBlurOptions();
// Bereich Depth Map:
lens.source = DepthMapSource.LAYERMASK;
lens.focalDistance = 0;
lens.invertDepthMap = true;
activeDocument.activeLayer.applyLensBlur(lens);
```

Abbildung 17.16: Vor und nach dem Skript: den Hintergrund unscharf abbilden

18 Anhang

Veränderungen in oder besser an Photoshop spiegeln sich auch bei den Skripts wider. Jede neue Version von Photoshop bringt neben Neuerungen in der Anwendung auch neue Sprachelemente in JavaScript mit, einige werden geändert. Auf diese Unterschiede gilt es zu reagieren, das Ziel dieses Kapitels.

Auf der CD zum Buch befindet sich die Datei *scriptUnterschiede.doc*. Es handelt sich um die Auflistung der eingesetzten Beispiele mit der Kennzeichnung der unterstützten Betriebssysteme. Hier finden Sie in der Spalte *Beschreibung* auch weitere Hinweise über die Art der Anpassung.

Im Buch selbst weisen Zeichen neben dem Text auf Unterschiede zwischen den Versionen hin. Treffen Sie auf eines dieser Zeichen,

sehen Sie in der Datei *scriptUnterschiede.doc* nach.

18.1 Was anders ist, anders sein muss

Die Skripte für das Buch wurden mit Photoshop CS auf dem Mac unter OS X und auf dem PC unter Windows 2000 / XP geschrieben.

18.1.1 Photoshop CS auf Mac und Windows

Unterschiede zwischen Photoshop CS unter Windows oder OS X finden sich, wenn es die Suche von Dateien per Dialogfenster betrifft.

Alle Dateien für Photoshop CS unter OS X finden Sie im Verzeichnis *CSaufMac* zum jeweiligen Kapitel.

18.1.2 Photoshop CS – Photoshop 7

Die im Buch genannten Skripte sind ausgiebig unter Photoshop 7 (Windows) getestet worden.

Skripte, die den Test hier erfolgreich bestanden haben, sollten auch in der entsprechenden Version auf dem Mac laufen. Auch dürfte gelten, dass die größten Unterschiede im Umgang mit der Dateiverwaltung liegen.

- Dialogfenster zur Datei- und Verzeichnissuche in JavaScript sind neu seit Photoshop CS. Im Buch selbst werden die Daten per Dialogfenster gesucht. Für den Einsatz unter Photoshop 7 finden Sie stets Skripte mit dem angegebenen Datei- oder Verzeichnispfad in einer eigenen Version, gekennzeichnet durch den Dateinamen und ein Symbol am Seitenrand.
- Funktionen wie *Ebenenkomp*, die erst seit Photoshop CS angeboten werden, können mit Photoshop 7 nicht im Skript umgesetzt werden. Mit dem Ein- und Ausblenden von Ebenen wird ein einfacher Ersatz angeboten.
- In Photoshop CS neu eingeführte Elemente aus JavaScript wie `include` laufen nicht direkt unter Photoshop 7. Das wird dann ein wenig anders umgesetzt: Funktionen werden nicht ausgelagert, sondern an das Ende des Skripts verschoben. So bleiben auch diese Skripte recht übersichtlich.
- Die Möglichkeit, eigene Dialogfenster zu schaffen, fällt für Photoshop 7 schlicht weg. Hier wird man den Weg wählen, möglichst am Anfang des Skripts die Variablen zu belegen und bei Wertänderung hier auszutauschen.

18.1.3 Photoshop CS – Photoshop CS2

Alle Skripte für Photoshop CS sind auch mit Photoshop CS2 getestet worden. Die Unterschiede fallen, was den Inhalt des Buches betrifft, denkbar gering aus. Da es sich bei der mir vorliegenden Version um eine Betaversion handelt, werden vorhandenen Unstimmigkeiten wahrscheinlich für die Endversion noch behoben.

Die Unterschiede sind in der Datei *scriptUnterschiede.doc.* dann besonders gekennzeichnet.

18.2 Sie suchen die Daten per Dialogfenster?

Mit den Skripten werden häufig Verzeichnisse oder Dateien für die weitere Bearbeitung gesucht. Das erfolgt in Photoshop CS und CS2 möglichst per Dialogfenster. Der Aufbau dieser Dialogfenster fällt unter OS X gleich aus: Unterhalb der Titelzeile wird der im Skript angegebene Test aufgeführt. Unter

Windows unterscheidet sich die Ausführung der Dialogfenster bei der Suche nach dem Verzeichnis und einer Datei.

- Das Dialogfenster zur Verzeichnissuche führt in der Titelzeile den Standardtext *Nach einem Ordner durchsuchen.* Direkt darunter finden Sie die Anweisung, welcher Ordner gemeint ist. Diesen Text geben Sie für das Dialogfenster im Skript vor. Gibt der Text das gesuchte Verzeichnis an, wird er dem aufmerksamen Anwender einen Anhaltspunkt bei der Suche liefern.
- Anders verhält sich das Dialogfenster für die Suche nach einer Datei. Hier sind Sie für den Text in der Titelzeile verantwortlich. Wird hier die gesuchte Datei genannt, kann sich der Anwender auf die Suche konzentrieren.

Die Suche nach Verzeichnissen und Dateien wird im Buch ohne ein vorbestimmtes Verzeichnis umgesetzt, so wie auch in Photoshop.

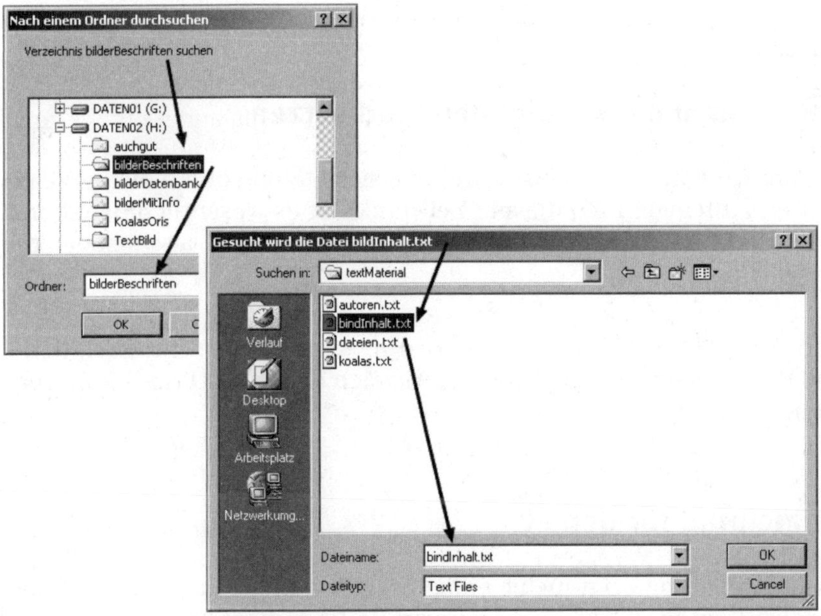

Abbildung 18.1: Dialogfenster für die Suche nach dem Verzeichnis oder der Datei

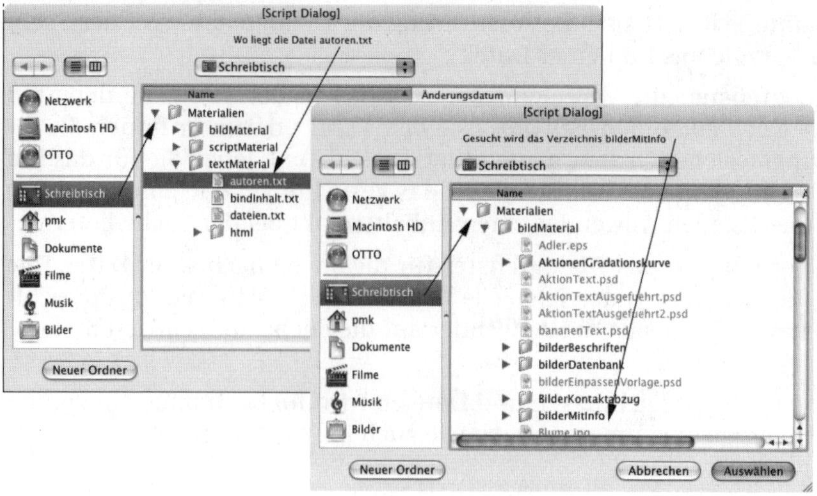

Abbildung 18.2: Datei- und Verzeichnissuche auf dem Mac

18.2.1 Manchmal notwendig: den Pfad setzen

In der Testphase kann es recht lästig werden, sich ständig durch die Verzeichnisstrukturen zu hangeln. Zu diesem Zeitpunkt ist es wesentlich bequemer, Dateipfade direkt ins Skript zu schreiben, in Photoshop 7 ist es sogar die einzige Möglichkeit.

Der Aufbau von Pfadangaben selbst wird in Kapitel 5 beschrieben, dennoch soll das folgende Beispiel zeigen, wie sich das in der Praxis konkret umsetzen lässt.

18.2.2 Dateipfad für den PC

Die folgende Abbildung zeigt meine endgültige Testumgebung: Das Verzeichnis *Materialien* liegt hier direkt auf Laufwerk *H*. Über dieses Verzeichnis, das Sie mit einem Rutsch auf Ihren Datenträger übernehmen, lassen sich die benötigten Dateien schnell und einfach erreichen.

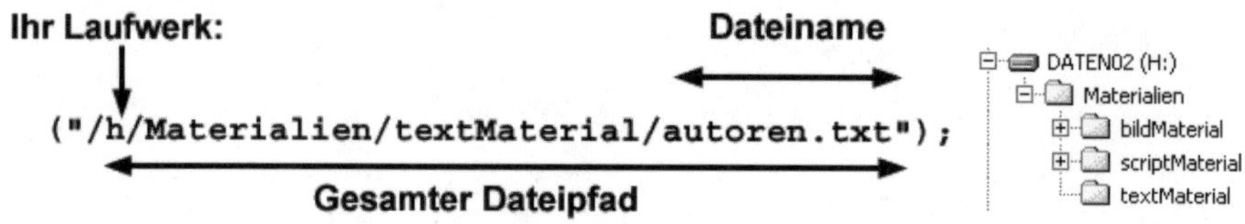

Abbildung 18.3: Alle Daten liegen im Verzeichnis *Materialien* auf Laufwerk *H*

- Steht Ihnen ein anderes Laufwerk (vielleicht Laufwerk *C*) zur Verfügung, ändern Sie den Laufwerksbuchstaben im Skript.
- Legen Sie das Verzeichnis *Materialien* in ein anderes Verzeichnis, wird dessen Namen zwischen den Laufwerksbuchstaben und dem in der Abbildung angegebenen Verzeichnis eingetragen.
- Haben Sie nicht den vollen Zugriff auf alle Laufwerke, lassen Sie sich vom Netzwerkverwalter helfen.

18.2.3 Dateipfade für den Mac

Als Testumgebung für den Mac wurde der Ordner *Materialien* direkt auf den Desktop (des Anwenders) gezogen, was sich im Dateipfad deutlich widerspiegelt. Dieses Verfahren bietet sich ebenfalls an, wenn Sie mit Photoshop 7 ohne Dialogfenster zur Datei- und Verzeichnissuche arbeiten.

```
var pfad  = "~/Desktop/Materialien/textMaterial/autoren.txt";
```

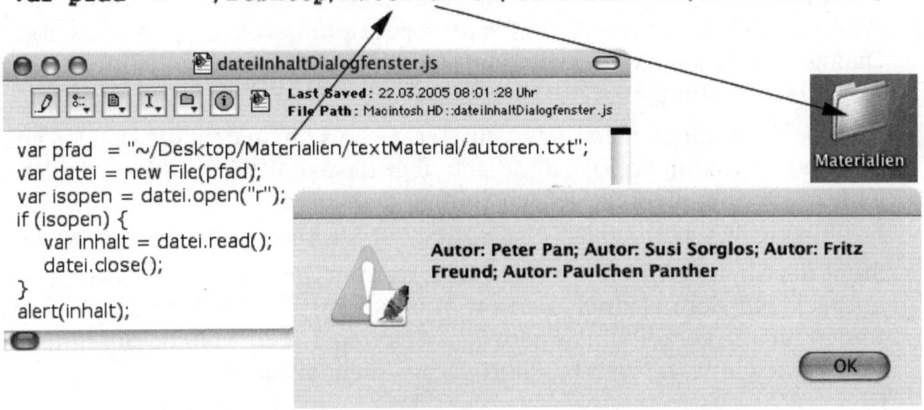

Abbildung 18.4: Wenn das Verzeichnis auf den Desktop gezogen wird

18.3 Skriptunterstützung Photoshop 7

Skripte können in Photoshop 7 nicht sofort aufgerufen werden, der entsprechende Eintrag im Menü *Datei · Automatisieren* fehlt. Mit den Dateien *PhotoshopScripting102a.exe* (PC) oder *PhotoshopScripting102a.hqx* (Mac) wird die Skriptfähigkeit erst nachgerüstet. Beide Dateien finden Sie auf der CD zum Buch oder in der aktuellsten Version über den Adobe Support.

Schließen Sie unter beiden Betriebssystemen Photoshop, bevor Sie mit der Installation beginnen. Das gilt auch für die Installation des ScriptListeners, einem Zusatzmodul für die Aufzeichnung von Befehlen.

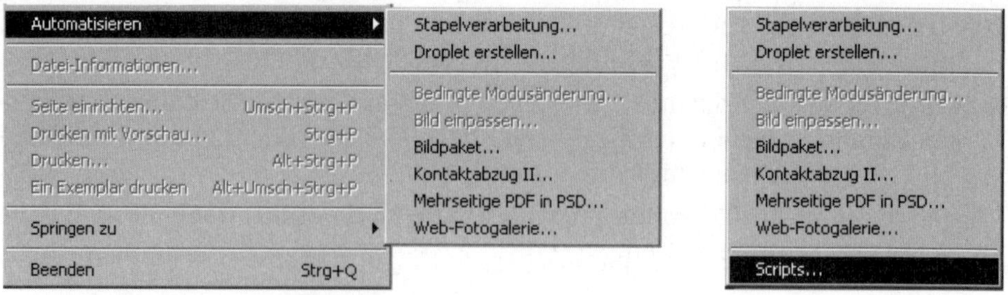

Abbildung 18.5: Photoshop 7 ohne und mit Skriptunterstützung

18.3.1 Installation unter Windows

Photoshop 7 ist auf dem Rechner installiert, die Installationsdatei für das Skripten haben Sie sich besorgt. Dann kann die Installation jetzt durchgeführt werden.

- Ein Doppelklick auf die Datei *PhotoshopScripting102a.exe,* und das erste Dialogfenster zeigt sich. Es handelt sich lediglich um einen Hinweis, den Sie einfach bestätigen.
- Das nächste Dialogfenster bietet ein Verzeichnis an, in dem die Dateien entpackt werden können. Das lässt sich über die Schaltfläche *Browse* ändern. Ohne Änderung merken Sie sich einfach den vorgeschlagenen Speicherort. Bestätigen Sie das Dialogfenster mit einem Klick auf die Schaltfläche *OK.*
- Steht der Speicherort erst einmal fest, werden die Dateien wie von selbst entpackt. In dem Ordner, den Sie für das Entpacken festgelegt haben, finden Sie im Verzeichnis *PhotoshopScripting 1.0.2a* weitere Dokumente und Verzeichnisse. Noch ist Photoshop 7 nicht skriptfähig.

Eine Dokumentation zu JavaScript finden Sie im Verzeichnis *Documentation.* Die Datei *JavaScript Reference.pdf* enthält eine Objektübersicht und die Konstanten für die Eigenschaften und Methoden. In der Datei *JavaScript File Object.pdf* finden Sie Informationen zu den Objekten, die Sie beim Thema Dateien benötigen. Kurze Beispielskripte sind im Verzeichnis *Sample Scripts* abgelegt.

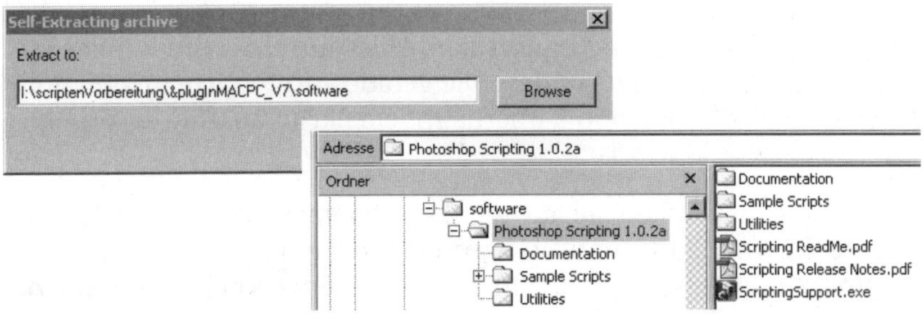

Abbildung 18.6: Das Verzeichnis mit den entpackten Dateien

- Wechseln Sie in der Dateiverwaltung in den gerade neu angelegten Ordner, in dem Sie die Datei *ScriptingSupport.exe* finden.
- Ein Doppelklick auf die Datei *ScriptingSupport.exe* öffnet das *Adobe Photoshop 7 Scripting Support Setup.* Das gleichnamige Dialogfenster bietet die Schaltfläche *Next.* Mit einem Klick auf diese Schaltfläche wird die Installation der Skriptunterstützung durchgeführt.
- Im nächsten Dialogfenster wählen Sie die Sprachunterstützung für die Endbenutzerlizenz aus. Die Schaltfläche *Next* führt zur Anzeige der Lizenz. Lesen Sie die Lizenzbedingung.
- Die Lizenzbedingungen können Sie mit einem Klick auf die Schaltfläche *Yes* akzeptieren. Im nächsten Dialogfenster sehen Sie, dass einige Dateien in das Verzeichnis von Photoshop 7 kopiert werden.
- Ist der Kopiervorgang beendet, wird Ihnen noch eine freundliche Meldung im Dialogfenster *Information* angezeigt; dann sollte die Installation der Skriptunterstützung gelungen sein.
- Das Dialogfenster *Information* wird geschlossen und die Skriptunterstützung in der Anwendung kontrolliert. Öffnen Sie Photoshop 7, und sehen Sie im Menü *Datei* unter dem Eintrag *Automatisieren* nach. Hier hat sich der Eintrag *Skripts* ganz unten eingefunden.
- Der Klick auf den Eintrag öffnet das Dialogfenster *Scripts;* bereits vorliegende Skripte werden aufgelistet.

Abbildung 18.7: Der Zugang zur Skriptausführung erfolgt über dieses Dialogfenster

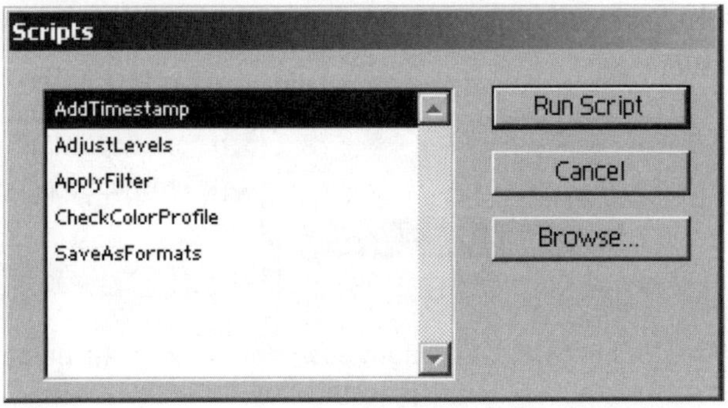

Die Skriptunterstützung hat nichts mit dem Hilfsmittel ScriptListener zu schaffen, das wird separat eingebunden. Die gerade ausgeführte Installation sorgt dafür, dass Sie in Photoshop 7 überhaupt ein Skript ausführen können.

Für den Mac gilt: Doppelklicken Sie auf die Datei *PhotoshopScripting102a.hqx*, die sofort entpackt wird. Automatisch wird ein Ordner mit dem Namen *Photoshop Scripting 1.0.2a.img* angelegt. In diesem Ordner klicken Sie auf die Datei *Photoshop scripting support*, und die Skriptfähigkeit wird automatisch eingerichtet.

Start ohne Hindernisse

Führen Sie nach der gelungenen Installation auch gleich ein Skript aus.

- Wählen Sie im Menü *Datei* den Eintrag *Automatisieren · Skripts.*
- Suchen Sie über die Schaltfläche *Browse* im Dialogfenster *Choose JavaScript script to execute* nach der Datei *neuesDokumentGesamt.js.*
- Der Klick auf die Schaltfläche *Öffnen* platziert ein neues Dokument im Programmfenster.

So werden Sie die Skriptingfähigkeit wieder los

Auf dem PC gehen Sie über *Start · Einstellungen* und *Systemsteuerung.* Sie treffen im Dialogfenster auf das Symbol *Software.* Ein Doppelklick auf das Symbol *Software* öffnet das gleichnamige Dialogfenster. Suchen Sie in der Liste *Zurzeit installierte Programme* nach dem Eintrag *Adobe Photoshop Scripting Support*, und klicken Sie auf die Schaltfläche *Ändern / Entfernen.*

Beim Mac entfernen Sie den Ordner *Scripting* innerhalb des Ordners *PlugIn*, den Ordner *Skripts* im Ordner *Vorgaben* und die *Adobe Unit Types scripting addition* aus dem *Scripting Addition Folder.*

18.3.2 Software: Skriptunterstützung für Photoshop 7

Die benötigten PlugIns für die Skriptfähigkeit in Photoshop 7 finden Sie ebenfalls auf der CD. Im Verzeichnis *&plugIn_MAC_PC_V7* liegen die beiden selbstentpackenden Archivdateien, einmal für Windows (*exe*) und einmal für OS X (*hqx*).

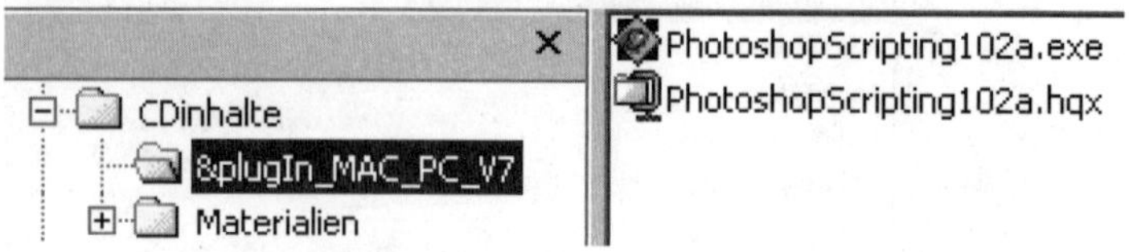

Abbildung 18.8: Das PlugIn aus Photoshop 7 für beide Betriebssysteme

18.4 Der ScriptListener in Photoshop 7

Haben Sie wie gerade beschrieben die Installation ausgeführt, werden gleich mehrere neue Ordner angelegt. Hier finden Sie weitere Unterlagen als PDF-Dokumente und ein Verzeichnis mit dem Namen *Utilities*. In diesem befindet sich die Datei *ScriptListener.8li* mit dem PlugIn ScriptListener, einem einfachen Zusatzmodul, wie Sie es von vielen Filtern her kennen.

- Schließen Sie Photoshop 7. Kopieren Sie die Datei *ScriptListener.8li* aus dem Verzeichnis *Utilities*, das im Verzeichnis mit den entpackten Daten liegt, in das Verzeichnis *Zusatzmodule · Scripting*.
- Starten Sie Photoshop 7 jetzt erneut, wird der Inhalt aus dem Verzeichnis *Zusatzmodule* eingelesen und das Zusatzmodul für den ScriptListener gefunden.
- Wechseln Sie in die Dateiverwaltung, finden Sie auf dem PC auf Laufwerk *C* direkt an der Wurzel zwei neue Dateien. Die Datei *ScriptingListenerJS.log* ist für das Aufzeichnen von Befehlen in der Sprache JavaScript zuständig.
- Öffnen Sie diese Datei in einem Editor, finden Sie dort bereits die ersten Skriptzeilen. Diese Zeilen können Sie auch gleich entfernen und die Datei darauf schließen.
- Führen Sie einen skriptfähigen Befehl in Photoshop 7 aus, legen Sie ein neues Dokument an.
- Sehen Sie in der Datei *ScriptingListenerJS.log* nach: Der Befehl wurde aufgezeichnet. Der ScriptListener funktioniert unter beiden Versionen von Photoshop gleichwertig.

18.5 Skripte kürzer fassen

Je weiter Sie durch die Objekthierarchie wandern, desto länger werden dann auch die Skriptzeilen. Die drei Skriptzeilen legen ein neues Set an, im Set wird eine Ebene erzeugt und erhält einen Namen. Das Skript finden Sie unter *kurzfassung_lang.js*.

```
activeDocument.layerSets.add();
activeDocument.layerSets[0].artLayers.add();
activeDocument.layerSets[0].artLayers[0].name = "Ebene 1 zu P1";
```

Die Wege durch die Hierarchie und die Eigenschaften lassen sich in Variablen ablegen, die statt der Angabe der gesamten Hierarchie verwendet werden. Das kürzt die einzelnen Zeilen. So wird im folgenden Skript das aktive Dokument einer Variablen zugewiesen (`doc`). Im Dokument wird ein neues Set angelegt. Das neue Set landet, noch während es eingefügt wird, ebenfalls in einer Variablen (`mySet`). Eine neue Ebene wird im Set angelegt und die Ebene in einer weiteren Variablen (`myLayer`) untergebracht. Die neue Ebene, vertreten durch die Variable, erhält einen neuen Namen. Lassen Sie das Skript ablaufen. Das Skript liegt unter dem Namen *kurzfassung.js* vor.

```
var doc = activeDocument;
var mySet = doc.layerSets.add();
var myLayer = mySet.artLayers.add();
myLayer.name = "Ebene 1 zu P1";
```

In diesem Buch wird der lange Weg durch die Hierarchie gewählt, damit nicht erst der Inhalt der Variablen entschlüsselt werden muss. Entscheiden Sie sich später für Ihren eigenen Weg.

18.6 Daten zu den Beispielen

Die in diesem Buch verwendeten Daten finden Sie auf der CD im Verzeichnis *Materialien*. Hier liegen, nach Einsatz getrennt, gleich drei weitere Verzeichnisse: *bildMaterial* · *scriptMaterial* und *textMaterial*.

Im Verzeichnis *bildMaterial* liegen alle benötigten Bilddokumente. Das können einzelne Dateien sein oder ganze Verzeichnisse mit Dokumenten zu einem Thema.

Abbildung 18.9: Hier warten die Dokumente auf den Einsatz

Aus der Bearbeitung der Aufgaben ergeben sich die verschiedensten Skripte, die dann auch im Verzeichnis *scriptMaterial* liegen. Das enthält die Verzeichnisse *loesungen* und *sammlungen*.

▷ Im Verzeichnis *loesungen* sind die Beispiele nach Kapiteln getrennt untergebracht. Jedes Kapitelverzeichnis enthält weitere Verzeichnisse. Hier finden Sie die Skripte für die jeweilige Photoshop-Version.

Abbildung 18.10: An dieser Stelle finden Sie die Skripte, nach Version getrennt

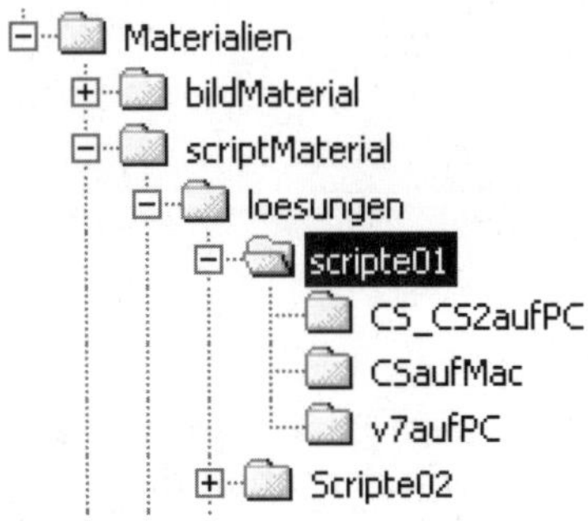

- ▷ Im Verzeichnis *sammlungen* finden Sie Skriptdateien mit Übersetzungen / Umsetzungen der *Objekte*. Hier werden Sie auch auf viele Eigenschaften und Methoden treffen, die im Buch keinen Platz gefunden haben.

Benötigen Sie andere als Skript- oder Bilddaten für die Umsetzung, finden Sie diese im Verzeichnis *textMaterial*.

Abbildung 18.11: Wenn es weder Skript noch Bild sein darf

Index

Symbole

*.CSV 181
*.JS 17
*.JSX 239
++ 87
+= 45, 89
-= 89
-- 87

A

activeDocument 35
  Ändern 35
  Dokumentname 36
activeLayer
  aktive Aktive Ebene 26
Aktion
  Bedingt ausführen 187
  doAction() 187
  Mit Skript mischen 189
  Skript starten 191
Aktionen
  Ablauf 18
  Im Skript 187
  Skripte 18
alert() 34
  CS2 248
Alle Warnmeldungen zurücksetzen
  displayDialogs 229
Alphakanäle
  Im Skript 159
Anweisung, bedingt
  switch 49
Anweisungen
  Reihenfolge 38
Anweisungen, bedingt
  if 49
Anwenderverzeichnis 66
Anwendung
  Application 23
Anwendungsobjekt
  aktivAktiv 25
Arbeitsfläche
  resizeCanvas() 47
Arbeitspfad
  WORKPATH 168
Arbeitspfad erstellen
  createPath() 116
Array 82
  Positionsangabe
    Index 84
  Array im Array 92
  documents[0] 82
  Elementanzahl in
    length 84
  Füllen 82
  Indexnummer 82
  Leere Position 87
  Liste 82
  Mehrdimensional 149
  new Array() 83
  Nummernfolge 82
  Trennzeichen 87
  Variable 82
  Wertetypen 83
Arrays
  collection 82
Auf eine Ebene reduziert kopieren
  copy(true) 164
Auswahl
  Im Skript 149
Auswahl laden
  selection.load() 159
Auswahl speichern
  selection.store() 159
Auswahl, Dialogfensteroptionen
  selectionType 160

Auswahl, erstellen
select() 150
Auswahl, erweitern
expand() 153
Auswahl, in Zwischenablage
selection.copy() 152
Auswahlbefehle
Im Skript 151
Auswahlellipse-Werkzeug
Im Skript 151
Auswahlinhalt löschen
selection.clear() 152
Auswahltransparenz laden
Im Skript 152
Automatisieren
Skripts 261

B

Bearbeiten, Kontur füllen
stroke() 153
Beschneidungspfad
CLIPPINGPATH 168
Beschneidungspfad anlegen
makeClippingPath() 169
Beschriftung
Aus Datei 217
Betriebssystem
File.fs 55, 60
Folder.fs 60
Bildwechsel
Per Skript 222
break 124
Breite
width 32

C

catch-Block 229
channels
length 157
close() 180
collection
ArtLayers 25
documents 31
Layers 25
LayerSets 25
collections 25
ColorPicker.APPLE 28
ColorPicker.WINDOWS 28
confirm()
CS2 249
constructor 83
continue 124
CS2
Eigenschaften 239
Methoden 239
CSV-Datei 181

D

Datei
File() 59
Datei, öffnen
EPSOpenOptions 73
Im Skript 72
Mit Optionen 72
open() 72
Datei, prüfen auf
instanceof 79
Datei, schließen
close() 73
Ohne Änderung 73
Datei, speichern
save() 74
Datei, Speichern unter
PhotoshopSaveOptions 77
saveAs() 75
Speicheroptionen 76
Datei, suchen
openDialog() 61, 70
Dateien erzeugen
JavaScript 211
Dateiendung
Fehlende 36
Mac 36
Dateiname
Aus Dateipfad extrahieren 216
Dateiname, ermitteln
name 78
Dateipfad 61
Plattformunabhängig 61
Dateisuche
Dateifilter 70
Dialogfenster 69
Mac 71
Datei-Informationen

DocumentInfo 24, 37
Kameradaten 90
Datensatz
Einlesen 180
Datentyp
Boolean 42
typeof 42
Zahlen 42
Zeichenketten 42
Debugger 233
Aufrufen 233
Breakpoints 236
breakpoints display 236
Clear 235
clear runtime error 237
command line 234
debugg output view 234
Execution halted 235
ExtendScript Toolkit 244
JavaScript source view 235
resume 235
stack trace view 234
step into 235
step out 235
step over 235
stop 235
Dezimalzahlen
Trennzeichen 43
Dialogfenster
Anlegen 197
Bereich 201
displayDialogs 228
Erstellen 193
Hinweise 228
Koordinatensystem 198
Modal 199
panel 200
Schaltflächen 199
Schaltflächenübersicht 198
Typ dialog 198
Dialogfenster, anzeigen
show() 199
Diashow
Im Skript 219
DocumentInfo
info 37
Dokument
Document 23
Festlegen 31
Gleichmäßig aufteilen 142
Dokument, aktiv
activeDocument 35
Dokument, anlegen
add() 31
Dokument, geöffnet
length 34
Dokumentname 36

E

Ebene
Abmessung 100
ArtLayer 24, 98
Einstellungsebene 96
Füllebene 96
Inhaltsebene 96
Name 100
Ebene, aktiv
activeLayer 98
Ebene, Auf Hintergrund reduzieren
flatten() 113
Ebene, drehen
rotate() 106
Ebene, duplizieren
duplicate() 102
Ebene, entfernen
removeAll() 97
Ebene, Hintergrund
isBackgroundLayer() 99
Ebene, neu
add() 96
Ebene, skalieren
resize() 106
Ebene, verschieben
translate() 106
Ebenen
Anzeige tauschen 111
ArtLayers 96
Im Skript 95
in neue Datei 112
Indexnummer 97
Ebenen, anzeigen
visible 111
Ebenenabmessung

bounds ... 100
Ebenenanzahl
length ... 96
Ebenenkomp ... 171
add() ... 171
Auf Ebene anwenden ... 171
Kommentar ... 171
LayerComps ... 171, 172
length ... 171
Name ... 171
Ebenenreihenfolge ... 101
move() ... 101
Ebenensets
Anlegen ... 109
Im Skript ... 109
LayerSets ... 109
Reihenfolge ... 109
removeAll() ... 109
Verschachtelt ... 109
Ebenenstil
applyStyle() ... 108
Im Skript ... 108
Ebenentyp
Festlegen ... 99
JavaScript ... 96
LayerKind ... 99
Eigenschaften ... 26
Konstanten ... 27
Read/Write ... 29
ReadOnly ... 29
Wert zuweisen ... 27
Wertebereich ... 27
Eingabefelder
Auswerten ... 205
Einstellungsebenen
Im Skript ... 114
else-Statement ... 51
Entleeren
purge() ... 167
Ereignis
onChange ... 206
onClick ... 203
Excel
CSV ... 181
exif
Array ... 92
EXIF
Aufnahmedatum ... 120
Aufnahmezeit ... 120
ExtendScript Toolkit ... 239, 244
Anhalten ... 246
Dateiliste ... 244
Daten-Browser ... 247
Debuggen ... 245
Funktionsaufrufe ... 248
Haltepunkt ... 246
JavaScript-Konsole ... 246
Neue Skripts ... 244
Schritt übergehen ... 246
Schritt hinaus ... 246
Schritt hinein ... 246
Skript speichern ... 245
Skripte ... 248
Skripthilfen ... 244
Skripts öffnen ... 244
Start ... 245
Statuszeile ... 245
Syntaxprüfung ... 245
Unterbrechen ... 246
Zeilennummern ... 245

F

Füllebenen
Im Skript ... 114
Für Web speichern
exportDocument() ... 251
ExportOptionsSaveForWeb ... 251
Farb-Objekt
SolidColor ... 153
Farbe
Farbobjekt ... 153
Farbtiefe
NewDocumentMode ... 32
Farbwähler ... 27
Farb-Objekt
color ... 118
Farbmodell ... 117
Farbsysteme ... 118
SolidColor ... 117
Fehler
Logische ... 227
Tippfehler ... 227
Fehler, suchen

alert() 227
Fehlermeldung
Abfangen 230
Fehlerobjekt 229, 230
Beschreibung 230, 231
Eigenschaften 231
Fehlermitteilung 231
Fehlernummer 230, 231
Zeilennummer 230
Feld.Position 200
Fenster
Dialogfenster 197
Filter
Funktion 144
Im Skript 102
JavaScript 143
Wolken 102
flatten()
Auf Hintergrunfebene reduzieren . 179
for-Schleife 81, 85
Abbruchbedingung 85
Ablauf 86
Array 87
Einfach 86
Endlosschleife 85
Schleifenkörper 85
Schleifenkopf 85
Zählvariable 85
Fotofilter
Im Skript 114
Funktion
Bilder anpassen 129
Funktionen
Auslagern 145
Funktionsaufruf 127
Funktionskörper 127
Funktionskopf 127
function 127
Funktionsname 128

G

Gleichheitszeichen
Vergleichsoperator 55
Wertzuweisung 55
Gradationskurven
adjustCurves() 104, 161

H

Höhe
height 32
Haltepunkt 246
Hierarchie
Beziehungen 25
Hierarchiestufen
Umsetzung 25
Hilfslinie
JavaScript 139
Hilfslinien löschen
Funktion 140
Hilfslinien, senkrecht
Funktion 141
Hilfslinien, waagerecht
Funktion 142
Hilfslinienraster
Funktion 141
Hintergrundinhalt
DocumentFill 32
HTML-Datei
File-Objekt 212
HTML-Datei erzeugen
Funktion 221

I

if-Anweisung 49
Aufbau 49
Konditionskörper 50
Konditionskopf 50
In die Auswahl einfügen
paste(true) 164
In Form konvertieren
convertToShape() 116
include-Anweisung 204
Funktion auslagern 145
Skriptbiliothek 146
Variablen 147
Indexnummer 33
Auslesen 33
Dokumente 33
Klammern 34
info 37

J

JavaScript 17
Objektmodell 24

Vokabeln 17
JavaScript Debugger
Dialogfenster 234

K

Kameradaten
exif 91
Kanäle
collection 156
Im Skript 156
Methoden 158
Typ
Im Skript 157
Kanäle, anlegen
add() 157
Kanäle, Anzahl
length 157
Kanäle, duplizieren
duplicate() 158
Kanäle, löschen
channels
removeAll() 157
remove() 158
Kanäle, markiert
avtiveChannels 157
Kanäle, Typ
kind 157
Kommentare 20
Textblöcke 21
Zeilen 20
Kommentarzeilen 19
Kompatibilität der PSD-Datei
maximieren
maximizeCompatibility 229
Konsole
Mac 133
Konstanten 27
Kontaktabzug
Berechnet 250
ContactSheetOptions 250
Im Skript 250
makeContactSheet() 250
Kontrollkästchen
Einsatz 201

L

Lineale
rulerUnits 29
Liste
Anzeigen 89
Leere anlegen 179
Leere Liste 88
Log-Datei 133
Löschen 133
Windows 134

M

Maßeinheiten
Im Skript 107
Sichern 107
Mengentext
POINTTEXT 116
Methode
Parameter 136
Methoden 30, 127

N

new 83
new SolidColor() 153
null 196

O

Objekt
Eigenschaften 24, 27
Hierarchie 24
Methoden 24, 30
Objekthierarchie
Weg durch 25
Objektreferenz 26
open()
mode 184
Operator 43
++ 213
Abkürzung 87, 89
instanceof 79
Operator, Vergleichsoperator
instanceof 89
Optionsfelder
Auswerten 202
Einsatz 201

Ordner
  Folder() ... 59
  Verzeichnis ... 59
Ordner, aktuell
  current ... 68

P

Parameter ... 136
  Übergeben ... 136
  Variablen ... 137
PDF-Präsentation
  makePDFPresentation() ... 173
  Mehrseitiges Dokument ... 176
  presentation ... 174
  PresentationOptions ... 174
Pfad
  Absolut ... 68
  NORMALPATH ... 168
Pfad , duplizieren
  duplicate() ... 169
Pfad mit Vordergrundfarbe füllen
  fillPath() ... 169
Pfad, Auswahl erstellen
  makeSelection() ... 169
Pfad, entfernen
  remove() ... 169
Pfadanzahl
  length ... 168
Pfade
  Im Skript ... 168
  PathItem ... 168
Pfade, hinzufügen
  add() ... 168
Pfade, löschen
  removeAll() ... 168
Pfadkontur füllen
  strokePath() ... 169
PhotoshopScripting102a.exe ... 259
PhotoshopScripting102a.hqx ... 259
PHP, XML
  Schreiben ... 186
PHP-Ausgabe
  Im Skript ... 223
PostScript-Name ... 118, 119
preferences
  colorPicker ... 27
prompt()
  CS2 ... 249
Punktreihenfolge
  Auswahl ... 151
Punkttext
  PARAGRAPHTEXT ... 116
purge()
  PurgeTarget ... 168
PurgeTarget
  ALLCACHES ... 168
  HISTORYCACHES ... 168
  UNDOCACHES ... 168

R

read() ... 177
Reihenfolge ... 38

S

Schaltfläche
  OK auswerten ... 203
  Abbrechen auswerten ... 203
  Auswerten ... 201
Schaltflächen
  Eigenschaft name ... 207
  Position ... 200
  Typ button ... 199
Schatten
  Anlegen ... 122
Schattenabstand
  Berechnet ... 122
Schleife
  Aufgabe ... 85
Schmuckfarbenkanal mischen
  merge() ... 158
Schriften
  Auf System ... 119
  Größenvergleich ... 121
  PostScript-Name ... 118
Script Events Manager ... 241
  Event Scripts Only ... 241
  Photoshop Event ... 241
  Skript zuordnen ... 241
ScriptingSupport.exe ... 261
ScriptListener ... 132
  Filter ... 143
  Funktionskörper ... 135
  Installieren ... 133
  Mac ... 133

PlugIn 132
ScriptingListenerJS.log 132
ScriptListener.8li 133
Wertübergabe 163
selection
contract() 152
deselect() 152
expand() 152
invert() 152
Objekt 151
selectAll() 152
selectionType
DIMINISH 160
EXTEND 160
INTERSECT 160
REPLACE 160
Semikolon 42
Set
LayerSet 24
Skript
Ausführen 16
Laden 16
Speicherort 19
Suchen nach 16
Texteditor 17
Textmodus 16
Skriptbibliothek 17
Skripte
Aktionen 18
Kurzfassung 263
Laden 134
Textdatei 15
Skripten
Vorbereitung 19
Skriptfähigkeit 132
Photoshop 7 132
Skriptunterstützung.8li 132
Skriptsschnipsel 17
Skriptunterstützung 262
Installieren 260
Photoshop 7 259
Slices unterteilen
Im Skript 154
Speichern unter
PhotoshopSaveOptions 174
split() 178
Standarddialogfenster
alert() 193
confirm() 194
prompt() 195
Stapelverarbeitung
Ablauf 18
batch() 252
Im Skript 188
StartupScripts 243
Steuersequenz
\n 46
Steuersequenzen 46
switch
Schlüsselwort 55
switch-Anweisung 55
break 56
case 55
default 56
Syntaxfehler 245

T

Tabelle
for-Schleife 212
Text, einlesen
read() 177
Text, Palette
Absatz 116
Zeichen 116
Text, schreiben
Auf Ebene 179
Textdatei
Anlegen 184
Einlesen 177
Erzeugen 183
Zeichenkette 177
Textdatei, schreiben in
writeln() 184
Textdateien, schreiben
writeln() 211
Textebene
JavaScript 115
kind 116
TextItem 115
Textebene, neu
add() 115
Textebene, rastern
rasterize() 116

Textgröße
size ... 117
Textinhalte
Austauschen ... 121
contents ... 115
Textposition
position ... 117
Tiefenschärfe
applyLensBlur ... 253
LensBlurOptions ... 253
Tonwertkorrektur
adjustLevels() ... 103
Trennzeichen
Komma ... 178
Leerzeichen ... 178
Semikolon ... 178
split() ... 218
try-Block ... 229

U

Umkehren
invert() ... 103
undefined ... 196

V

value ... 51, 100
Variablen ... 39
Aus Dialogfenster ... 40
Aus Eigenschaften ... 39
Datentypen ... 42
Deklarieren ... 40
Groß- und Kleinschreibung ... 40
Initialisieren ... 41
Namen ... 40
Platzhalter ... 39
Rechnen mit ... 39
Reihenfolge ... 40
Reservierte Wörter ... 45
var ... 40
Werte ... 39
Variablenwert
Zuweisung ... 41
Vergleichsoperatoren ... 50
Tabelle ... 50
Verzeichnis
Des Anwenders ... 65
Folder() ... 59
Relativ anlegen ... 68
Verzeichnis, aktuell
current ... 68
Verzeichnis, ermitteln
path ... 78
Verzeichnis, erstellen
create() ... 64
Verzeichnis, Inhalt
getFiles() ... 77
Verzeichnis, prüfen auf
instanceof ... 79
Verzeichnis, suchen
Dialogfenster ... 61
Im Skript ... 65
selectDialog() ... 61
Verzeichnisname
Zusammen setzen ... 64
Verzeichniss, Dateien zählen
length ... 78
Verzeichnisse, Dateien
Uunterscheiden ... 79
Verzerrungsfilter
applyTwirl() ... 102
Voreinstellungen
Preferences ... 23, 26, 54
Zurück setzen ... 30

W

Web-Fotogalerie
GalleryOptions ... 209
HTML-Editor ... 211
Im Skript ... 209
makePhotogallery() ... 209
Weiterleitung
Per Skript ... 222
writeln()
Zeilenweise schreiben ... 184

X

XML, PHP
Schreiben ... 186
XML-Dokument
Daten ... 223
Im Skript ... 223

Z

Zahlen
Dezimalzahlen 43
Ganzzahlen 43
Zeichenkette
Teilabschnitte 90
Zeichenkette, suchen
indexof 224
Zeichenkette, teilen
split() 90
Zeichenkette, trennen
split() 178
Zeichenkette, wandeln
decode() 67
encode() 67
Zeichenketten 44
Hochkommatas 44
Verbinden 44
Zahlen 45
Zwischenablage
copy() 163
cut() 163
paste() 163

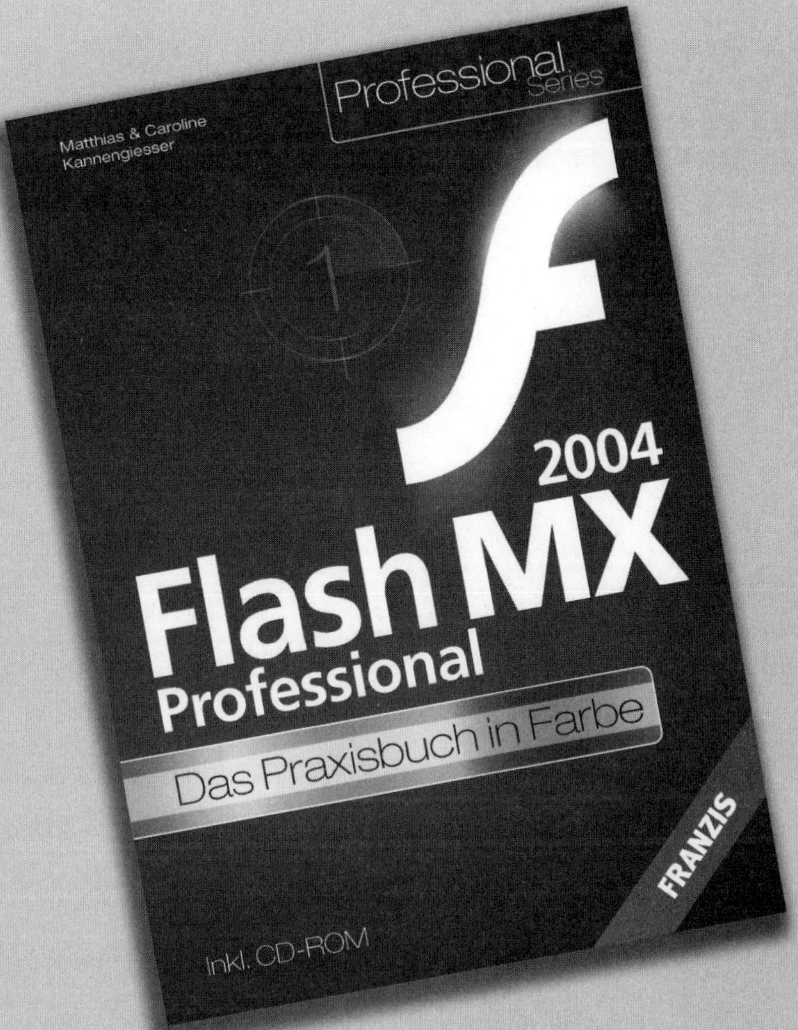
Matthias & Caroline
Kannengiesser
Professional
Series
2004
Flash MX
Professional
Das Praxisbuch in Farbe
FRANZIS
Inkl. CD-ROM